广州文化馆
行业年鉴
2021—2023

INDUSTRY YEARBOOK OF CULTURAL CENTRES IN GUANGZHOU (2021-2023)

广州市文化馆　编

中国·广州

图书在版编目（CIP）数据

广州文化馆行业年鉴. 2021—2023 / 广州市文化馆

编. -- 广州：广东旅游出版社, 2024. 11. -- ISBN 978-

7-5570-3387-3

Ⅰ. G249.276.51-54

中国国家版本馆CIP数据核字第20243GR493号

出 版 人：刘志松

责任编辑：林保翠 俞 莹

装帧设计：谢昌华

责任校对：李瑞苑

责任技编：冼志良

广州文化馆行业年鉴（2021—2023）

GUANGZHOU WENHUAGUAN HANGYE NIANJIAN（2021—2023）

广东旅游出版社出版发行

（广州市荔湾区沙面北街71号首、二层）

邮编：510130

联系电话：020-87347732、020-87348243

印刷：广州市迪桦彩印有限公司（联系电话：020-32169433）

（广州市增城区新塘镇太平洋工业区九路9号B栋1-3楼）

开本：787毫米×1092毫米 16开

字数：325千字

印张：15.5

版次：2024年11月第1版

印次：2024年11月第1次印刷

定价：100.00元

《广州文化馆行业年鉴（2021—2023）》
编辑出版人员名单

编委会

主　　任：董　敏　牟辽川

副 主 任：石　泉　黄　燕

委　　员：曾志畅　张慧鑫　陈　华　林小雁　闫晓玲
　　　　　董　帅　马阿荣　区志坚　崔冠星　阮成玉
　　　　　李纪岭　黄　彦　李慧清　蒋　帆

编辑组

主　　编：黄　燕　蔡思明

副 主 编：李慧清　曾志畅

执行编辑：吴嘉琪　麦梓欣

责任编辑：丁　涵　向　璐

文字编辑：贾　娜　董　帅　赖皓贤

校　　对：梁艺露　黄珊珊

数据分析：区志坚　沈楚君　谢圣铃

数据采集：赵　亮　胡鹏华　鄢明江　曾超豪　梅嘉玮

图片采集：陈　浩　陈　璐　何朝泮

装帧设计：谢昌华

2021—2023 广州市文化馆年报及广州全市文化馆行业年报
参与编辑人员名单

广州市文化馆：

董　敏　牟辽川　石　泉　黄　艳　黄　燕
曾志畅　陈　华　董　帅　林小雁　闫晓玲
张慧鑫　马阿荣　区志坚　崔冠星　李纪岭
阮成玉　黄　彦　李慧清　蒋　帆　贾　娜
吴嘉琪　蔡思明　丁　涵　向　璐　沈楚君
赵　亮　柯　妍　何艳君　马佳燕　赖皓贤
梁艺露　麦梓欣　谢圣铃　胡鹏华　鄢明江
梅嘉玮　陈　浩　陈　璐

各区文化馆：

越秀区文化馆：王昭媚　梁丽敏　徐　艳　高向慧

海珠区文化馆：陈宇华　胡　亮　张舜萍

荔湾区文化馆：秦丽兰　吴丽霞

天河区文化馆：陈　岚　周　圆　肖媛文

白云区文化馆：姚月华　王　纯　周先智　卢　荟

黄埔区文化馆：王　丹　姚　蕾　方思琪　陈碧华

花都区文化馆：刘嘉文　尚　雨　周　蓉　洪卫英

番禺区文化馆：屈可弛　梁绮敏　梁　颖

南沙区文化馆：廖　勇　黄　蕾

从化区文化馆：余钿钿　潘爱莲　杨意恒

增城区文化馆：吴永辉　雷　杰　王菲菲

广州南方学院：

游　鸽　李洁琳　连珊怡　吴晓媛　谢钰琳
陈睿敏　戴雅琳　张睿韬　周晓源　罗嘉慧
林盛立　唐子君　欧紫玲　黄子轩　陈　希
纪秋霞　张怡欣　陈明业　康晓棋　罗钰麟
陈宣亦　姚远航　范昕妍　林兆俊　陈　铭
葛苏杭　阳梓璇　劳淑妍　田雨灵　陈佳美
伍心弦　张炜彤　蔡　钰　叶嘉晴　黄凤盈
黄连浩　黎倩言　杜砚庭　张　淼　黄思维

编者说明

《广州文化馆行业年鉴（2021—2023）》是在广州市文化广电旅游局的指导下，由广州市文化馆联合广东旅游出版社出版的统计性资料工具书。其宗旨是力求全面、系统、客观、翔实地向广大读者提供广州全市文化馆开展服务的基本统计资料。

《广州文化馆行业年鉴（2021—2023）》（以下简称《年鉴》），主要收录2021至2023年全市文化馆涉公共文化服务数据。全书共分两个专题：广州市文化馆年鉴（2021—2023）、广州全市文化馆年鉴（2021—2023）。

《年鉴》数据及资料来源于2021至2023年广州市文化馆年报及广州全市文化馆行业年报。由于有关业务部门的统计范围、口径不完全相同，资料中少数指标数据不完全一致，敬请读者注意。

《年鉴》涉及广州全市文化馆，含广州市文化馆以及越秀区文化馆、海珠区文化馆、荔湾区文化馆、天河区文化馆、白云区文化馆、黄埔区文化馆、花都区文化馆、番禺区文化馆、南沙区文化馆（南沙区文化发展中心）、从化区文化馆、增城区文化馆等11个区馆。其中，广州市文化馆年鉴（2021—2023）展示的是广州市文化馆近几年的公共文化服务情况及基础业务数据，广州全市文化馆年鉴（2021—2023）展现的则是总分馆体系视域下广州市文化馆、11个区文化馆及下属分馆的整体公共文化服务情况及基础业务数据。相较于《广州文化馆行业年鉴（2018—2020）》，《广州文化馆行业年鉴（2021—2023）》首次将下属分馆数据纳入采集范畴并予以公布。

《年鉴》统计表中的符号说明："/"表示该项统计指标数据不详或无该项数据。

目 录
CONTENTS

广州市文化馆
年鉴
（2021—2023）

广州市文化馆年鉴（2021—2023）
编制说明

广州市文化馆年鉴（2021—2023）从总体概况、服务效能、社会影响与社会评价、案例选编四大模块介绍广州市文化馆开展服务的整体情况，主要涵盖文化艺术活动、群众文艺创作、非遗传承与保护、数字文化服务、文旅志愿服务、群文理论研究及标准化建设、跨地区文化交流、总分馆制建设等方面。

2021年至2023年，是广州市文化馆至关重要的三年。2021年，中国共产党成立100周年，涌现出一批以"庆祝中国共产党成立100周年"为主题的群文活动及精品创作；2022年，广州市文化馆顺利进驻新馆，以新馆开放为契机，着力提升服务效能，转变服务方式，探索文旅融合；2023年初，广州市文化馆新馆正式对外开放，并成功创建为"国家AAA级旅游景区"，多项全国重量级活动、基地及中心牌子落户，呈现出文旅深度融合发展、社会力量多元参与、湾区文化艺术交流互鉴等特点，新时代新型文化综合体初具雏形。

2021年
广州市文化馆
年鉴

目　次

一、总体概况

（一）单位简介

广州市文化馆成立于1956年，是国家设立的公益性文化事业单位，隶属于广州市文化广电旅游局。现开放馆舍"公共文化学习中心"（艺苑馆）与"公共文化活动中心"（华盛馆）两处，总面积达8303.66平方米。正在建设中的广州市文化馆新馆位于广州城市新中轴线南段，海珠区新滘中路海珠湖东北侧，总占地面积约14.2万平方米，总建筑面积约5.4万平方米。

作为广州市公共文化服务体系的重要组成部分，广州市文化馆创作了大量群众喜闻乐见的文艺作品，组织承办了各种有特色、有影响的文化品牌活动，在全民艺术普及、基层文化骨干培训、群文理论研究、非物质文化遗产保护、示范性中心团队组建、总分馆制建设、文旅志愿服务等方面发挥着积极作用。2008年、2011年、2015年、2020年，广州市文化馆四次顺利通过评估，被评定为"国家一级文化馆"。2012年被广州市委、市政府授予"2009—2011年广州市先进集体"称号，被原广东省文化厅授予"广东省十佳文化馆"荣誉称号。2014年在中国首届文化馆年会的评选中，荣获"全国优秀文化馆"称号。

（二）机构设置

2021年，广州市文化馆共设8个职能部门，分别为办公室、宣传与信息部、创作活动部、培训辅导部、非物质文化遗产保护部、中心馆联络部、志愿服务部和运行保障部。其中，运行保障部为该年度新增部门，其部门职能经2021年3月5日馆务会讨论确定。在进驻新馆后，运行保障部负责统筹全馆的安防维稳综治、固资管理、物业管理、场地管理、设施设备管理、饭堂管理、车辆管理等工作。经调整后，广州市文化馆内部架构更为科学，部门间分工明确、职责清晰，有效保障了馆务工作的高效运转。

为推进法人治理结构改革工作，广州市文化馆于2019年12月19日召开广州市文化馆首届理事会成立大会暨第一次会议，会议选举产生了广州市文化馆第一届理事会成员，自此，广州市文化馆开启了法人治理结构改革探索实践阶段。2021年，广州市文化馆共召开了两次理事会工作会议，第一次工作会议于2021年1月28日召开，会议审议了"广州市文化馆2020年工作总结和2021年工作计划""广州市文化馆2020年度部门决算报告"，第二次工作会议于

2021年7月召开，会议审议了《广州市文化馆2021—2025发展规划》。理事会的成立，为广州市文化馆管理决策层吸纳了有关方面代表及专业人士，进一步提升了管理水平及服务效能，健全了广州市文化馆决策、执行及监督机制。

（三）人才队伍

2021年，广州市文化馆共有在岗职工52名。其中在编人员47人，编外人员5人。与2020年相比，工作人员队伍与编制变动情况较为稳定。本年度共选拔任用了5名中层干部，转正1名中层干部，新进9名人员，并对12名人员进行岗位晋升聘用，开展了公开招聘4名新进人员的工作。

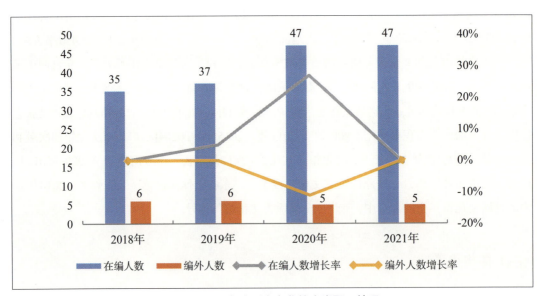

2018—2021年广州市文化馆在岗职工情况

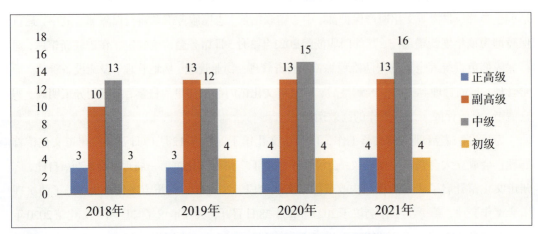

2018—2021年广州市文化馆在岗职工职称情况

2018—2021年广州市文化馆在职党员（不含退休党员）人数（人）

2021年，广州市文化馆在岗职工中，拥有职称的人员占比为71%，较2020年略有增长。其中正高级职称4人，副高级职称13人，中级职称16人，初级职称4人，尚未参评职称人员15人。

2021年，广州市文化馆共有党员（含退休党员）41人，在职党员人数为24人。近年来，广州市文化馆将党建工作放在首位，紧跟党的方针及政策，重视党员队伍素质提升与人才吸纳，不断充实在职党员队伍人数。

（四）场馆设施

2021年，广州市文化馆实际共有馆舍两处（艺苑馆及华盛馆），馆舍总面积为8303.66平方米，其中办公用房901.46平方米，业务用房7402.20平方米，产权为广州市文化馆。另，广州市文化馆新馆（暂未交付）总占地面积约为14.2万平方米，总建筑面积约为5.4万平方米。

"公共文化活动中心"（华盛馆）位于越秀区先烈中路102号之二华盛大厦北塔3～5楼，面积为2286.66平方米，于2001年6月迁入使用。馆舍现主要用于中心团队排练及其配套用房。

"公共文化学习中心"（艺苑馆）位于海珠区艺苑路47号1～2层，于2009年2月正式开馆使用，总面积为6017平方米，其中办公用房面积约901.46平方米，业务用房面积约5115.54平方米。

（五）财政投入

2021年，广州市文化馆一般公共预算财政拨款决算收入4773.54万元，其中基本支出1939.63万元，项目支出2833.91万元，较去年增加了608.21万元，增长率约达15%。

多年来，广州市文化馆严格落实预算执行管理制度，年度预算执行率均能达标。2021年，广州市文化馆调整预算数为48396987.38元，决算数为47735446.68元，预算执行率达到98.63%。

（六）年度概况

1. 党建引领，牢记使命任务

2021年，广州市文化馆以习近平新时代中国特色社会主义思想为指导，深入贯彻落实党的十九大和十九届二中、三中、四中、五中、六中全会精神，坚持党对公共文化工作的领导，强化政治引领，扎实推进党史学习教育，认真落实"三会一课"制度，引导党员干部理论联系实际，切实承担起举旗帜、聚民心、育新人、兴文化、展形象的使命任务。2021年，广州市文化馆以庆祝建党百年为主题，策划开展了内容丰富、形式多样的红色主题系列活动，组织创作了一批弘扬时代精神的优秀文艺作品。其中，作为中国曲协主办的京外三场"向党报告"庆祝中国共产党成立100周年优秀曲艺节目展演之一，由广州市文化馆"一团火"曲艺创作基地和广东音乐曲艺团联袂演出的"粤韵牡丹绽芳菲"广东专场于7月在北京喜剧院圆满举行。

2. 文化惠民，聚焦全民艺术普及

2021年，广州市文化馆秉持高质量发展理念，书写公共文化服务的新篇章。本年度，广州市文化馆积极推动公共文化服务提质增效，在做好疫情防控常态化工作的基础上，推进全民艺术普及和优秀传统文化传承工作，全年服务总人次达1214.04万。其中，本馆阵地服务人次达3.31万，馆外活动服务人次达257.80万，数字服务人次达952.93万。广州市文化馆全年组织各类演出、讲座、展览、比赛等公益活动207场，服务总人次为748.83万；面向不同群体开展各类公益培训800场，服务总人次为246.21万。广州市文化馆再创佳绩，全年荣获各类奖项共计28项，其中全国性奖项6项，省级奖项14项，市级奖项8项。

3. 砥砺创新，深耕非遗领域

2021年，广州市文化馆进一步加强非遗系统性保护，提高非遗保护传承水平，加大非遗传播普及力度。本年度通过线上线下相结合的方式举办了多场非遗展览、培训及课题研究，非遗各项活动线下服务总人次为33万，线上服务总人次为606万，全年共计服务639万人次。2021年，全市认定非遗基地数量达100个，基地建设凸显成效。

4. 提质增效，完善体系建设

2021年，广州市文化馆持续完善公共文化服务体系，推进数字化建设、总分馆制建设与志愿服务建设，激发公共文化服务新活力。一是本年度积极推动广州市公共文化云数字文化馆平台向176个镇街延伸，本馆自媒体平台全年共发布各类稿件1227篇，浏览量及使用量超134万人次。二是推进文化馆总分馆制建设，2021年全市共有文化馆分馆207个，相较2020年增加了18个。三是稳步推进文旅志愿服务队伍建设，本年度注册志愿者为1020人，开展志愿服务活动1560场次，登记总服务时数达5514.25小时。

5. 凝心聚力，做实理论研究

2021年，广州市文化馆在理论研究方面取得突破。2个省级以上课题结项并获优秀等次，2篇论文分获全国、全省征文一等奖，2个地方标准成功立项，首个本馆长期规划出台，市区联动完成全市基层公共文化服务专项调研。此外，广州市文化馆联合深圳、东莞、佛山、湛江等地文化馆成立广东省文化馆联盟理论研究委员会。

二、服务效能

2021年，广州市文化馆认真贯彻市委、市政府和广州市文化广电旅游局的部署，围绕全民艺术普及和优秀传统文化传承的目标，创新开展群众文化活动及培训工作，推出一批群众文艺精品，搭建全市公共文化服务交流平台，深入推进非遗保护与传承工作，持续优化数字文化服务，深入开展理论研究工作，激发文旅志愿服务活力。在全年各项工作中，始终把人民对美好生活的向往作为奋斗目标，聚焦效能提升，充分发挥了广州市文化馆的示范引领功能。2021年，广州市文化馆服务群众共计1214.04万人次。其中，本馆阵地服务人次为3.31万，馆外服务人次为257.80万，数字服务人次为952.93万。

（一）群众文化活动

2021年，广州市文化馆严格落实疫情防控政策，积极开展类型多样、对象多元的公益文化惠民活动，精心打造高质量、有特色的文化服务品牌，切实保障群众基本公共文化权益。全年共组织开展207场公益文化惠民活动，服务总人次达748.83万，含线下活动服务总人次39.73万，线上活动服务总人次709.10万。其中，演出91场，占比44%；比赛30场，占比14%；展览20场，占比10%；讲座6场，占比3%；其他综合类活动（如各类音乐沙龙、线上直播、研学和亲子活动）60场，占比29%。

广州市文化馆始终坚持以社会主义核心价值观为引领，以人民为中心，以普惠为目标，聚焦不同群体的文化需求，提供具有针对性的公共文化服务。2021年广州市文化馆全年开展的207场公益活动中，服务特殊群体如未成年人、老年人、外来务工人员的活动共计25场次，面向亲子家庭开设的活动共计9场，面向行业内群文工作者开设的有2场，其余171场惠及广大市民群众。

（二）群众培训辅导

2021年，广州市文化馆公益培训开展场次较去年略有减少，但针对性、普惠性、丰富性均有所增强，且线上培训人次显著提高。全年共组织开展公益培训800场，服务总人次达246.20万，其中线下服务共惠及2.37万人，线上培训服务共惠及243.83万人。

在800场公益培训中，服务未成年人、老年人、外来务工人员等特殊群体的共计392场次，面向群文工作者的培训有14场，其余394场不设参与门槛，面向广大市民群众。服务未成年人、老年人和外来务工人员等特殊群体的培训共占49%，充分体现广州市文化馆对特殊群体文化权益的维护与保障。

（三）群众文艺创作

2021年，广州市文化馆大力繁荣群众文艺创作，创作出一批文艺精品，收获奖项18个，其中全国性奖项2项、省级奖项11项、市级奖项5项。获奖作品涵盖舞蹈、曲艺、戏剧、音乐等艺术门类，其中舞蹈类作品获奖数量最多，共10项，占获奖总量的56%；其次为曲艺类作品，获奖数量为4个，占获奖总量的22%。广州市文化馆携南方歌舞团少儿艺术团、广州市荔湾区青少年宫编排的舞蹈《树林童话》《追梦节拍》获得童心向党——第十一届"小荷风采"全国少儿舞蹈展演金奖，广州市文化馆编创的曲艺《火》获得2021广东省群众艺术花会（戏剧曲艺）金奖。多名专业干部也编创出一批文艺佳作并在比赛中取得优异成绩，如舞蹈《心中的榜样》《妹仔狮乐》、歌曲《天使妈妈》、曲艺《永庆佳话》、戏剧《一碗艇仔粥》均获2020年度广东省群众文艺作品评选（2021年公布）一等奖。

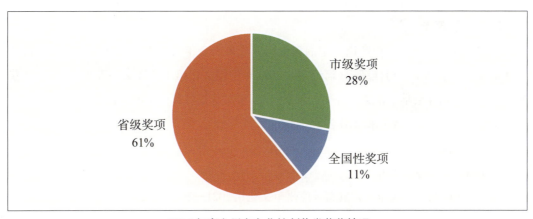

2021年度广州市文化馆创作类获奖情况

此外，广州市文化馆指导的团队在各大比赛中表现突出。例如，广州市文化馆合唱团在广州第六届合唱节比赛中斩获金奖，在广东省第十四届"百歌颂中华"合唱比赛中斩获银奖。广州市文化馆舞蹈创作排演基地编创的少儿舞蹈《偶像》获"羊城之夏"2021广州市民文化季——广州市第四届少儿艺术大赛舞蹈类金奖、最佳创作奖、最佳表演奖，广州市文化馆实验艺术团在"最美夕阳红"2021年第八届广州市中老年艺术节中获得1金、1银、1最佳创作奖。

（四）理论研究发展

1. 课题及标准

2021年，广州市文化馆在课题研究、标准建设方面取得了突破性的进展。其中，2个省级以上课题结项，2个地方标准成功立项。

在课题研究方面，一是《全民艺术普及慕课建设规范及模式研究——以广州市为例》课题顺利通过广东省文旅厅的"2019—2020年度广东省级公共文化和旅游公共服务体系制度设计课题"评审，被评定为优秀项目。二是文化和旅游部全国公共文化发展中心文化馆事业高质量发展研究计划2020年度课题研究项目《新时代文化和旅游志愿服务融合发展研究——以广州市为例》顺利结项，并获评为优秀青年项目。

在标准建设方面，2021年，广州市文化馆在《全民艺术普及慕课建设规范及模式研究——以广州市为例》研究报告的基础上，携手广州市标准化协会编撰《全民艺术普及慕课建设规范》地方标准，于9月经广州市市场监督管理局批准立项，这是本馆首次牵头编制的广州市地方标准。此外，在广东省文化和旅游厅指导下，广州市文化广电旅游局联合广州市文化馆、广东省标准化研究院共同申请的广东省地方标准《文化和旅游志愿服务 管理规范》，于2022年1月经广东省市场监督管理局批准立项。

2. 论文及著作

2021年，广州市文化馆产出一定的理论研究成果，全年共发表论文16篇。同时本馆员工在论文征集活动中取得佳绩，1篇论文获2021年中国文化馆年会征文一等奖，1篇论文获2021广东文化馆年会学术论文一等奖。未来，广州市文化馆各部门须继续提升理论成果水平，以高质量的理论研究成果助推工作实践。

3. 规范化建设

（1）首个长期规划发布

2021年，广州市文化馆正式发布《广州市文化馆2021—2025发展规划》（简称《规划》），明确了未来五年广州市文化馆在全民艺术普及、群文精品创作、品牌建设、非遗保护与传承、数字化建设、总分馆制建设、志愿服务、文旅融合、理论研究工作等方面的工作方向及重点。这是广州市文化馆第一个长期规划，也是未来五年指引广州市文化馆发展的重要理论支撑。

（2）广东省文化馆联盟理论研究委员会正式成立

2021年9月27日，广东省文化馆联盟发文《关于同意筹备成立广东省文化馆联盟理论研究委员会的批复》，同意广州市文化馆联合深圳、东莞、佛山、湛江市文化馆成立理论研究委员会。2021年12月1日，由广州市文化馆组织的广东省文化馆联盟理论研究委员会成立大会暨第一次工作会议在广州召开。会议选举产生了广东省文化馆联盟理论研究委员会第一届委员11人，并审议通过了《广东省文化馆联盟理论研究委员会章程》《广东省文化馆联盟理论研究委员会工作规划大纲（2021年12月—2025年11月）》。

（3）开展广州市基层公共文化服务专项调研

随着广州市镇街体制改革和事业单位改革的推进，基层公共文化服务面临新情况和新问题，为了深入了解基层公共文化服务现状，广州市全市文化馆在广州市文化广电旅游局的指导下，于2021年8月至9月组织开展了"广州市基层公共文化阵地专项调研"。11个实地调研小组分赴全市176个镇街进行了实地摸查，通过信息采集、座谈走访、调查问卷等多种形式收集信息、了解情况，深入摸查基层事业单位改革后公共文化服务的新情况及新问题，形成了广州市基层公共文化阵地专项调研报告，对未来基层公共文化服务的开展提出了新的建议和方向。2022年1月20日，市编办及市委宣传部联合发文，指出各区要确保镇街公共文化服务职能只能加强，不能削弱，同时从事公共文化服务人员力量与改革前相比只能增加，不能减少。

（五）非遗保护传承

2021年，广州市文化馆大力开展非遗保护与传承工作，非遗各项活动线下服务总人次为33万，线上服务总人次为606万，全年共计服务639万人次。其中，以非遗展览、展演、培训班、体验课等为主要方式开展非遗保护与传承工作。

在非遗研究方面，开展广绣传统图案研究与转化课题、2021年广式家具研究课题及"余料之外——广作家具边角料新生计划"等，并组织编撰《新时代非遗保护的广州实践：广州市非遗传承发展报告》。

在非遗展览方面，2021年，广州市文化馆通过线上、线下方式举办了5次非遗展览，其中，"珠水同舟——粤港澳大湾区非遗展"汇聚了30余项独具湾区特色的非遗代表性项目，展现了湾区非遗的典型风貌，促进了大湾区文化交流与融合。以"记录我们的新时代"为主题的广州非遗新作品展、非遗党建研学活动，展示了广州非遗传承人和社会各界创作的100件非遗新作品，充分发挥优秀传统文化凝心聚力的精神力量，厚植爱党爱国情怀。

在非遗培训方面，2021年，广州市文化馆开展多场非遗培训班，品牌培训班"非遗课来了"反响热烈，以传统二十四节气为节点并结合岭南特色策划的课程精彩纷呈，设有单次体验课、非遗研学游、大型公开课、直播课等多种类型课程，涉及非遗项目29个。非遗新生代"广州非遗策展人才研培班"为学员带来了当今中国非遗顶层的学术内容与设计思考。

在非遗传播方面，积极与其他单位合作，创新非遗传播方式，社会反响正面积极。一是与广州联通共同打造多场首档非遗创作5G直播活动"5G，直达非遗微现场"，给观众带来全方位、沉浸式的线上非遗体验。二是联合南方卫视推出多期广州非遗系列短视频，扩大受众面。三是组织开展"记录我们的时代　广州塔5G VR线上展厅"活动，同时与抖音、微信视频号、广州塔自媒体官方合作，发起"非遗记录新时代"的话题，其中视频号话题曝光量破300万，抖音播放量超144万。四是与抖音平台合作建设"抖音广州非遗馆"，76位广州非遗传承人或传承单位入驻。五是举办了多场"非遗新国宝"系列沙龙，活动游戏设计精巧，促进非遗成为新风尚。

在基地建设方面，2021年，广州市文化馆加强与全市学校、博物馆、旅游单位、行业协会、文化公司等合作，认定非遗基地数量多达100个，基地建设凸显成效。其中，海珠区26个、荔湾区14个、天河区14个、白云区11个、黄埔区6个、番禺区6个、越秀区5个、增城区5个、花都区3个、从化区3个及广州市非遗保护中心7个。

（六）数字文化服务

2021年，广州市公共文化云数字文化馆平台注册用户达5.45万人，各区数字文化馆平台与市公共文化云平台全面贯通，在完成从化区、越秀区试点的基础上，本年度逐步向11个区176个镇街全面推广应用，2021年底陆续完成文化馆镇街分馆的全面进驻，"市—区—镇街"三级网络架构逐步完善。

2021年，广州市文化馆微信公众号用户关注量为6.05万人（"广州市文化馆"公众号为3.92万人，"广州非遗"公众号为2.13万人），自媒体平台全年共发布各类稿件1227篇，浏览量及使用量超134万人次。其中，微信公众号信息发布量高达571条，网站年度信息发布量为338条，其他视频平台的信息发布量为318条。

在慕课、微课、短视频方面，2021年，广州市文化馆本馆资源建设持续向好，不断推出各种高质量的慕课、微课等数字文化资源，如慕课项目"当代中国画模式的改革先驱——岭南画派普与欣赏""趣味音乐基础知识普及——你不可不知的经典音乐故事"，均为"2021年中央支持地方公共数字文化建设补助资金项目"。此外，另有6个慕课项目完成建设，并通过全国公共文化发展中心验收。

在群文作品展播方面，2021年6至7月，广州市文化馆举办"庆祝中国共产党成立100周

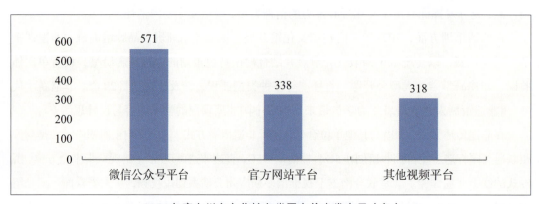

2021年度广州市文化馆各类平台信息发布量（条）

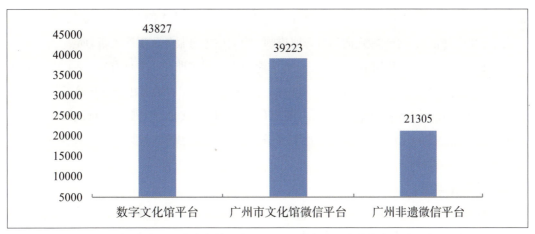

2021年度广州市文化馆平台及公众号用户注册（关注）量（人）

年——优秀群文作品展播"。其间，广州市文化馆共推出"优秀群文作品展播"线上专题24期，聚焦中国共产党百年奋斗历程，展现时代新风貌，传递广州抗疫暖心力量，致敬城市守护者。其中，本馆庆百年华诞主题歌曲《追随着你》在"学习强国"发表。

（七）文旅志愿服务

1. 队伍建设

2021年，广州市文化馆在i志愿、时间银行平台注册志愿者有1020人，志愿者骨干（全年服务时数超20小时）人数为66人，开展文化志愿服务活动1560场次，登记总服务时数5514.25小时。

此外，广州市文化馆文化志愿服务团队成员及本馆馆员在文旅志愿服务中表现突出，团队成员梁雪芬、馆员孔文硕分别获评"2021年度广州市最美文旅志愿者""2021年度广州市

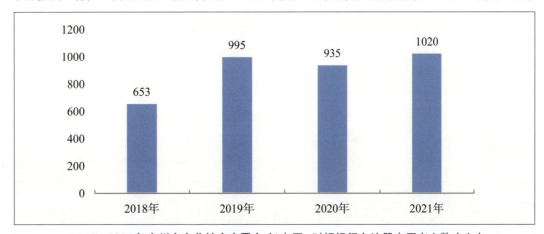

2018—2021年广州市文化馆官方平台（i志愿、时间银行）注册志愿者人数（人）

最美文旅志愿服务工作者"。其次，广州市文化馆还依托"文化志愿者孵化计划"，与广东财经大学、华南师范大学合作，定向培育志愿讲师，为文旅志愿服务队伍注入新力量。

2021年，广州市文化馆策划组织了文旅志愿服务巡回培训和"文化有约——广州文化志愿服务春雨滴灌工程"两大特色活动。其中，文旅志愿服务巡回培训在全市开展了共计35场基层文化志愿服务团队管理专题培训，"文化有约——广州文化志愿服务春雨滴灌工程"包含了"文化志愿者孵化计划""文化志愿者公益讲堂""文化志愿者进社区"三大板块，本年度共开展了84场培训。

2. 规范化建设

2021年，广州市文化馆持续推进志愿服务规范化建设。其一，制度方面，广州市文化馆作为《广州市文化和旅游志愿服务管理办法》起草成员单位，广泛收集相关单位意见和建议，协助开展省内调研，进一步完善了文本。其二，教材编写方面，继续推进广州市文化和旅游志愿服务培训教材的编写。其三，标准建设方面，广东省标准《文化和旅游志愿服务 管理规范》于2022年1月成功立项。

（八）总分馆制建设

2021年，广州全市共有文化馆分馆207个。其中，直属分馆数量为3个，街道文化站数量为176个，社会力量合作分馆数量为24个，其他分馆数量为4个，全市各区分馆总面积约为45.56万平方米。

2021年度全市各区总分馆数量及类型

区名	分馆总数量（个）	直属分馆数量（个）	街道文化站分馆数量（个）	社会力量合作分馆数量（个）	其他分馆数量（个）	分馆总面积（平方米）
越秀区	18	0	18	0	0	26267.85
海珠区	26	1	18	6	1	37399.42
荔湾区	24	0	22	1	1	28946.09
天河区	21	0	21	0	0	55163
白云区	25	0	24	0	1	67822.96
黄埔区	30	1	17	11	1	47310
花都区	10	0	10	0	0	6174
番禺区	21	1	16	4	0	85769.63
南沙区	9	0	9	0	0	28785
从化区	8	0	8	0	0	17941
增城区	15	0	13	2	0	53973
总计	207	3	176	24	4	455551.95

三、社会影响与社会评价

（一）群众满意度

2021年度，广州市文化馆以线上调查问卷的方式开展了年度满意度调查工作，共计回收有效问卷660份，并基于问卷结果有针对性地优化服务策略，深入了解群众需求，以改善公共文化服务的供给方式及内容。本年度，广州市文化馆群众满意度综合评价得分为91.42分。

1. 用户画像与特征

服务受众以中老年群体为主。 在针对受众年龄的调查中，60岁以上的受访者共计354人，占比53.6%；41～60岁的有221人，占比33.5%；18～40岁的有81人，占比12.3%；18岁以下的有4人，占比0.6%。

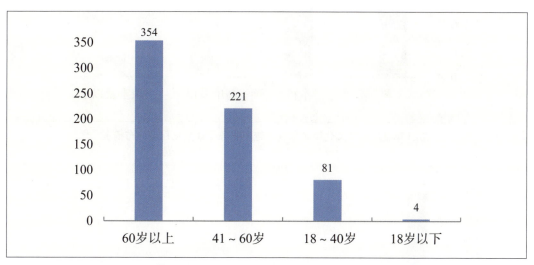

2021年度广州市文化馆满意度调查中服务受众年龄分布情况

服务受众整体性别结构以女性为主。 在针对服务受众性别的调查中，受访者女性群体占比80%，男性群体占比20%，服务对象总体女性偏多。

服务受众各文化程度均有覆盖。 在针对受众文化程度的调查中，受访者学历为硕士及以上的有40人，占比6.1%；学历为本科的有191人，占比28.9%；学历为专科的有273人，占比41.4%；学历为高中及以下的有156人，占比为23.6%。

服务受众以离退休人员为主。 在针对受众职业身份的调查中，受访者中的离退休人员有445

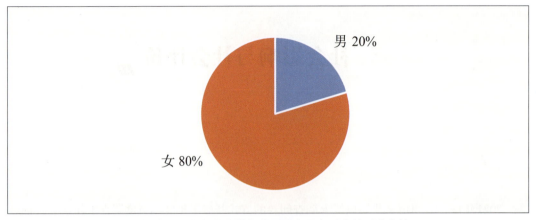

2021年度广州市文化馆满意度调查中服务受众性别分布情况

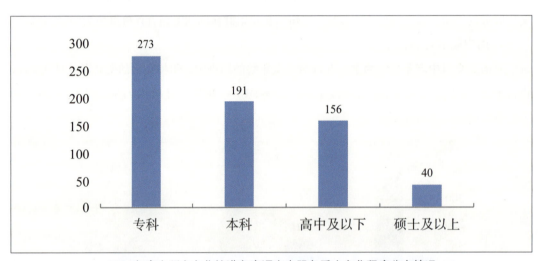

2021年度广州市文化馆满意度调查中服务受众文化程度分布情况

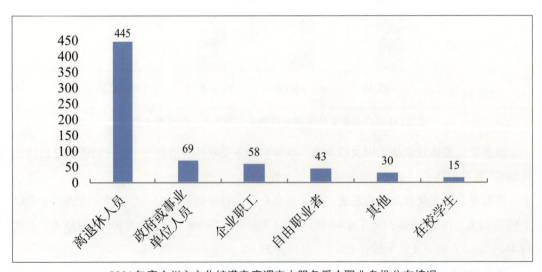

2021年度广州市文化馆满意度调查中服务受众职业身份分布情况

人，占比为67.4%；政府或事业单位人员为69人，占比为10.5%；企业职工有58人，占比8.8%；自由职业者为43人，占比6.5%；其他职业有30人，占比4.5%；在校学生为15人，占比2.3%。

大多数受访者每周参与公共文化活动一次或以上。在针对到馆频次的调查中，受访者到馆或参与其组织的公共文化活动频率为每周一次或以上的有460人，占比约为70%；每月1~2次的有112人，约占比17%；偶尔一次的有85人，约占比13%；从未到馆或参与活动的有3人。

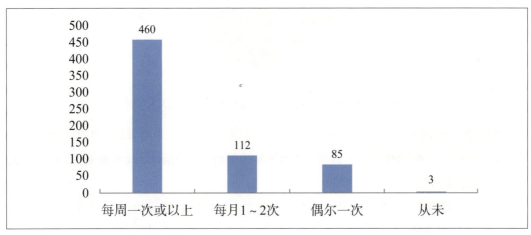

2021年度广州市文化馆满意度调查中服务受众到馆频率分布情况

2. 群众文化需求偏好分析

受访者文化活动点单热情高涨。在对新一年群众希望参加的文化活动进行征集时，问卷调查结果显示，23%的人希望观看高质量的公益演出，22%的人希望参加艺术技能类的公益培训，21%的人希望参加文化艺术类的公益活动，16%的人希望加入一支文化艺术类的团队并得到公益辅导，7%的人希望观看文化艺术类的公益展览，5%的人希望参加非遗类的游学

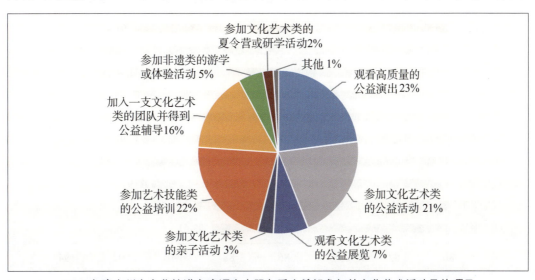

2021年度广州市文化馆满意度调查中服务受众希望参加的文化艺术活动具体项目

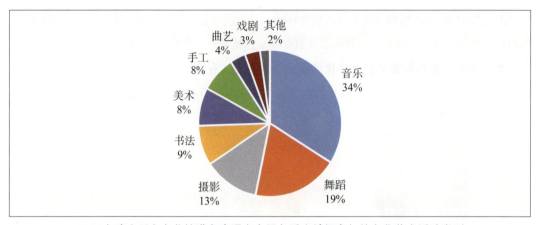

2021年度广州市文化馆满意度调查中服务受众希望参加的文化艺术活动类别

或体验活动，3%的人希望参加文化艺术类的亲子活动，2%的人希望参加文化艺术类的夏令营或研学活动。此外，1%的市民表示希望参加其他类型的文化活动，如视频编辑、旗袍、志愿活动、英语学习等。

受访者偏好音乐、舞蹈类活动。 在对受众希望参加的艺术活动进行的调查中，34%的人希望参加音乐类活动，19%的人希望参加舞蹈类活动，13%的人希望参加摄影类活动，9%的人希望参加书法类活动，8%的人希望参加美术类活动，8%的人希望参加手工类活动，4%的人希望参加曲艺类活动，3%的人希望参加戏剧类活动。此外，2%的市民希望参加走秀、武术、太极、朗诵、乒乓球、非遗工艺、手机软件教学等艺术类型的活动。

3. 服务受众满意度

受访者总体满意度较高，馆舍环境得分最高。在针对广州市文化馆的满意度调查中，群

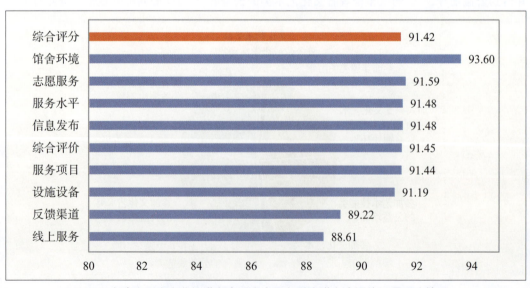

2021年度广州市文化馆满意度调查中服务受众满意度评价细项得分情况

众整体平均满意度为91.12，其中，对馆舍环境的满意度平均分为93.60，对志愿服务的满意度平均分为91.59，对馆内服务人员的态度及水平、信息资讯发布满意度平均分均为91.48，对文化馆综合评价、公共文化服务项目满意度平均分分别为91.45分、91.44分。设施设备满意度平均分为91.19，意见反馈渠道满意度平均分为89.22，线上文化服务满意度平均分为88.61。总体来看，各方面满意度均保持较高水平，其中馆舍环境（包括场地功能布局、卫生状况及周边交通情况）得分最高。得分最低的为线上文化服务和意见反馈渠道。因此，今后广州市文化馆需继续保持馆舍环境的优势，着力推动数字化建设和群众需求征询及评价反馈机制建设。

（二）荣誉表彰

2021年，广州市文化馆非创作类获奖共10项，其中全国性奖项4项，省级奖项3项，市级奖项3项。获奖类别涵盖志愿服务、团队建设、数字化、理论研究等，其中理论研究类获奖独树一帜，数量为6项，占比高达60%；志愿服务类获奖有2项，占比为20%。

2021年度广州市文化馆市级及以上部分非创作类获奖列表

序号	奖项名称（以证书为准）	获奖级别	颁奖单位	类别
1	第四届"绽放杯"5G应用征集大赛（"行业虚拟专网专题赛–智慧文旅赛道"）二等奖	全国性	中国联通、腾讯文旅	数字化
2	"文化馆事业高质量发展研究计划"2020年度课题研究项目获评为"优秀青年项目"	全国性	文化和旅游部全国公共文化发展中心	理论研究
3	2021年中国文化馆年会征文一等奖（黄燕《全民艺术普及慕课建设、教学、推广模式研究——以广州市为例》）	全国性	中国文化馆协会	理论研究
4	第四届"绽放杯"5G应用征集大赛（智慧党建专题赛项目）优秀奖	全国性	中国联通、腾讯文旅	理论研究
5	"2019—2020年度广东省级公共文化和旅游公共服务体系制度设计课题"获评"优秀项目"	省级	广东省文化与旅游厅	理论研究
6	2021广东文化馆年会学术论文一等奖（广州市文化馆专业干部赖皓贤《文旅融合背景下的志愿服务写作机制研究》）	省级	广东省文化馆联盟	理论研究
7	2021广东文化馆年会"优秀案例"（广州市文化馆专业干部撰写的案例《广州市文化馆：5G赋能文化馆，直达非遗微现场》）	省级	广东省文化馆联盟	理论研究
8	2021年度广州市最美文旅志愿者（广州市文化馆文化志愿服务团队成员梁雪芬）	市级	广州市文化广电旅游局	志愿服务
9	2021年度广州市最美文旅志愿服务工作者（广州市文化馆专业干部孔文硕）	市级	广州市文化广电旅游局	志愿服务
10	2021年广州市宣传文化人才培养"优秀创新团队"（广州市文化馆"一团火"曲艺创作基地）	市级	中共广州市委宣传部	团队建设

四、案例选编

（一）5G赋能文化馆，直达非遗微现场

简介：2021年4月至6月，广州市文化馆与广东联通联合打造国内首次5G+4K超高清多地连线非遗作品创作全过程直播活动。直播活动立足于联通5G的技术优势和广州非遗的文化特征，进行了"定制化"的全新设计，解决了两大痛点：一是4位非遗传承人的工作室位于不同行政区域，需在疫情特殊时期"非必要不聚集"的前提下开展直播活动。二是常规直播技术受精度限制，难以将"巧夺天工"的技术细节清晰、准确地呈现出来。针对这两个痛点，本次5G直播在现场部署全景摄像机、4K/8K摄像机进行高精度动态采集，视频流通过优质5G网络上传至视频分发平台，快速进行多平台分发，让观众可以"沉浸式"观看钉金绣裙褂的制作细节、广州榄雕的精细雕刻、通草画的酣畅笔触、广彩瓷的活灵活现，全方位、深入展示非遗创作的魅力。

亮点：本次直播活动共吸引观看人次超100万，吸引80余个主流媒体参与报道，受到了业内人士的广泛认可，具备较强的可复制推广性。这是广州非遗借助新技术"出圈"的最新尝试，也是以时代精神激活中华优秀传统文化生命力的新实践。

（二）文旅融合背景下的非遗展示

简介：为深入推动文化和旅游融合发展，2020年8月8日，"岭南之窗"文旅融合示范区项目在广州塔正式启动，广州市依托广州塔这一全球瞩目的地标建筑和旅游目的地，开启了文旅融合背景下非遗宣传展示的新探索。自该项目启动以来，广州市文化馆全程参与承办"岭南之窗"系列非遗展的5个展览。其中，2020年举办了2个展览，2021年举办了3个展览。

亮点：该项目以展览的形式，推进了非遗与广州市地标的合作，探索了非遗与景区良性互动的路径。此外，还搭建了高水平的非遗展示和交流平台，将来自粤港澳大湾区、广东省乃至全国的优秀非遗项目汇聚广州，助力广州打造岭南文化中心地愿景的实现。同时，在"岭南之窗"系列非遗展览中，广州市文化馆贯彻系统性保护的理念，致力于通过展览引领非遗服务当代，用非遗讲好中国故事，实现景区引流和非遗推广的双赢目标。

（三）数字资源立体化宣传推广

简介：2021年，广州市文化馆以传统节日"七夕"为契机，结合优秀数字文化资源进行创意深挖，打破传统推广方式，依托文旅融合、跨界合作，用"慕课的主题式线下体验+线上多平台直播+微电影二次传播"的形式进行数字资源高效宣传推广，创新文化馆活动模式，最大限度地拓宽惠及面，从而提升广州市文化馆数字化服务影响力。该项目的宣传工作以活动落地执行为中心，从多渠道"预热宣传——落地执行+直播+媒体报道——线上微电影"进行二度宣传，形成了一个立体的宣传闭环。

亮点：项目的宣传曝光总量达到379.95万次，活动互动数达1.34万次，自媒体活动期间涨粉6k+，其中广州市文化馆官方抖音账号涨粉607.3%。相较于以往传统、单向的宣传方式，本项目的宣传数据呈现了较为直观的成倍增长。

（四）优秀示范团队进景区，特色服务打造文旅品牌

简介：广州民族乐团是广州市文化馆的中心团队（示范性群众文化团队）之一，成立于2004年，是广州市公益演出、文化惠民的一支生力军。该团以文旅有机结合为契机，将极具岭南文化魅力的民乐活动输送至广州城乡不同类型的旅游景区，承办的10场演出在岭南文化古镇"沙湾古镇"、广州城区知名景点"陈家祠"、广州市民休闲旅游地"海珠湖公园"、广州新晋旅游热点"粤剧艺术博物馆"等地举行，线上、线下服务市民及游客超过35万人次。

亮点：将广州民族乐团引进景区，为弘扬民族音乐、丰富景区文化内涵贡献了力量，同时也为公共文化和旅游融合的创新实践提供了广州群文的经验。此次优秀示范团队进景区，将为未来广州市文化馆探索与更多景区合作路径提供成功范例。

（五）广州市文化馆文化志愿服务团队屡创佳绩

简介：广州市文化馆文化志愿服务团队自2016年面向全市公开招募志愿者以来，注重制度建设，健全工作机制，在大型活动志愿服务组织、志愿者专业化培育、志愿服务品牌建设和志愿者评价激励等方面开展了大量卓有成效的工作。截至2021年12月，团队注册志愿者达到1000人，近五年间开展活动达3784场，7100余人次的志愿者贡献服务时数超过28000小时，每年受惠市民十万余人。2021年度，广州市文化馆文化志愿服务团队入选省市两级的"最佳志愿服务组织"，还连续在2016—2020年获评"广州市优秀文化志愿服务团队"，成为广州公共文化服务的重要力量。

亮点：广州市文化志愿服务团队自成立以来取得行业认可，主要归功于其内部的制度建设及专业建设。其一，在制度建设方面，团队以《广州市文化馆注册文化志愿者章程》为核心，近几年不断加强制度建设，出台了多项志愿服务规章制度，详细规定了志愿者招募注册、培训考核、活动执行、服务记录等细则，构建起完备的志愿服务工作运作体系。其二，在培训方面，与广州市志愿者协会携手共建全市首个文化志愿者培训基地，每月开展常态化、特色化、专业化的岗前培训。其三，在志愿服务激励回馈方面，每年坚持举办"文化志愿者表彰及回馈专场演出"，邀请专业艺术院团为优秀志愿者献上一场高水平艺术演出，实现每年开展星级评定、每季度兑换激励物资、每月兑换优质课程，让优秀志愿者共享文化惠民成果。历年来，广州市文化志愿服务团队不断打磨团队制度建设工作，完善志愿者培训和激励体系，为全市文旅志愿服务队伍的建设提供了有益借鉴。

2022_年
广州市文化馆
年鉴

目　次

一、总体概况

（一）单位简介

广州市文化馆成立于1956年，是国家设立的公益性文化事业单位、国家一级文化馆，隶属于广州市文化广电旅游局。2007年，广州市非物质文化遗产保护中心在广州市文化馆正式挂牌成立。多年来，广州市文化馆作为广州市公共文化服务体系的重要组成部分，创作了大量群众喜闻乐见的文艺作品，组织承办了各种有特色、有影响的文化品牌活动，在全民艺术普及、基层文化骨干培训、非物质文化遗产保护、示范性中心团队组建、群文理论研究、总分馆制建设、文旅志愿服务等方面发挥着积极作用。

广州市文化馆新馆项目在2013年5月立项，2015年3月奠基，2022年10月顺利完成搬迁进驻。十年沉淀，破茧成蝶，广州市文化馆进入了新的发展时期。新馆作为新的城市文化地标，坐落于风景优美的海珠湖东北侧，地处城市新中轴线南段的中心位置，总占地面积约14.2万平方米，总建筑面积约5.4万平方米。新馆以"十里红云一湾水，八桥画舫十六亭"为设计主题，包含公共文化中心、翰墨园、曲艺园、广府园、广绣园等多组主题园林建筑，用传统建筑和园林空间的巧妙组合再现岭南水乡园林的风貌。新馆以"国际一流、国内标杆、湾区核心"为发展目标，突出全民艺术普及、优秀传统文化传承的核心功能，以A级景区标准进行打造，将成为群众品质文化生活的新空间、岭南文化传播展示的新窗口、文旅商深度融合发展的新地标、粤港澳大湾区文化交流的新高地。

（二）党建引领

2022年，广州市文化馆党支部坚持以政治建设为统领，落实全面从严治党主体责任，一是深入开展理论学习，组织党的二十大、十九届六中全会、广东省第十三次党代会等系列专题学习活动；二是认真落实巡察整改工作，完成整改26项、基本完成（长期坚持）5项，正在整改1项；三是坚持三会一课，全年组织开展党员大会7次、支委会50次、党小组会24次，专题党课2次，主题党日活动12次；四是坚持党管意识形态，强化日常督导，落实安全责任，加强队伍培训，完善相关制度，认真开展活动审批和信息审核，将意识形态工作贯穿各项工作始终；五是做好党员管理工作，全年按照党组织要求，认真落实党员民主生活会及党小组会议。

近年来，广州市文化馆党员队伍规模进一步壮大，截至2022年底，广州市文化馆共有在职党员及退休党员41名。本年度，党支部以学习贯彻习近平新时代中国特色社会主义思想为主线，结合开展党史学习教育，按时召开党小组会，加大党员教育培训力度，坚持党建带团建，圆满完成党支部各项工作事务。

（三）组织架构

2022年，广州市文化馆共有8个职能部门，分别为办公室、宣传与信息部、创作活动部、培训辅导部、非物质文化遗产保护部、中心馆联络部、志愿服务部和运行保障部。本年度，广州市文化馆内设机构没有很大的变化，部门间分工较为明确，各有所职、沟通协作，但随着新馆的进驻，面临着新的形势及问题，内设机构和职能在未来将会得到进一步优化和调整。

2019年12月，广州市文化馆第一届理事会成立，自此，广州市文化馆开启了法人治理结构改革探索实践新阶段。2022年6月，广州市文化馆召开理事会工作会议，会议主要审议2021年广州市文化馆工作总结及未来一年的工作计划，审议2021年广州市文化馆部门决算报告，同时向理事会成员报告了新馆进驻的情况及相关计划。理事会对广州市文化馆的发展起到指导、监督的作用，推动广州市文化馆可持续发展。

（四）人才队伍

2022年，广州市文化馆干部职工队伍不断壮大，共有在岗干部职工80人，其中在编人员51人，辅助岗29人。同2021年相比，人数增加28人，其中通过广东省事业编统一招考新增在

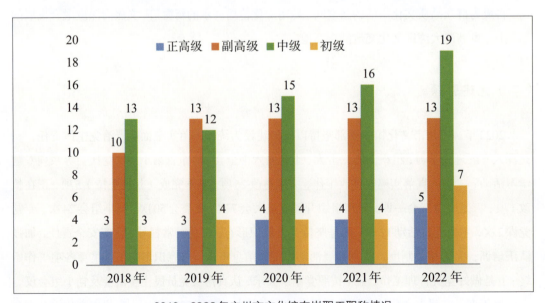

2018—2022年广州市文化馆在岗职工职称情况

编人员4人，新聘辅助岗人员24人，人员结构不断优化。2022年度本馆新增人员学历以本科与研究生为主，体现出近年来本馆对高学历人才的重视。在岗职工中，本科生52人，研究生19人，大专及以下9人，其中本科与研究生人数占比约为89%。

2022年，广州市文化馆在岗职工中，拥有高级职称（副高及以上）人员占比为22.50%，拥有职称人员占总人数55%，其中正高级职称5人，副高级职称13人，中级职称19人，初级职称7人。近五年来，副高级职称人数自2019年增长到13人后一直处于持平状态，中级职称人员则增长较快，截至2022年，已稳步增长至19人。

（五）财政投入

2022年，广州市文化馆一般公共预算财政拨款决算收入为11966.60万元，其中基本支出2333.91万元，项目支出9632.69万元。

多年来，广州市文化馆严格实施预算执行管理制度，年度预算执行率均能落实到位。2022年，广州市文化馆决算数为11966.60万元，预算执行率达到99.58%。

2018—2022年广州市文化馆年度财政总收入（万元）

（六）场馆设施

2022年，广州市文化馆新馆正式竣工并顺利完成进驻。至此，广州市文化馆共有馆舍三处，分别为广州市文化馆新馆、艺苑馆及华盛馆。

广州市文化馆新馆，位于海珠区新滘中路288号，包含公共文化中心、翰墨园、曲艺园、广府园、广绣园等多组主题园林建筑，总占地面积约为14.2万平方米，总建筑面积达5.4万平方米，拥有800人大剧场、报告厅、排练厅、培训课室、琴房、展厅等功能厅室及露天广场。

"公共文化中心"毗邻主入口，北邻城市主干道，建筑总面积约为4.10万平方米。总平面分为三大组团，以中心阁为中轴，辅以西侧办公培训组团和东侧演艺排练组团，与曲艺园、广府园和翰墨园等三个主题园区隔水相望。

"翰墨园"位于公共文化中心的东南侧，建筑面积约为0.21万平方米，是目前新馆中唯一一个完全建立在山地上的场馆。

"曲艺园"位于广州市文化馆中轴线南段，建筑面积约为0.64万平方米，北接公共文化中心，东侧为广府园，西侧和南侧为海珠湖环绕。

"广府园"位于整个东部园区的中间位置，建筑面积约为0.21万平方米，东临水街与广绣园相望，西侧为曲艺园南侧的大草坪位置。

"广绣园"位于广州市文化馆园区的东南部，建筑面积约为0.18万平方米，北临翰墨园，西侧与广府园隔河相望，东侧紧邻园区的次入口。

"公共文化学习中心"（艺苑馆）位于海珠区艺苑路47号1～2层，总面积为6017平方米，于2009年2月正式开馆使用，2022年10月暂停使用。

"公共文化活动中心"（华盛馆）位于广州市先烈中路102号之二华盛大厦北塔3～5楼，面积为2286.66平方米，于2001年6月迁入使用，2022年10月暂停使用。

（七）安全管理

2022年，为给群众提供优质公共文化服务，广州市文化馆高度重视安全管理工作。一年来共开展防恐防暴、消防疏散、疫情防控、电梯困人、防汛应急排水、停电应急等演练21场次，检验应急预案效果的可操作性，提高应对突发事件的风险意识，建立起集安全责任、安全培训、安全管理、应急救援于一体的应急管理预防及救援体系。

2022年，在进驻新馆前期，广州市文化馆完成新馆场地的开荒保洁，设施设备的检测查验，供配电、综合布线、人防工程、电梯接收及电话调试，室内空气环境净化，公共设施采购等准备工作，同时积极排查新馆安全隐患，为入驻做好准备。重点梳理安全风险隐患点和影响行人通行及未施工完成点，经统计需要施工隔断、改造139项（含隔断8项），完成排除安全风险隐患点和影响行人通行点57项、隔断2项。

（八）年度概况

1. 坚持党建引领，锤炼队伍

2022年，广州市文化馆共有在职党员及退休党员41人，全年组织召开党员大会7次、支委会50次、党小组会24次，开展专题党课2次、主题党日活动12次。

党支部以党员民主生活会、党小组会议、党日活动等为载体开展经常性学习，营造浓厚的学习氛围，抓实抓细日常学习，切实增强政治敏锐性和政治鉴别能力，锤炼高质量党员队伍。党支部始终将基层一线作为文化馆工作的立足点，将服务群众作为增强动力的落脚点，牢固树立和大力践行全心全意为人民服务的根本宗旨。

2. 全民艺术普及，提质增效

2022年，广州市文化馆全年服务人次达2632.53万，包含线上服务人次为2575.54万人次，线下服务人次为56.99万人次（本数据包含活动及培训全年服务人次2460.62万及广州市文化馆自有媒体浏览量及使用量171.91万人次）。2022年，广州市文化馆在各大比赛中频频亮相出彩，全年荣获各类奖项共计86项，其中国际性奖项1项，全国性奖项11项，省级奖项21项，市级奖项22项，辅导类获奖31项。尤其在群众文艺创作领域和理论研究方面，广州市文化馆成绩不凡。其中，广东南音新唱《同心结》喜获曲艺类群星奖，这是继三年前西河大鼓书《大营救》摘得第十八届群星奖后，广州蝉联全国群众文艺领域政府最高奖。此外，多名专业干部撰写的研究性论文在中国文化馆协会举办的征文活动中荣获多个一等奖，论文及案例获奖数量居历年之最。

除了做好全民艺术普及、优秀传统文化传承工作以外，广州市文化馆还积极引进社会力量参与公共文化服务，提高场馆运营效率，实施文旅融合深度计划，建设文旅融合示范样本。

3. 激发非遗活力，守正创新

2022年，广州市文化馆在非遗建设方面坚持守正创新，工作成绩斐然，线上非遗推广工作凸显成效。广州市文化馆新馆顺利推进非遗藏品征集，并开展多项非遗研究工作。2022年文化和自然遗产日活动，被人民网、广东新闻联播、广州日报等42家媒体报道近110次，线下参与人次达10万人次，线上参与人次在400万以上。2022年"非遗课来了"实施15场，包含15个主题、28项非遗项目。举办首届广州非遗艺术时尚周及岭南之窗系列非遗展，组织线上广州非遗馆，利用"非遗+短视频"平台，持续运作"抖音广州非遗馆"，并探索视频号"广州非遗馆"，展示61个非遗项目的96位传承人丰富多彩的非遗短视频，话题页总播放曝光约2100万次，广州非遗购物节吸引20余家非遗商家参与，实现销售总额300余万。

4. 推进体系建设，强本固基

广州市文化馆总分馆建设稳步向好，总馆11个，分馆总数220个，分馆总面积达39.65万平方米。其中各区馆直属分馆5个，街道文化馆分馆176个，社会力量合作分馆35个，其他分馆4个。

2022年，广州市文化馆共开展文化志愿服务活动1222场，累计完成志愿者注册1125人，组织文化志愿活动855场次，经规范登记服务时数达3996小时，为推动文旅志愿服务工作高质量发展提供了有力保证。

5.加强数字化建设，应时而为

2022年，广州市文化馆线上服务人次达2575.54万（包含培训及活动线上服务人次2403.63万，本馆自有媒体浏览量及使用量171.91万人次），数字文化馆服务平台注册用户量5.69万人。微信公众号用户关注人数5.49万人，微信公众号年信息发布量509条，网站年度信息发布量541条，其他视频平台信息发布量98条。处理和回复群众留言、咨询和问题等条数超过1000条。与去年同期相比，总发布量同比增长12%，处理群众咨询及问题增长约40%，粉丝及注册用户量增长约20%。广州市文化馆积极整合文化资源，高效利用数字平台，探索线上线下融合的服务供给新模式，闭馆不闭课，为市民真真切切地打造了"没有围墙的文化馆"。

6.新馆顺利搬迁，攻坚克难

2022年对广州市文化馆来说是载入史册的一年，是年10月，广州市文化馆新馆顺利完成搬迁工作，所有部门成功进驻新馆并开展运行测试。同时，广州市文化馆顺利完成国家3A旅游景区评定，不断推进游客中心、母婴室和主题厕所提升工作，为下一步打造4A级旅游景区奠定基础。此外，广州市文化馆还积极探索社会化运营实践，完成新馆社会化运营工作方案及开馆园区活动筹备工作。在疫情防控方面，全年共开展疫情演练5场次，新馆作为临时隔离点，共转运1000多名人员，为我市打赢疫情防控战作出了贡献。

二、服务效能

（一）群众文化活动

2022年，广州市文化馆举办各类群众文化活动共计1133场，线上线下总服务人次达2407.21万，含线下活动服务总人次53.73万，线上服务总人次2353.48万。受近三年疫情防控影响，线下服务总人次相较于疫情前呈较大幅度的下降，但同时2018至2022这五年来，广州市文化馆线上服务总人次整体呈上升趋势，持续通过线上文化服务，让更多市民突破时空限制，随时随地享受公共文化服务建设的成果。

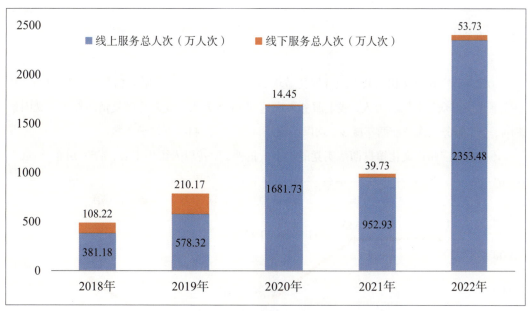

2018—2022年广州市文化馆群众文化活动服务人次

2022年，广州市文化馆开展了1133场公益性文化活动。其中，演出93场，占比约为8%；讲座274场，占比约为24%；比赛11场，占比约为1%；展览25场，占比约为2%；其他综合性活动730场，如各类研学活动、体验课等，占比约为65%。

2022年，广州市文化馆聚焦于不同群体的文化需求，推出面向不同年龄段及特殊群体的公益性文化项目，提供颇具个性化、人性化的公益文化服务。全年，广州市文化馆共开展了1133场次公益性群众文化活动，其中，面向未成年人、老年人、外来务工人员、残障人士等特

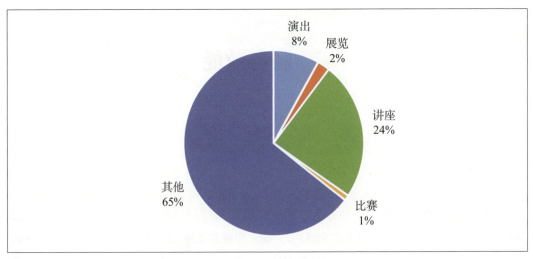

2022年度广州市文化馆群众文化活动类型及其占比

殊群体开展的文艺活动共计296场次，全年推出亲子活动共计186场次。

（二）群众培训辅导

2022年，广州市文化馆共组织开展公益培训1279场，线上线下服务总人次达53.41万，其中线下惠及群众达到3.26万人，线上服务人次达到50.15万人。受海珠区疫情防控等客观因素影响，全年服务人次较前两年减少，均以小班培训为主，控制线下培训人数。

本年度，广州市文化馆贯彻落实党的二十大精神，坚持以人民为中心，贴近实际、贴近生

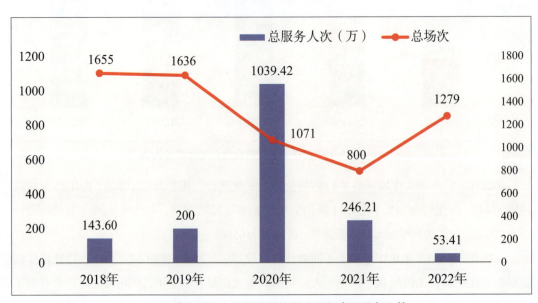

2022年度广州市文化馆公益培训开展场次及服务人数

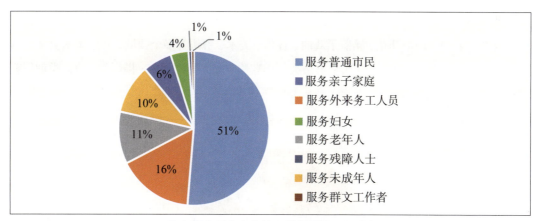

2022年度广州市文化馆公益培训开展场次占比

活、贴近群众，针对不同群体开展特色公益培训，满足不同群体的文化需求。在1279场公益培训项目中，服务外来务工人员207场次，服务未成年人132场次，服务老年人群140场次，服务亲子家庭80场次，服务妇女49场次，服务残障人士9场次，面向行业内人员开展相关专业培训共计6场次，其余656场次均惠及广大市民群众。

（三）群众文艺创作

2022年，广州市文化馆群众文艺创作繁荣发展再攀高峰，创作的文艺精品，收获市级以上奖项共69个，其中国际性奖项1个，全国性奖项2个，省级奖项17个，市级奖项18个，辅导

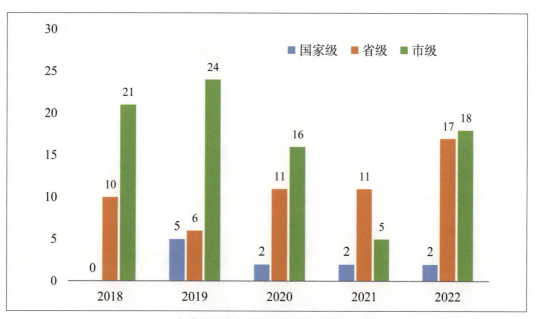

2022年度广州市文化馆创作类获奖等级及数量

类获奖31项。

群众文艺创作遍地开花，涵盖了戏曲、音乐、美术、书法等多个领域，其中美术类文艺创作获奖最多，占比约为39%；其次是书法类创作获奖，占比约为25%；摄影类、曲艺类创作获奖占比均约为9%；舞蹈类、戏剧类、音乐类创作获奖各占比约6%。

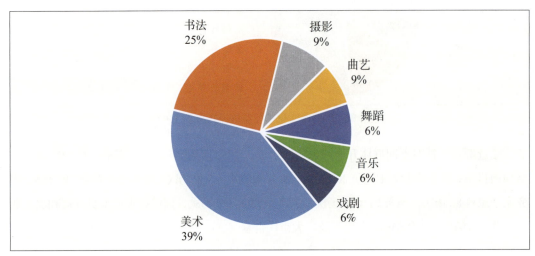

2022年度广州市文化馆创作类获奖类型占比

2022年广州市文化馆群文创作成绩斐然，创作出一批扎根本土、深植时代的文艺精品。在2022年4月公布的"2021年度广东省群众文艺作品评选"中，广州总分在全省排名第一，音乐、舞蹈、戏剧、曲艺四个门类齐开花，一等奖获奖数占全省一等奖总数的四分之一，保持了广州在全省群众文艺创作评选中连续三年居首位的优异成绩。

广州市文化馆"一团火"曲艺创作基地成员杨婷凭借作品《梦想成真》喜获牡丹新人奖，这是广州市群文工作者首次获得牡丹奖；此外，粤港澳首次合力参赛，广东南音新唱《同心结》勇摘"群星奖"，这是继三年前西河大鼓书《大营救》摘得第十八届群星奖后，广州蝉联全国群众文艺领域政府最高奖。

在"通往世界合唱比赛之路"2022合唱视频大赛中，广州市文化馆中心团队广州合唱团斩获佳绩。"合唱奥林匹克——世界合唱比赛"组委会举办本次合唱视频大赛，通过歌唱让世界听到各国人民渴望和平、向往美好的心声。广州合唱团精选了《天空》《燕子》《UBI CARITAS》《GLORIA》4首体现古今中外、风格多元的合唱作品参赛，最终摘得女声合唱组桂冠。

2022年度广州市文化馆省级及以上部分创作类获奖列表

序号	作品名称	作品类别	创作/表演/辅导单位	获奖名称	获奖级别	颁奖单位
1	《天空》《燕子》《UBI CARITAS》《GLORIA》	女声合唱	广州合唱团	2022合唱视频大赛女声合唱组冠军	国际性	INTERKULTUR国际文化交流基金会
2	《同心结》	广东南音新唱	广州市文化馆、广州市荔湾区文化馆、粤港澳大湾区青年戏剧协会	第十九届中国文化艺术政府奖群星奖	全国性	中华人民共和国文化和旅游部
3	《梦想成真》	单弦说唱	广州市文化馆"一团火"曲艺创作排演基地	杨婷获第十二届中国曲艺牡丹奖新人奖	全国性	中国文学艺术界联合会、中国曲艺家协会
4	《湾区时代》	广场舞	广州市文化馆广场舞创排基地	获得40岁以下组别"最佳团队"	省级	广东省文化和旅游厅
5	《纪念像》	歌曲	广州市文化馆	2021年度广东省群众文艺作品评选一等奖	省级	广东省文化和旅游厅
6	《追随着你》	歌曲	广州市文化馆	2021年度广东省群众文艺作品评选一等奖	省级	广东省文化和旅游厅
7	《偶像》	少儿舞蹈	广州市文化馆"小风铃"艺术团	2021年度广东省群众文艺作品评选一等奖	省级	广东省文化和旅游厅
8	《我有个我们》	小品	广州市文化馆	2021年度广东省群众文艺作品评选一等奖	省级	广东省文化和旅游厅
9	《垃圾大作战》	群口快板	广州市文化馆	2021年度广东省群众文艺作品评选一等奖	省级	广东省文化和旅游厅
10	《血浓于水》	粤曲	广州市文化馆	2021年度广东省群众文艺作品评选一等奖	省级	广东省文化和旅游厅
11	《灿烂的日子》	少儿群舞	广州市文化馆	2021年度广东省群众文艺作品评选二等奖	省级	广东省文化和旅游厅
12	《夜》	小品	广州市文化馆	2021年度广东省群众文艺作品评选二等奖	省级	广东省文化和旅游厅
13	《有口皆碑》	音乐快板	广州市文化馆	2021年度广东省群众文艺作品评选二等奖	省级	广东省文化和旅游厅
14	《我是村霸》	群口相声	广州市文化馆	2021年度广东省群众文艺作品评选二等奖	省级	广东省文化和旅游厅
15	《追寻》	少儿舞蹈	广州市文化馆	2021年度广东省群众文艺作品评选三等奖	省级	广东省文化和旅游厅
16	《美好生活》	美术	广州市文化馆公益培训联盟、广州市太和镇新时代文明实践所、广州市金钟少年宫	2022广东省群众艺术花会（少儿艺术）美术书法作品美术三等奖	省级	广东省文化和旅游厅
17	《木棉花开》	美术	广州市文化馆	2022广东省群众艺术花会（少儿艺术）美术书法作品美术三等奖	省级	广东省文化和旅游厅

（续上表）

序号	作品名称	作品类别	创作/表演/辅导单位	获奖名称	获奖级别	颁奖单位
18	《我与花城共成长》	美术	广州市文化馆	2022广东省群众艺术花会（少儿艺术）美术书法作品美术三等奖	省级	广东省文化和旅游厅
19	《章草古诗》	书法	广州市文化馆公益培训联盟、广州市番禺区市桥德兴小学、广州市番禺区隽延教育培训中心艺术团	2022广东省群众艺术花会（少儿艺术）美术书法作品书法三等奖	省级	广东省文化和旅游厅
20	《云散兰开楷书七言联》	书法	广州市文化馆公益培训联盟、广州市番禺区市桥德兴小学、广州市番禺区隽延教育培训中心艺术团	2022广东省群众艺术花会（少儿艺术）美术书法作品书法三等奖	省级	广东省文化和旅游厅

2022年度广州市文化馆省级及以上部分辅导类获奖列表

序号	作品名称	作品类别	作者	比赛名称	获奖等级	颁奖单位
1	《建设生力军》	美术	倪俊、巫丽红	广东省第十六届美术书法摄影作品联展	金奖	广东省文化和旅游厅、广东省美术家协会、广东省书法家协会、广东省摄影家协会
2	《耕海牧鱼》	美术	温嫦丽	广东省第十六届美术书法摄影作品联展	银奖	广东省文化和旅游厅、广东省美术家协会、广东省书法家协会、广东省摄影家协会
3	《广东环保新时代》	美术	杨悦莹	广东省第十六届美术书法摄影作品联展	银奖	广东省文化和旅游厅、广东省美术家协会、广东省书法家协会、广东省摄影家协会
4	《我的神思·叠册之间的印记》	美术	曾昭颖	广东省第十六届美术书法摄影作品联展	银奖	广东省文化和旅游厅、广东省美术家协会、广东省书法家协会、广东省摄影家协会
5	《休闲生活》	摄影	李程光	广东省第十六届美术书法摄影作品联展	银奖	广东省文化和旅游厅、广东省美术家协会、广东省书法家协会、广东省摄影家协会
6	《山邨春韵》	美术	万测宇	广东省第十六届美术书法摄影作品联展	铜奖	广东省文化和旅游厅、广东省美术家协会、广东省书法家协会、广东省摄影家协会
7	《南方时光》	美术	吕建锋	广东省第十六届美术书法摄影作品联展	铜奖	广东省文化和旅游厅、广东省美术家协会、广东省书法家协会、广东省摄影家协会
8	《地铁先锋》	美术	曾瑜	广东省第十六届美术书法摄影作品联展	铜奖	广东省文化和旅游厅、广东省美术家协会、广东省书法家协会、广东省摄影家协会

（续上表）

序号	作品名称	作品类别	作者	比赛名称	获奖等级	颁奖单位
9	《红色摇篮》	美术	牛志林	广东省第十六届美术书法摄影作品联展	铜奖	广东省文化和旅游厅、广东省美术家协会、广东省书法家协会、广东省摄影家协会
10	节录项穆书法雅言	书法	魏世遠	广东省第十六届美术书法摄影作品联展	铜奖	广东省文化和旅游厅、广东省美术家协会、广东省书法家协会、广东省摄影家协会
11	《春雨杂述》	书法	崔先文	广东省第十六届美术书法摄影作品联展	铜奖	广东省文化和旅游厅、广东省美术家协会、广东省书法家协会、广东省摄影家协会
12	五柳先生传	书法	李佳骏	广东省第十六届美术书法摄影作品联展	铜奖	广东省文化和旅游厅、广东省美术家协会、广东省书法家协会、广东省摄影家协会
13	行书古诗多首	书法	潘永耀	广东省第十六届美术书法摄影作品联展	铜奖	广东省文化和旅游厅、广东省美术家协会、广东省书法家协会、广东省摄影家协会
14	守正怀韬联	书法	陈华清	广东省第十六届美术书法摄影作品联展	铜奖	广东省文化和旅游厅、广东省美术家协会、广东省书法家协会、广东省摄影家协会
15	《刘克庄〈雪溪亭记〉》	书法	张治本	广东省第十六届美术书法摄影作品联展	铜奖	广东省文化和旅游厅、广东省美术家协会、广东省书法家协会、广东省摄影家协会
16	《舞霓裳》	摄影	李华燕	广东省第十六届美术书法摄影作品联展	铜奖	广东省文化和旅游厅、广东省美术家协会、广东省书法家协会、广东省摄影家协会
17	《数字农田》	摄影	石建华	广东省第十六届美术书法摄影作品联展	铜奖	广东省文化和旅游厅、广东省美术家协会、广东省书法家协会、广东省摄影家协会
18	《鲤鱼跃龙门》	摄影	黄宇菁	广东省第十六届美术书法摄影作品联展	铜奖	广东省文化和旅游厅、广东省美术家协会、广东省书法家协会、广东省摄影家协会
19	《待到山花烂漫时》	美术	莫淑莹	广东省第十六届美术书法摄影作品联展	优秀奖	广东省文化和旅游厅、广东省美术家协会、广东省书法家协会、广东省摄影家协会
20	《古镇春风》	美术	何伟良	广东省第十六届美术书法摄影作品联展	优秀奖	广东省文化和旅游厅、广东省美术家协会、广东省书法家协会、广东省摄影家协会
21	《和谐》	美术	丘丽华	广东省第十六届美术书法摄影作品联展	优秀奖	广东省文化和旅游厅、广东省美术家协会、广东省书法家协会、广东省摄影家协会
22	《硕果》	美术	夏天	广东省第十六届美术书法摄影作品联展	优秀奖	广东省文化和旅游厅、广东省美术家协会、广东省书法家协会、广东省摄影家协会
23	《永立潮头》	美术	张蓉	广东省第十六届美术书法摄影作品联展	优秀奖	广东省文化和旅游厅、广东省美术家协会、广东省书法家协会、广东省摄影家协会

（续上表）

序号	作品名称	作品类别	作者	比赛名称	获奖等级	颁奖单位
24	《嫩蕊细细开》	美术	汤杰贞	广东省第十六届美术书法摄影作品联展	优秀奖	广东省文化和旅游厅、广东省美术家协会、广东省书法家协会、广东省摄影家协会
25	《逆行者》	美术	吕越	广东省第十六届美术书法摄影作品联展	优秀奖	广东省文化和旅游厅、广东省美术家协会、广东省书法家协会、广东省摄影家协会
26	《溪山无尽图》	美术	温健荣	广东省第十六届美术书法摄影作品联展	优秀奖	广东省文化和旅游厅、广东省美术家协会、广东省书法家协会、广东省摄影家协会
27	《光荣在党50年》	摄影	李和健	广东省第十六届美术书法摄影作品联展	优秀奖	广东省文化和旅游厅、广东省美术家协会、广东省书法家协会、广东省摄影家协会
28	《禾楼舞》	摄影	李华燕	广东省第十六届美术书法摄影作品联展	优秀奖	广东省文化和旅游厅、广东省美术家协会、广东省书法家协会、广东省摄影家协会

（四）非遗保护传承

2022年，广州市文化馆高度重视非遗保护、传承及推广工作，积极开展线上线下非遗活动，活动形式仍以非遗展览、展演、培训班、体验课为主。除开展系列非遗推广活动、新馆展陈筹备外，在名录建设、跨域合作、研究工作等方面也取得突破性进展。

线下非遗传播凸显成效，特色活动亮点频出。广州市文化馆与多家单位合作举办广州非遗专题展览，通过线下方式举办非遗展览活动10场次，其中"鉴往知来——屈汀南收藏十八十九世纪广州十三行时期服饰和生活用品传世实物展""广州非遗活化作品展"双展览结合"非遗+时尚"的广州经验，首次举办非遗艺术时尚周活动，以助力非遗跨界融合发展，展现了非遗活动与新时代潮流思想的大胆碰撞和与时尚风潮的相互借鉴，充分体现传统文化与当代文化融合发展，诠释了非遗在当代生活的现代表达。

在线传播形式日趋完善。2022年，广州市文化馆：①组织2022年"文化和自然遗产日"活动，被人民网、广东新闻联播、广州日报等42家媒体报道近110次；②组织线上广州非遗馆，利用"非遗+短视频"平台，持续运作"抖音广州非遗馆"，并探索"视频号广州非遗馆"，展示61个非遗项目的96位传承人丰富多彩的非遗短视频，话题页总播放曝光约2100万次；③广州非遗购物节吸引20余家非遗商家参与，实现销售总额300余万。

品牌非遗体验课程创意十足。2022年广州市文化馆开展多场非遗类培训班，全年共举办非遗类培训相关课程80班次，品牌非遗项目"非遗课来了"共执行20场非遗活动，合计150个课时。本年度"非遗课来了"在课程设计与课程选题方面向好发展，除延续与各区非遗相关部门的深度合作外，联合更多文博单位、文旅单位、民间协会，共同打造"非遗+"的创新模式。课程主要包括"非遗运动会""非遗工匠会""非遗美食汇""非遗健康汇"四个部分。

顺利推进非遗藏品征集接收及档案整理专项工作。本年度已完成2020年、2021年10件定制藏品的接收工作，向17位传统美术、传统技艺类非遗代表性传承人新征集藏品23套（62件）。此外，向广州市文物总店有限公司征集的69套（161件）非遗历史实物藏品正在办理征集手续。捐赠方面，已完成藏家王恒捐赠的139套（238件）非遗历史实物的接收工作。完成纸质档案约600卷、声像电子档案约10T、藏品数字化约500件套的整理工作。

多项理论研究成果突出。首度开展全市"非遗在社区"调研，开展2022广式家具研究，组织广州市岭南武术视觉研究与设计创作；出版《广东音乐名曲与粤乐创作选集（总谱）》《广州市非遗传承发展报告（2022）》；参与编撰广州市社科联主导策划的《博物馆里的广州》系列图书，与广州艺术博物院共同撰写《祖先们也很会玩》一书；编撰并印刷《2021年广州市非物质文化遗产保护中心工作简报》；与时间网络、科大讯飞、广东省非遗保护中心等单位共同开展广东省重点领域研发计划"文化和科技融合"重点专项——"粤港澳大湾区文化IP智能创作与呈现关键技术研究及应用"项目的研究；组织编撰的《羊咩带你"叹"非遗——广州非物质文化遗产校园读本》成功入选2022年广州市优秀科普图书名单；课题《激活的时尚：广绣传统图案研究与转化》荣获2022年"第四届全国文化馆理论体系构建学术研讨会征文优秀案例"和"2022年广州市公共文化服务高质量发展创新项目（优秀案例）"。

组建非遗志愿团队初见成效。2022年，"广作新生"非遗专业志愿服务队正式成立，成为非遗志愿服务的重要抓手，非遗保护发展链条进一步完善。服务团队主办或承办部分活动成果展，策划开展了"广州市文化馆新馆非遗文创设计志愿征集项目"。服务队分别在南沙黄阁大井村、从化凤二村、清远龙狮田村、连州瑶族乡挂榜村、广州市团校、广州市第二少年宫、启慧学校、三元里街道等单位及场所开展"喜迎二十大·庆建团百年 非遗新生代与你一起青春建功"主题活动，取得良好的社会反响，助力非遗新生代志愿服务活动节节攀升。

非遗基地建设纵深推进。2022年，广州市文化馆加强与全市学校、博物馆、旅游单位、行业协会、文化公司等合作，统筹非遗传承基地数量多达100个，基地建设凸显成效，其中海珠区26个、荔湾区14个、天河区14个、白云区11个、黄埔区6个、番禺区6个、越秀区5个、增城区5个、花都区3个、从化区3个及广州市属7个。

（五）数字文化服务

2022年，广州市文化馆各大平台共发布各类稿件1433条，其中微信公众号509条、新浪微博285条、网站541条，短视频98条。处理和回复群众留言、咨询和问题等条数超过1000条，与去年同期相比，增长约40%。"广州市文化馆""广州非遗"两个微信公众号用户关注量分别为5.69万人、2.68万人，数字文化馆服务平台注册用户量累计为5.46万人。此外，联合11个区馆，打造全市群文宣传大平台，在省文化在线平台发布信息1300多条。

一年来，广州市文化馆组织推广运用"一站式"综合服务平台，形成"多端协同"综合服务窗口，以两个网站、两个微信公众号、一个微信小程序、文化活动一体机为基础，公益培训活动管理系统、统一用户管理平台、直录播系统等系统为拓展，实现资讯及数据的实时宣传，增强市民与文化馆的黏合度，提高公共数字文化服务的互动性、便利性、全面性。

重视数字化平台建设，广州公共文化云平台数字服务成果显著。2022年，广州市文化馆利用信息技术提升服务质量，不断延伸和拓展数字化服务领域，在数字化平台建设方面，打造并完善全媒体传播矩阵，集显新媒体行业蓬勃力量，助力"互联网＋文化馆"发展。全年联合11个区馆做好广州公共文化云"数字文化馆"平台的优化提升、推广使用，完成功能优化及新需求增改246项，通过数字平台发布活动场次1431场、发布资讯2239条、预约场地总场次达7527场，采集入库数字文化资源1827个、总时长约500小时，云上展品1373个，群文作品4161个，完成数字平台与"穗好办APP"的全面贯通，实现文旅资源"一码通行"。

数字资源日益完善，系列高质量慕课、微课、短视频陆续推出。近年来，广州市文化馆积极建设慕课等数字资源，依托互联网等数字化技术，使得群众"足不出户"便可享受各类课程。截至2022年底，在官方网站、微信微服务大厅线上平台相继推出了门类多样、趣味性强的慕课共计28门，其中承接中央支持地方数字资源慕课项目12门，涵盖非遗传承推广、志愿培训、艺术技能、艺术赏析等类别，为全民艺术普及宣传、本土文化及优秀传统文化宣传、本馆活动二次宣传提供了更多可能。本年度，广州市文化馆推出了"非遗通识课堂""你不可不知的音乐经典故事""岭南画派普及与欣赏"等系列慕课，还推出了线上语言艺术及配音课程、国标舞网络公开课、新媒体运营云课堂等特色课程，授课老师涵盖非遗传承人、大学教授、亚运冠军等，使群众在线上也能体验到高质量的艺术培训、赏析课程。

数字化宣传破格出圈，各式展演活动借助互联网技术高效传播。2022年初，"5G直达最美小镇"——广州从化云上"村晚"系列展演活动采用"5G+4K"技术，打破时空的限制，实现乡村多会场的实时高清视频互动，在国家公共文化云、央视频及广东省内等各平台播放次数超279万次，媒体报道接近100篇，由本馆制作的3个"村晚"短视频在国家公共文化云登上"优秀作品榜""最佳故事榜""最佳创意榜"，包揽了广东省所有奖项。"穗群星 艺展演"广州市文化馆精品文艺惠民展演，线下线上共演出115场，惠民人数343万人次。10月，广州市第七届广场舞大赛线上决赛多媒体平台同步面向全国推送，线上观看决赛展演人数达56万人次。"抖音广州非遗馆"展示61个非遗项目、96位传承人精彩的短视频，发挥数字传播优势，助力非遗线上传播。

（六）文旅志愿服务

1. 队伍建设

2022年，广州市文化馆在i志愿、时间银行平台注册的志愿者有1125人，志愿者骨干（全年服务时数超20小时）人数为48人，开展文化志愿服务活动1222场，共有1375人次志愿者参与服务，登记总服务时数3996小时。

近五年来，广州市文化和旅游志愿服务官方平台（i志愿、时间银行）注册志愿者人数总体呈增加趋势。2022年由于受到疫情防控影响，下半年活动量减少，广州市文化馆志愿者贡献服务时数相比往年略有下降。

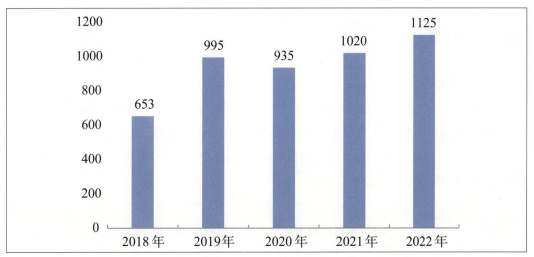

2018—2022年广州市文化馆官方平台（i志愿、时间银行）注册志愿者人数（人）

2018—2022年广州市文化馆志愿者贡献服务时数（小时）

2022年5月15日，2022年广州市文旅专业志愿服务队授牌暨骨干管理培训班活动在市团校举办。活动中，广州市第一批9支文旅专业志愿服务队被正式授牌，标志着广州市"繁星行动"文旅志愿服务品牌项目全面铺开。首批文旅专业志愿服务队围绕"红色文化""岭南文化""海丝文化""创新文化"四大文化品牌发起组建，具有浓厚的广州特色，覆盖了文旅志愿服务多个专业领域。其中，广州市文化馆发起了"美育广州"艺术普及专业志愿服务队、"广作新生"非遗专业志愿队、"记录广州"新媒体专业志愿服务队，在全年开展多场专业志愿服务活动。

2. 规范化建设

2022年，广州市文化广电旅游局联合市文明办、市民政局、团市委共同发布了《广州市文化和旅游志愿服务发展行动计划（2022—2025）》《广州市文化和旅游志愿服务管理办法》。

（七）总分馆制建设

1. 总分馆体系情况

2022年，广州市全市文化馆总分馆建设体系由1个中心馆、11个总馆、220个分馆组成。其中，区馆直属分馆5个，街道文化站分馆共176个，社会力量合作分馆共35个，其他分馆共4个，整体数量较去年增加13个（直属分馆增加2个，社会力量合作分馆增加11个），分馆总面积约为34万平方米。

2022年度广州市全市各区分馆数量及类型

区名	分馆总数量（个）	直属分馆数量（个）	街道文化站分馆数量（个）	社会力量合作分馆（个）	其他分馆数量（个）	分馆总面积（平方米）
越秀区	18	0	18	0	0	23453.85
海珠区	28	1	18	8	1	40399.42
荔湾区	24	0	22	1	1	28946.09
天河区	21	0	21	0	0	4601.17
白云区	24	0	24	0	0	38826.2
黄埔区	33	2	17	13	1	25972
花都区	11	1	10	0	0	5473
番禺区	23	1	16	6	0	83463.29
南沙区	9	0	9	0	0	27980
从化区	13	0	8	4	1	18387
增城区	16	0	13	3	0	43895
总计	220	5	176	35	4	341397.02

2. 镇街体制改革情况

为进一步提升基层服务效能，近年来，广州市深化镇街体系改革，整合基层职能部门，解决基层职能交叉问题，陆续将文化站撤销或与其他单位合并，基层公共文化职能转由其他机构承担。

（八）理论研究发展

理论研究是文化馆事业发展的基础性工作，2022年，广州市文化馆在理论研究方面再创佳绩，共有获奖论文8篇，成功申报1项文旅部全国公共文化发展中心课题（一般项目）、参与1项文旅部全国公共文化发展中心课题（重点项目），在研的2021年度广东省重点领域研发计划"文化和科技融合"重点专项课题1项，标准建设3项，出版书籍5本。

1. 课题研究及标准建设

2022年，广州市文化馆在课题研究、标准建设方面稳步推进。其中，承担或参与的课题研究共3项，牵头制定标准共2项，参与修订标准1项。

在课题研究方面，2022年，广州市文化馆承接了国家文化和旅游部全国公共文化发展中心"文化馆事业高质量发展研究计划"课题1项，"文化馆事业高质量发展研究计划"2022年度课题研究项目《基层治理视角下文化站融合发展研究——以广州市为例》立项获批。同时，广州市文化馆作为研究单位之一参与了广东省文化馆申报的重点项目《全民艺术普及文化社群高质量发展研究》课题。此外，广东省重点领域研发计划"文化和科技融合"重点专项"粤港澳大湾区文化IP智能创作与呈现关键技术研究及应用"项目在2022年度顺利开展研究，该项目预计研究时间为2021年至2024年。

在标准建设方面，2022年，广州市文化馆继续推进市地方标准《全民艺术普及慕课建设规范》的标准起草、征求意见等工作，该标准将于2023年9月前正式发布。在志愿服务方面，同时开展了文化和旅游志愿服务省级地方标准《文化和旅游志愿服务 管理规范》的制定。此外，广州市文化馆还参与了由中国文化馆协会组织领导的《乡镇综合文化站服务标准》修订。

2. 论文及案例获奖

2022年，广州市文化馆作为广东省文化馆联盟理论研究委员会秘书处，勇担重任，在理论研究方面再创佳绩，全年共收获研究性论文及案例获奖8项，其中3篇论文获第四届全国文化馆理论体系构建学术研讨会征文活动一等奖、2篇案例入选优秀创新实践案例，2篇论文分获2022广东文化馆年会一、二等奖，1篇案例入选2022年广州市公共文化服务高质量发展创新项目优秀案例。

3. 出版书籍

2022年，广州市文化馆首本统计年鉴正式出版。《广州市文化馆行业年鉴（2018—

2020）》（以下简称"年鉴"）是在广州市文化广电旅游局的指导下，由广州市文化馆主编、广东旅游出版社出版的一本统计性工具书。该书旨在客观、全面、系统、翔实地向读者提供广州全市文化馆的公共文化服务基本统计资料。《年鉴》主要介绍了区域视角下广州市文化馆、全市各区文化馆在2018—2020年间的服务概况，内容涵盖群众文化活动及培训、精品创作、非遗传承与保护、数字化建设、志愿服务与理论研究、跨地区交流、总分馆制建设等方面，真实反映文化馆行业公共文化服务建设情况和创新发展进程。

为纪念岭南画派的代表人物，广州美术学院教授陈金章先生特向广州市文化馆捐赠135幅国画及写生作品。广州市文化馆精心策划出版了《山河颂——陈金章捐赠作品集》一书，该书由广州市文化馆主编，岭南美术出版社出版，收录了先生自20世纪50年代至今跨度长达70多年的画作精品。

《广州市文化馆群众文艺创作获奖作品集（2019—2021年）》出版。该书主要将2019至2021年广州市群众文艺创作获奖作品结集出版，由广州市文化馆主编，广州出版社出版，涵盖摄影类、书法类、美术类、戏剧类、音乐类、舞蹈类和曲艺类创作作品，同时收录了广州市文化馆"一团火"曲艺创作排演基地创作的作品《大营救》，该作品于2019年获得了第十八届中国文化艺术政府奖——群星奖。

《广东音乐名曲与粤乐创作选集（总谱）》全面梳理了广东音乐文化资源，深入挖掘广东音乐文化内涵，为广大传统音乐爱好者学习广东音乐提供了参考，是一部较具可读性及权威性的音乐经典书籍。该书由广州市文化馆（广州市非物质文化遗产保护中心）主编，广东人民出版社出版，共收录24首乐谱，分为两个篇章：第一篇章是《广东音乐经典乐曲》，包含由陈葆坤老师编配的18首广东音乐经典乐曲；第二篇章是《广东粤乐典集》，包含由陈葆坤老师创作的6首乐曲。

《广州文化馆行业年鉴
（2018—2020）》

《山河颂——陈金章捐赠
作品集》

《广州市文化馆群众文艺创作
获奖作品集（2019—2021年）》

为总结十九大以来广州市非遗保护及传承发展工作，推动全市非遗保护上一个新台阶，广州市文化馆（广州市非物质文化遗产保护中心）联合中山大学中国非遗研究中心编撰《新时代非遗保护的广州实践：广州市非遗传承发展报告》。该书由广东人民出版社出版，全书分为15个章节，共约20万字，包括总报告1篇、分题报告11篇、热点分析4篇（每篇约1万字）、大事记1篇。

《广东音乐名曲与粤乐创作选集（总谱）》

《广州市非遗传承发展报告》

三、社会影响与社会评价

（一）群众满意度

2022年度，广州市文化馆以线上调查问卷的方式开展了年度满意度调查工作，共计回收有效问卷890份，通过分析各项调查指标，深入了解群众文化需求及偏好，有针对性地优化服务策略，以改善公共文化服务的供给方式及内容，提高公共文化服务质量。本年度，广州市文化馆群众满意度综合评价得分为90.03分。

1.用户画像及特征

服务受众以中老年群体为主。在针对受众年龄的调查中，60岁以上的受访者共计514人，占比约为57.8%；41～60岁的有294人，占比约为33%；18～40岁的有72人，占比约为8.1%；18岁以下的有10人，占比约为1.1%。

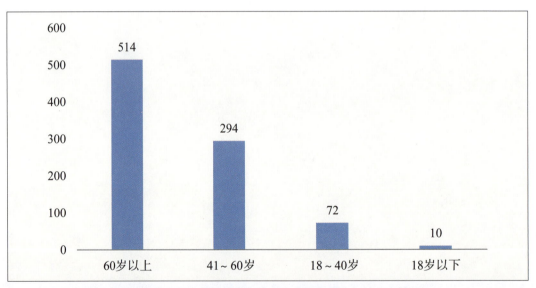

2022年度广州市文化馆满意度调查中服务受众年龄分布情况

服务受众整体性别结构以女性为主。在针对服务受众性别的调查中，女性受访者占比约为80%，男性受访者占比约为20%，参与文化馆活动的女性数量较多。

服务受众各文化程度均有覆盖。在针对受众文化程度的调查中，受访者学历为硕士及以上的有41人，占比约为4.61%；学历为本科的有247人，占比约为27.75%；学历为专科的有

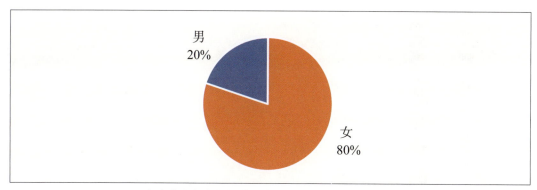

2022年度广州市文化馆满意度调查中服务受众性别分布情况

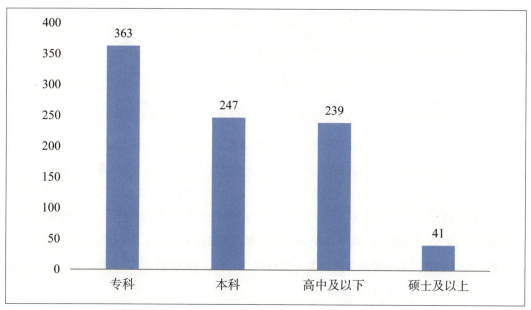

2022年度广州市文化馆满意度调查中服务受众文化程度分布情况

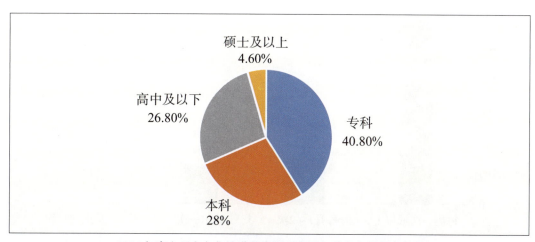

2022年度广州市文化馆满意度调查中服务受众文化程度占比

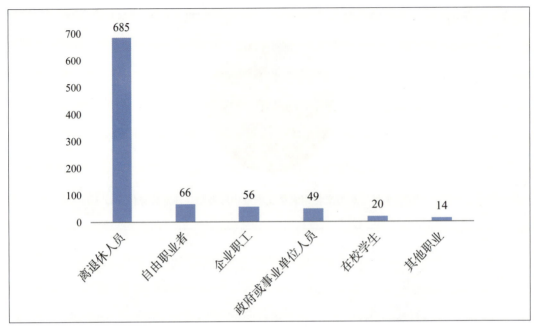

2022年度广州市文化馆满意度调查中服务受众职业身份分布情况

363人，占比约为40.79%；学历为高中及以下的有239人，占比约为26.85%。

服务受众仍以离退休人员为主。 在针对受众职业身份的调查中，受访者中的离退休人员有685人，占比约为77%；自由职业者为66人，占比约为7.40%；企业职工为56人，占比约为6.30%；政府或事业单位人员为49人，占比约为5.50%；在校学生为20人，占比约为2.20%。其他职业为14人，占比约为1.60%。服务受众整体以离退休人员为主，受众职业呈多元化。

多数受访者每周参与公共文化活动一次或以上。 在针对到馆频次的调查中，到馆或参与文化活动频率为每周一次或以上的受访者有608人，占比为68.30%；每月1～2次的有148人，

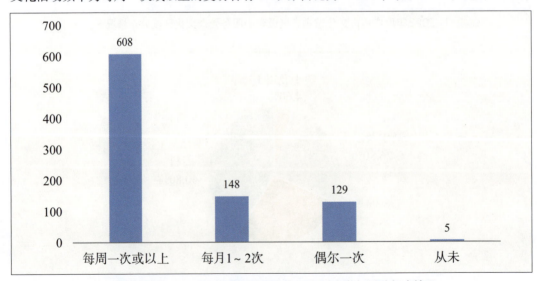

2022年度广州市文化馆满意度调查中服务受众参与活动频次情况

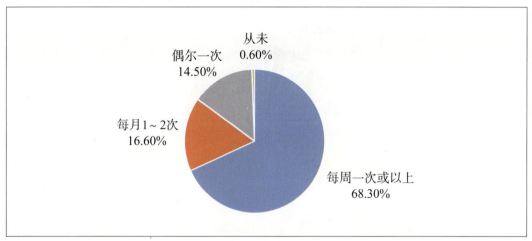

2022年度广州市文化馆满意度调查中服务受众参与活动频次占比

占比为16.60%；偶尔一次的有129人，占比为14.50%；从未到馆或参与活动的有5人，占比约为0.60%。

2. 群众文化需求偏好分析

受访者偏好高质量演出、艺术技能培训及艺术类活动。在对新一年群众希望参加的文化活动进行征集时，问卷调查结果显示，23%的人希望观看高质量的公益演出，22%的人希望参加艺术技能类的公益培训，21%的人希望参加文化艺术类的公益活动，15%的人希望加入一支文化艺术类的团队并得到公益辅导，8%的人希望参加非遗类的体验、研学和传习活动，7%的人希望观看文化艺术类的公益展览，2%的人希望参加文化艺术类的夏令营或研学活动，2%的人希望参加文化艺术类亲子活动。

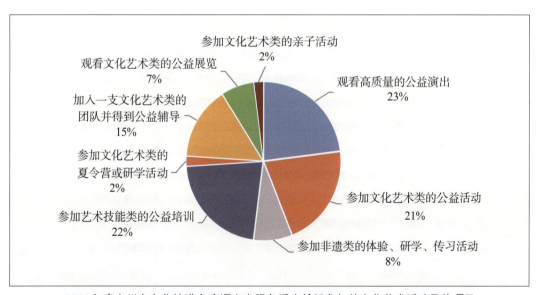

2022年度广州市文化馆满意度调查中服务受众希望参加的文化艺术活动具体项目

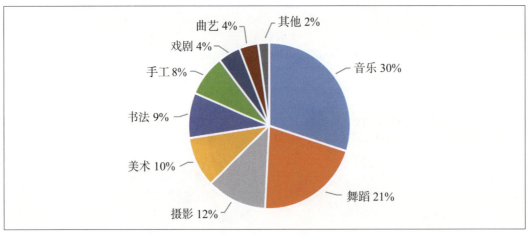

2022年度广州市文化馆满意度调查中服务受众希望参加的文化艺术活动具体项目

受访者偏好音乐、舞蹈类活动。在对受众希望参加的艺术活动的调查中，30%的人希望参加音乐类活动，21%的人希望参加舞蹈类活动，12%的人希望参加摄影类活动，10%的人希望参加美术类活动，9%的人希望参加书法类活动，8%的人希望参加手工类活动，4%的人希望参加曲艺类活动，4%的人希望参加戏剧类活动。此外，2%的市民希望参加健身操、时装秀、影视、瑜伽等类型的活动。

3. 服务受众满意度

受访者总体综合满意度较高，其中馆舍环境评价得分最高。在针对广州市文化馆的满意度调查中，群众对广州市文化馆的综合评价平均分为90.03，其中，对馆舍环境的满意度平均分为92.68，对馆内工作人员服务态度及水平的满意度平均分为90.96，对志愿服务的满意度平均分为90.54，对设施设备的满意度平均分为90.34，对信息资讯发布的满意度平均分为90.08，

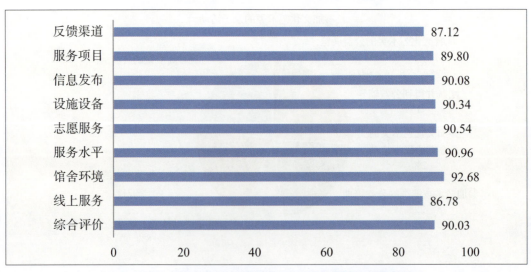

2022年度广州市文化馆满意度调查中满意度评价细项得分情况

对文化馆提供的公共文化服务项目的满意度平均分为89.80，对意见反馈渠道或途径的满意度平均分为87.12，对文化馆提供的线上文化服务项目的满意度平均分为86.78。总体来看，各方面满意度均保持较高水平，其中馆舍环境（包括场地功能布局、卫生状况及周边交通情况）得分最高，文化馆所提供的线上文化服务项目（如在线慕课、活动直播等）得分最低。因此，广州市文化馆需加大数字化建设投入力度，着力提高线上文化服务项目的质量与水平。

4. 问卷调查主要结论

在此次问卷调查中，受访者的年龄以40岁以上人群居多，占比约为91%，受访者性别男女比例中，女性群体居多，约占80%，男性约占20%。各文化程度均有覆盖，服务受众主要以离退休人员为主，约占77%，问卷调查显示广州市文化馆拥有一批用户黏性较高的服务受众。

在此次文化需求偏好调查中，受访者文化需求偏好整体呈现多样化特征，其中高质量公益演出、艺术技能类公益培训、文化艺术公益活动颇受市民关注，还有部分市民表示想加入一支文化艺术类的团队并得到公益辅导等。在艺术类型偏好方面，受访者还表示偏好音乐、舞蹈、摄影门类活动。未来广州市文化馆可根据群众需求偏好着重策划工作项目。

整体而言，本年度群众综合满意度较高，其中馆舍环境评价最好，达到了92.68分，但受访者表示在反馈渠道、线上服务等方面仍有需要完善的地方。不少受访者还留下了对广州市文化馆的真诚感谢及对新馆投入使用的憧憬等评价，并希望能在新一年继续参加更为精彩的文化活动。

（二）荣誉表彰

2022年，广州市文化馆共收获奖项86项。其中，创作类获奖38项，包含国际性奖项1项、全国性奖项2项、省级奖项17项、市级奖项18项、辅导类奖项31项（获奖明细分别详见第151页表格"2022年度广州全市文化馆省级及以上部分创作类获奖列表"，以及第158页表格"2022年度广州全市文化馆省级及以上部分辅导类获奖列表"）；非创作类获奖17项，包含全国性奖项9项、省级奖项4项、市级奖项4项（获奖明细详见下表）。

2022年度广州市文化馆省级及以上部分非创作类获奖列表

序号	奖项名称	获奖级别	颁奖单位	类别
1	第四届全国文化馆理论体系建构学术研讨会"优秀案例"（广州市文化馆专业干部《激活的时尚：广绣传统图案研究与转化》）	全国性	中国文化馆协会	理论研究
2	第四届全国文化馆理论体系构建学术研讨会"优秀案例"（广州市文化馆专业干部《科技助力群文创新发展》）	全国性	中国文化馆协会	理论研究

（续上表）

序号	奖项名称	获奖级别	颁奖单位	类别
3	第四届全国文化馆理论体系构建学术研讨会"一等奖"论文（广州市文化馆专业干部《新时代文化和旅游志愿服务融合发展研究》）	全国性	中国文化馆协会	理论研究
4	第四届全国文化馆理论体系构建学术研讨会"一等奖"论文（广州市文化馆专业干部《总分馆视域下区域性行业年报编制工作浅析》）	全国性	中国文化馆协会	理论研究
5	第四届全国文化馆理论体系构建学术研讨会"一等奖"论文（广州市文化馆专业干部《文化馆项目管理推动高质量发展》）	全国性	中国文化馆协会	理论研究
6	2022年文化和旅游志愿服务典型案例（社会力量参与志愿服务类）（"繁星行动"——广州市文旅志愿服务特色项目）	全国性	文化和旅游部、中央文明办	志愿服务
7	"村晚"短视频征集活动优秀作品奖（《两分钟带你看遍广州从化"村晚"精彩瞬间》）	全国性	文化和旅游部全国公共文化发展中心	视频制作
8	"村晚"短视频征集活动最佳创意作品奖（《穿越时光"穗"道，解码"村晚"里的艾米稻香小镇》）	全国性	文化和旅游部全国公共文化发展中心	视频制作
9	"村晚"短视频征集活动最佳故事作品奖（《乡村舞台传粤韵，小小"红豆"永飘香》）	全国性	文化和旅游部全国公共文化发展中心	视频制作
10	2022广东文化馆年会"一等奖"论文（广州市文化馆专业干部《"非遗+城市地标"的城市公共文化治理模式探索——以广州塔"岭南之窗"为例》）	省级	广东省文化馆联盟	理论研究
11	2021年度广东省学雷锋志愿服务先进典型——最佳志愿服务组织（广州市文化馆文化志愿服务团队）	省级	广东省精神文明建设委员会	志愿服务
12	2022年文化和旅游志愿服务典型案例（社会力量参与志愿服务类）（"繁星行动"——广州市文旅志愿服务特色项目）	省级	广东省文化和旅游厅	志愿服务
13	"带你看家乡"影像作品征集活动短视频类"最佳视角"奖（《[广州从化村晚·我们来啦]"小镇舞台"第一期：格塘南药小镇草药飘香，展现国风"村晚"》《[广州从化村晚·我们来啦]"小镇舞台"第二期：莲麻小镇赓续红色精神，"村晚"舞台响彻奋进之音》）	省级	广东省文化馆联盟	视频制作

（三）跨区域合作

跨区域合作是本馆"对外输出""对内引入"至关重要的一步，通过跨区域合作，破除区域信息壁垒，借鉴实践经验，共享行业最新资讯。2022年，在疫情常态化防控状态下，本馆跨区域合作频次较少，全年共开展了4次跨区域合作，其中包括赴顺德文化艺术中心参加省群星奖复赛节目录制活动并进行两地文化艺术交流，以及联合江西省赣州市、贵州省黔南州举办精品书画交流巡回展，书画作品立意新奇，主题突出，涵盖了隶书、楷书、草书、山水等多种形式，为两地群众带来岭南风书画盛宴。

在疫情防控特殊背景下，广州市文化馆依托互联网与多市开展交流与合作。例如，2022

年12月16日，由本馆主办的2022年广州市文化和旅游志愿服务骨干线上培训班，邀请来自中山市和汕头市文化馆的项目负责人，在线为全市的文旅志愿服务骨干分享优秀志愿服务项目。

2022年度广州市文化馆跨区域合作列表

序号	主题/工作内容	交流地点	交流时间	情况简介
1	广州市参加省群星奖复赛节目录制活动	顺德文化艺术中心	2022年5月16日至17日	广州市共计5个节目参加省群星奖复赛选拔，为了提高节目录制质量，广州市参赛节目赴顺德文化艺术中心进行录制，同时进行文化艺术交流。
2	最美岭南风——广州精品书画交流巡回展（赣州站）	赣州市	2022年7月15日	由广州市文化馆、江西省赣州市章贡区南外街道办事处、赣州市文化馆、赣州市美术家协会、赣州市书法家协会联合主办的"最美岭南风——广州精品书画交流巡回展（赣州站）"在赣州市红杉里艺术馆顺利开幕。本次书画展共计展出70多幅书画作品，既有广州当代岭南画派名家的力作，又有岭南后起之秀的创新之作。
3	最美岭南风·山水黔南情——广州、黔南州精品书画交流巡回展	黔南州	2022年8月16日	由广州市文化广电旅游局、黔南州文化广电和旅游局（州体育局）指导，广州市文化馆、黔南州文化馆主办，黔南州图书馆、黔南州博物馆协办的"最美岭南风·山水黔南情——广州、黔南州精品书画交流巡回展"在黔南州图书馆举行。这是两地进一步弘扬优秀传统文化、促进艺术文化繁荣的有力实践。展览为期半个月，累计观展达上万人次。
4	2022年广州市文化和旅游志愿服务骨干线上培训班	线上	2022年12月16日	培训班邀请了来自中山市和汕头市文化馆的专业干部，为全市的文旅志愿服务骨干分享优秀志愿服务项目，促进与中山、汕头的志愿服务实践经验交流互鉴。

四、案例选编

（一）"繁星行动"——广州市文旅志愿服务特色项目

简介：广州市文旅志愿服务特色项目——"繁星行动"于2022年正式启动。该项目成功入选文化和旅游部、中央文明办"2022年文化和旅游志愿服务典型案例（社会力量参与志愿服务类）"，携手志愿者近4000人次，共开展30个文旅志愿重点项目、258场文旅志愿活动，服务市民游客超过22万人次。在"十四五"期间，该项目组织开展"启明星"文旅专业志愿服务队建设计划、"满天星"基层文旅志愿服务组织者培育计划、"北斗星"文旅志愿服务培训实践基地建设计划。预计到2025年，将在全市培育建立包含基层文旅志愿服务组织者、示范队伍、特色项目在内的"三个100"基层文旅志愿服务网络体系，推动广州市文化和旅游志愿服务规范化、专业化、品牌化发展。

亮点：该项目以构建全市文旅志愿服务网络、推动全市文旅志愿服务高质量发展为目标，以提升基层文旅志愿服务水平为重心，形成"繁星行动"品牌矩阵，构建多元协同的文旅志愿服务高质量发展体系。在组织架构上，创新文旅志愿服务组织人才培育模式，打破纵向行政层级和横向行业壁垒，搭建起"市总队统筹扶持—专家智库分类指导—专业服务队结对帮扶—基层服务队实施开展"的"共创培育"模式，真正做到以专业力量辐射基层，提升基层社区的治理能力。

（二）激活的时尚：广绣传统图案研究与转化

简介：本案例入选第四届全国文化馆理论体系构建学术研讨会征文活动"优秀创新实践案例"、2022年广州市公共文化服务高质量发展创新项目"优秀案例"、2022年度广东省公共文化服务优秀案例。近年来，随着非遗保护工作的深入开展，广绣在传播上已呈现较好效果，但其历史文化资源尚未能得到全面的挖掘，也未能充分实现创造性转化。基于此，广州市文化馆（广州市非物质文化遗产保护中心）联合博物馆、高校、传承人、设计师等多方资源，共同开展了本次课题——《激活的时尚：广绣传统图案研究与转化》。本次课题在博物馆广绣文物藏品资源的基础上，提炼出传统图案，从品类、题材、构图造型、色彩搭配、针法等方面进行了比较系统的梳理和研究，并通过复绣帮助广绣传承人传习和理解传统技艺，并尝试基于传统图案进行广绣的创造性转化和创新性发展，提高广绣的传承和再创造能力，为运用优秀传统文化开展公共文化服务作出新探索。

亮点： 本课题从广绣传统图案中获取灵感，融汇传统意蕴与当代表达进行创作，开展了诸多转化设计的尝试。由高校老师、设计师在提炼广绣元素的基础上，将传统图案应用于多种场景，形成如盲盒、书签、冰箱贴、套杯、装饰画、奶茶杯、服饰配件、动态海报及静态壁纸等8种共52款转化设计落地产品。

（三）"向美而行"2022年广州市公共文化产品配送

简介： 为满足市民对美好生活的期待，2022年，广州市文化馆以"向美而行"为主题，依托文化馆总分馆体系向基层开展文化产品配送，联动全市11个区文化馆、176个文化站及社会分馆，共同打造公共文化产品供给体系。"向美而行"2022年广州市公共文化产品配送活动，通过文化馆总分馆制服务网络，聚焦供需精准对接，全年共配送700余场，服务120多个镇街、12个企业，配送产品140多个，98个供给方参与配送，旨在建立集需求采集、展示评价、采购配送、监督管理、反馈互动等于一体的公共文化服务"开放式中央厨房"，开创本市先例。

亮点： "向美而行"公共文化产品第一期配送在越秀区、海珠区、从化区展开，取得良好反响后开启第二期配送。为适应疫情等不可控因素，第二期配送采用线上线下相结合的形式，通过腾讯会议APP、视频号直播等方式，共进行了48场线上配送。由于课程类型多种多样，对于需要用到材料的课程，配送方会事先确认活动人数，将授课机构准备好的相关材料包送达学员手中，真正做到把服务送到千家万户。

（四）"何以沙湾 何以非遗——古镇非遗探秘寻踪之旅"

简介： 2022年12月17日，由广州市非物质文化遗产保护中心、广州市番禺区非物质文化遗产保护中心、沙湾街文化体育旅游服务中心、广州市沙湾古镇旅游开发有限公司主办的"何以沙湾 何以非遗——古镇非遗探秘寻踪之旅"活动在沙湾古镇举行。本次活动以当地各大展馆经典和非遗传承场所为体验场景，邀请近50名爱好传统文化及"剧本杀"游戏的体验者来到沙湾古镇，与本地居民一起，近距离接触非遗传承人，体验沙湾非遗如何润物无声地融入当地居民的日常生活中。

亮点： 本次活动采取了"实体道具＋互动H5"的特色呈现方式，通过解谜游戏与非遗和古镇人文景观的有机融合，融入现代新型娱乐形式——互动解谜，充分挖掘了非遗在社区及文化旅游生态中的新模式，展现了非遗在社区中的自然状态，对于调动游客积极性、主动性，非遗古镇文旅在创新方面具有示范作用。

（五）2022年"文旅小小导赏员"

简介：为迎接党的二十大，以学习宣传贯彻党的二十大精神为主线，统筹推进文化事业、文化产业和旅游业高质量发展，广州市文化馆携手越秀公园等文旅单位，于2022年暑假开启"文旅小小导赏员"第三季公益夏令营活动。本次活动的"小小导赏员"均由广州市文化馆少儿语言艺术团中选拔产生。广州市文化馆少儿语言艺术团是广州市文化馆的中心团队之一，也是本馆首个少儿示范团队。该团以"传播艺术、陶冶心灵、激发童趣、扬帆远航"为宗旨，以"荡起梦想、童臻成长"为目标，通过辅导培训，激发、调动少儿的艺术潜质，用培训成果推动舞台展示，以搭建展示少儿自信有内涵的成长平台。

亮点："小小导赏员"带领市民游客了解被视为广州市标志的五羊雕塑、沉淀着几代岭南人记忆的中山纪念碑、记载着城市公园发展史的广州城市公园展览馆等地，通过讲故事、问答互动等方式，带领市民游客深入了解广州市的红色文化。本项目提升了青少年志愿者的讲解能力和水平，为传统文化志愿服务注入新生代力量。

2023年
广州市文化馆
年鉴

目　次

一、总体概况

（一）单位简介

广州市文化馆成立于1956年，是国家设立的公益性文化事业单位，隶属于广州市文化广电旅游局。2007年，广州市非物质文化遗产保护中心在广州市文化馆正式挂牌成立。多年来，广州市文化馆作为广州市公共文化服务体系的重要组成部分，在群众文艺创作和理论研究、公益文化艺术培训、非物质文化遗产保护、示范性中心团队组建、公共数字文化服务、总分馆制建设、文旅志愿服务、对外民间文化交流等方面发挥着积极作用。自2008年起，广州市文化馆四次顺利通过全国评估，被评定为"国家一级文化馆"。2012年被广州市委、市政府授予"2009—2011年广州市先进集体"称号，被原广东省文化厅授予"广东省十佳文化馆"荣誉称号。2014年在中国首届文化馆年会的评选中，荣获"全国优秀文化馆"称号。2019年、2022年两度蝉联全国群众文艺领域政府最高奖"群星奖"。

广州市文化馆新馆于2022年10月顺利完成搬迁进驻，于2023年1月18日向公众开放，于2023年7月成功创建为"国家AAA级旅游景区"，并挂牌"国际民间艺术节组织理事会中国委员会湾区文化艺术交流（广州）中心"，入选首批"沉浸城市故事会"国家级试点单位、全国"公共文化空间品牌"优秀案例、全国青少年美育示范基地。新馆作为岭南文化新地标，坐落于广州城市新中轴线南段中心、国家湿地公园"海珠湿地"之畔，建筑面积约5.4万平方米，占地面积约14.2万平方米。新馆以"十里红云一湾水，八桥画舫十六亭"为设计主题，通过巧妙地运用传统建筑和园林空间，再现了岭南水乡园林的迷人景致。全馆包含公共文化中心、翰墨园、曲艺园、广府园、广绣园等多组主题园林建筑，以及由它们共同形成的大型园林景观，是富有岭南生态特色、文化底蕴的城市客厅。

广州市文化馆始终以全民艺术普及、优秀传统文化传承为己任，以满足人民群众的文化艺术需求为主要目标，致力于打造老百姓"家门口"的美育学校、文化乐园和精神家园。未来，广州市文化馆将按照"国际一流、国内标杆、湾区核心"的发展目标，着力打造群众品质文化生活的新空间、岭南文化传播展示的新窗口、文旅商深度融合发展的新地标、粤港澳大湾区文化交流的新高地，建设成充满活力的新时代新型文化综合体。

（二）党建引领

2023年，广州市文化馆党支部坚持目标导向和问题导向，扎实开展主题教育活动和党风廉政建设工作。一是深化理论学习基础，提升党员干部政治素养，认真落实"第一议题""三会一课"制度。全年开展主题教育读书班11次，召开党员大会7次、支委会30次、党小组会11次，开展专题党课学习2次、主题党日活动9次；二是加强党风廉政建设，认真开展纪律教育学习月活动；三是坚持党管意识形态，强化日常督导，开展活动审批和信息审核，将意识形态工作贯穿各项工作始终；四是拓展合作形式，打造党组织共建新模式，与省委党校、市委党校探索共建路径，成功挂牌市委党校教学基地。此外，广州市文化馆党支部还以"探索文旅融合新思路，推动文旅融合高质量发展"为主题，向市委宣传部、局机关党委报送了主题教育典型案例。

广州市文化馆党支部深入学习贯彻习近平新时代中国特色社会主义思想和习近平总书记视察广东广州重要指示精神，紧扣党的二十大精神，认真开展系列主题教育学习活动。坚持以党建为引领，围绕业务抓党建、抓好党建促发展，完成了党支部换届选举工作。近三年来，广州市文化馆党员队伍规模进一步壮大。截至2023年底，广州市文化馆党员队伍共有在职党员及退休党员41名，2023年下半年发展党员1名、入党积极分子2名。本年度，党支部以学习贯彻习近平新时代中国特色社会主义思想为主线，结合开展党史学习教育，按时召开党小组会，加大党员教育培训力度，坚持党建带团建，圆满完成党支部各项工作事务。

（三）组织架构

2023年，广州市文化馆共有8个职能部门，分别为办公室、宣传与信息部、创作活动部、培训辅导部、非物质文化遗产保护部、中心馆联络部、志愿服务部和运行保障部。此外，本馆设有理事会，理事会作为广州市文化馆的决策和监督机构，是法人治理结构建设的核心内容。2023年10月23日，广州市文化馆召开理事会会议，会议主要报告了本届理事会工作总结，审议表决《广州市文化馆（广州市非物质文化遗产保护中心）章程（修订草案）》，审议《广州市文化馆理事会换届工作方案》。此外，理事会召开当天，理事考察指导了新馆现场设施建设情况。

（四）人才队伍

2023年，广州市文化馆共有在编干部职工54人，同2022年相比，在编人数增加3人，其中广东省事业单位2023年集中公开招聘1人，申请广州市人才专项事业编制引进急需人才2人。2023年度本馆在编职员中，研究生17人，本科生36人，大专1人，其中本科生与研究生人数占比约达98%，体现出本馆对高学历层次人才队伍建设的重视。

2023年，广州市文化馆在编职工中，拥有高级职称（副高及以上）人员占比为33%，全馆共有正高级职称4人，副高级职称14人，中级职称21人，初级职称7人。近六年来，本馆副高级职称人数逐步增长至14人，中级职称人员则稳步增长至21人。

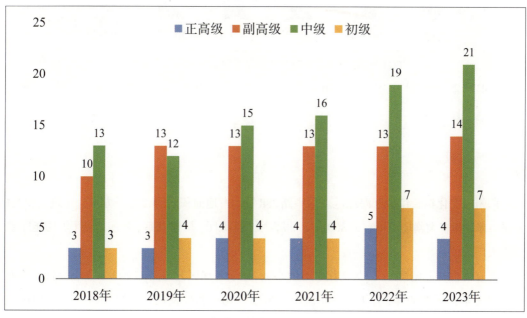

2018—2023年广州市文化馆在岗职工职称情况

（五）财政投入

2023年，广州市文化馆财政总投入为12174.08万元，其中基本支出2451.39万元，项目支出9722.69万。财政总投入较上年增加了207万元，主要原因是根据广州市文化馆新馆建设和进驻工作安排调整了相关预算。

多年来，广州市文化馆严格实施预算执行管理制度，年度预算执行率均能达标。本年度预算执行率达到99.21%。自2019年以来，财政总投入总体呈逐年增长趋势，于2022年大幅度增长，2023年增长率有所降低。

2018—2023年广州市文化馆年度财政总收入（万元）

说明：2022—2023年，因广州市文化馆新馆建设、进驻和开放工作需要，财政投入相较于其他年份增幅明显。

（六）场馆设施

广州市文化馆新馆位于海珠区新滘中路288号，占地面积约14.2万平方米，建筑面积5.4万平方米，拥有大剧场（可容纳800人）、报告厅、排练厅、培训课室、琴房、展厅等功能厅室及露天广场。

曾有馆舍"艺苑馆"（公共文化学习中心），位于海珠区艺苑路47号1～2层，总面积为6017平方米，于2009年2月正式开馆使用，2022年10月暂停使用，2023年11月无偿划转给广州医科大学附属口腔医院使用。

曾有馆舍"华盛馆"（公共文化活动中心），位于广州市先烈中路102号之二华盛大厦北塔3～5楼，面积为2286.66平方米，于2001年6月迁入使用，2022年10月暂停使用。

（七）总分馆制

1. 总分馆体系建设

2023年，广州市全市文化馆总分馆体系由1个中心馆、11个总馆、235个分馆组成。其中，街道文化馆分馆共176个，社会力量合作分馆（含其他分馆）共59个，社会力量合作分馆（含其他分馆）数量较去年增加20个，分馆总面积为41.56万平方米，较去年增长约7.42万平方米。

2023年度广州市全市各区分馆建设情况

区名	分馆总数量（个）	街道文化站分馆数量（个）	社会力量合作分馆（含其他分馆）（个）	分馆总面积（平方米）
越秀区	19	18	1	21031.65
海珠区	29	18	11	44233.98
荔湾区	24	22	2	28946.09
天河区	27	21	6	48773.2
白云区	24	24	0	41442.1
黄埔区	33	17	16	60152.87
花都区	10	10	0	5473
番禺区	25	16	9	84915.75
南沙区	10	9	1	20703
从化区	18	8	10	16068
增城区	16	13	3	43895
总计	235	176	59	415634.64

2. 联盟建设

（1）广州市全民艺术普及联盟正式成立

广州市公益培训联盟成立于2018年，由广州市文化馆联合11个区文化馆发起，整合了全市群众文化艺术的优秀培训资源，以创新的形式为市民搭建起学习文化艺术的平台。为了扩大社会力量参与公共文化服务的广度与深度，积极构建公共文化服务的新格局，在广州市文化广电旅游局和各区文化广电旅游体育局的监督和指导下，广州市文化馆立足于全民艺术普及高质量发展的工作目标，依托全市总分馆体系，对广州市公益培训联盟进行了整体升级，成立了广州市全民艺术普及联盟。

2023年8月3日下午，广州市全民艺术普及联盟成立大会在广州市文化馆举行，市、区文化馆及49个社会机构成为联盟首批成员。作为"公共文化共同体"建设的标杆性项目之一，全民艺术普及联盟联动社会力量，聚焦市民多样化的文化需求，构建多元开放的公共文化服务供给格局。

（2）依托联盟推动优质资源下沉

2023年，广州市文化馆依托全市总分馆体系和49个全民文化艺术普及联盟成员，完成全年基层优质资源配送近千场，全民艺术普及公开课超过600场次。本年度，广州市文化馆积极推动"公共文化共同体"建设，加强五级联动，以新馆为核心阵地，联动各区文化馆、镇街文化站、社会培训机构、群众文艺团队、志愿服务组织建立起全市公共文化服务产品"开放式中央厨房"，组建"全民艺术普及联盟"，推进"花城市民文化空间"建设，充分调动市、区、镇街、社区、联盟的设施资源和服务力量，联合组成一套新型公共文化服务模式的"组合拳"。

3. 镇街体制改革

近年来，广州市深化全市各区镇街体系改革，整合基层职能部门，着力解决基层职能交叉问题，陆续将文化站撤销或与其他单位合并，基层公共文化职能由其他机构承担。

2023年，广州全市176个镇街已全部完成改革，仅剩番禺区沙湾街和新造镇两个镇街保留独立文体类中心。全市基层文化站职能改革情况主要可归纳为以下四种模式：一是合并至综合性基层服务机构，如综合服务中心（社会事务服务中心）、综合保障中心或党群服务中心，这部分占比为78.98%；二是与退役军人服务站合并，这部分占比为6.25%；三是由镇街政府内设机构承担相关职能，如镇街公共服务办、党建办、规划办、宣传办等，这部分占比为13.63%；四是单独成立文体类机构，拥有独立建制，如文化体育旅游类服务中心等，这部分占比为1.14%。

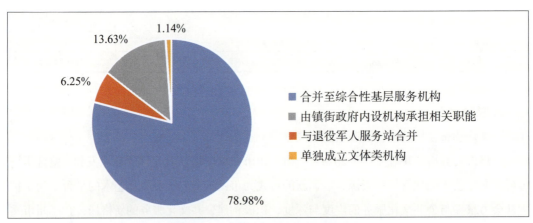

2023年全市基层文化站职能改革情况

（八）安全管理

2023年，广州市文化馆高度重视安全管理和风险隐患排查整治工作。全年组织开展消防疏散、反恐防暴、防风防汛、电梯困人、防溺水、客流高峰处置等各类应急演练48次，参与人数达到1250人次；圆满完成346场活动的安全保障任务，其中向海珠区公安分局华洲派出所报备大型活动29场；检验应急预案效果的可操作性，提高应对突发事件的风险意识，建立起集安全责任、安全培训、安全管理、应急响应于一体的应急管理预防及救援体系，确保馆内的安全与稳定，提高一线职工应对突发事件的能力。

2023年重点梳理馆内公共文化中心及各园区安全风险隐患点，巩固安全防线，全年开展各类节前、安全督导检查27次，开展日常安全巡查365次，发现安全隐患408条，全面落实整改措施，隐患整改率达100%；组织开展消防安全知识、防灾减灾、燃气安全、地震知识、装修施工、极端天气、四大高危作业、安全生产责任制、复工复产、交通安全、职业健康等安全培训16次，参训人数达1857人次。

（九）年度概况

1. 坚持党建引领，锤炼队伍

2023年，广州市文化馆共有在职党员及退休党员41人，全年组织召开党员大会7次、支委会30次、党小组会11次，开展专题党课学习2次、主题党日活动9次。

党支部充分利用党员民主生活会、党小组会议和党日活动等多样化的形式，持续推动学习教育深入开展，努力营造积极、浓厚的学习氛围。在日常学习中，党支部注重精细化管理，确保每位党员真正学深悟透，从而有效提高党员的政治敏感度和鉴别能力，打造出一支训练有素、政治素质过硬、敢于担当作为的党员队伍。此外，党支部始终牢记并践行全心全意为人民服务的根本宗旨，加强与外单位党支部的交流与合作，用实际行动诠释党的初心和使命。

2. 全民艺术普及，提质增效

2023年，广州市文化馆充分发挥多方力量，共同打造全民艺术普及平台，凝聚更多有特色、高质量的文化产品，实现精准供给，满足人民群众多样化、个性化的文化需求。

本年度，广州市文化馆新馆自2023年1月18日正式对外开放以来，截至2023年12月31日，服务人次达9981.98万，其中，线下服务人次为375.89万，线上服务人次达9606.09万；全年组织各类群文活动及培训共计3912场次，其中组织各类演出、讲座、展览、比赛等公益活动2643场次，线上线下公益活动服务9857.87万人次；面向市民开展各类公益培训1269场次，线上线下公益培训服务124.11万人次；全年荣获各类奖项共计76项，含非创作类获奖21项，创作类获奖55项。

推出多个高品质文化艺术展览，承接多项重要赛事及行业盛会。如推出"'一带一路'背景下的广作华章——从外贸商品到非遗保护展"（入选由国家文物局、中央文明办、中央网信办共同组织的2023年"弘扬中华优秀传统文化、培育社会主义核心价值观"主题展览推介名单）、"金色华章山河颂——陈金章捐赠美术作品展""茶和天下兴——海上丝路茶文化展""蓝精灵65周年特展""第五届广东岭南美术大展"等高品质文化艺术展览，高水平办好非遗品牌大会、"羊城之夏"市民文化季、广东省群众艺术花会、广州"村晚"、少儿艺术大赛、原创音乐舞蹈大赛等行业盛会、群文赛事及惠民活动。新馆迅速火爆"出圈"，一跃成为广州最受关注的文旅新地标和"网红"打卡点之一。

创作类获奖再创佳绩。全年共收获创作类奖项55项，其中全国性/国家级奖项9项、省级奖项33项、市级奖项13项。少儿舞蹈《攀登攀登》《渔舟悠悠》《折扇戏狮》获第十二届"小荷风采"全国少儿舞蹈展演最高奖"小荷之星"称号，原创舞蹈《湾区时代》荣获"戴爱莲杯"人人跳全国舞蹈展演"魅力之星"（一等奖）称号，广场舞《英歌魂》勇夺2023年"全国广场舞大会成果展示——广场舞之夜""优秀团队"称号。继去年蝉联全国"群星奖"后，2023年广州市文化馆创作排名多次位居全省第一，在广东省群众文艺作品评选中，连续4年稳居全省首位。

3. 激发非遗活力，守正创新

2023年，广州市文化馆在非遗保护工作中秉持创新与传统相结合的理念，取得了显著成效。本年度，广州市共有非遗传承基地100个，围绕非遗传播推广共举办了14场展览、23场演出和26个培训班，线下活动服务人次达150万，线上服务人次达1000万。此外，首次升格为全国盛事的"2023非遗品牌大会"亮相本馆。2023"文化和自然遗产日"广州非遗宣传展示系列活动、2023广州非遗购物节、青少年醒狮表演赛等活动精彩不断，"花城百花开——广州非物质文化遗产展""锦绣中华——传统织染绣艺术与生活展""木石新征程——海派·南派雕刻工艺美术作品交流展""南木生花——广式家具艺术与生活展"等非遗展览接连登场。首个挂牌的市级非遗主题图书馆向群众开放，"非遗在校园"开启青少年美育新篇，让群众尽享"看得见、听得到、活起来"的文化传承。

4. 聚焦公共文化共同体，推陈出新

2023年，广州市文化馆积极推动"向美而行""繁星行动""群星工程"等"公共文化共同体"标杆项目的建设，公共文化服务成效显著。2023年，广州市文化馆以新馆为核心阵地，联动各区文化馆、镇街文化站、社会培训机构、群众文艺团队、志愿服务组织组建"全民艺术普及联盟"，全年完成公益活动超过600场次，惠及群众超过17万人次；持续推进"向美而行"公共文化产品配送服务项目，建立全市公共文化服务产品"开放式中央厨房"，首次使用广州公共文化云数字平台线上点单，依托总分馆服务网络，向全市11个区176个街镇配送优质文化活动逾千场次，线上线下受惠群众超过400万人次；志愿服务方面，全市文化和旅游志愿者共15.8万人，组建队伍550余支，全年开展文化和旅游志愿服务活动2.2万场，超25.19万人次志愿者积极参与，线上线下服务超5606万人次；"繁星行动"——广州市文旅志愿服务特色项目入选文旅部和中央文明办遴选的"2022年文旅志愿服务典型案例"；启动"群星工程——广州市群众文艺团队建设项目"，首批遴选及扶持优质特色群文团队共计101支，广州合唱团、岭南曲艺传习所、小风铃艺术团、广州民族乐团等一批优秀团队在各项赛事及惠民活动中大放异彩。

5. 推进理论研究，强本固基

2023年，广州市文化馆在理论研究方面再创佳绩，共有获奖年报2本，获奖论文及案例8篇，主持或参与文旅部全国公共文化发展中心课题2项，已发布广州市地方标准1项，牵头推进广东省地方标准编制1项，与其他单位共同推进广州市地方标准编制2项，出版书籍1本。

本年度，广州市文化馆编制并发布了《广州市文化馆高品质发展规划（2023—2025年）》；

与武汉大学国家文化和旅游财政政策研究基地共建"国家公共文化政策研究·新型文化综合体研究基地",共同推进新型文化综合体指标体系课题研究工作;本馆牵头编撰的行业年报及本馆年报分别入选全国文化馆年报征集展示活动"2022年度十佳年报""2022年度优秀年报";《新时代广州非遗保护发展报告》等4项非遗成果发布,《激活的时尚——优秀传统文化融入公共文化服务实践》入选广东省公共文化服务优秀案例、2023年中国文化馆年会案例榜,《在社区,发现非遗之美》案例入选中国文化馆协会"优秀创新实践案例";牵头文旅部全国公共文化发展中心课题一般项目《基层治理视角下文化站融合发展研究——以广州市为例》顺利结项,参与的文旅部全国公共文化发展中心课题重点项目《全民艺术普及文化社群高质量发展研究》顺利完成结项并评定为"优秀"。

6. 深化数字化建设,与时俱进

2023年,广州市文化馆积极推动数字化转型战略,致力于构建高效的线上文化服务平台,让市民在数字空间中获得丰富的文化资源和艺术知识。本年度,截至12月31日,广州市文化馆数字服务人次达9606.09万。持续推进数字化平台向基层延伸,已完成176个镇街分馆、超过200支群文团队的进驻,全市各级文化馆(站)通过平台发布活动场次3652场、发布资讯2917条、预约场地总场次达12907场;打造精品数字资源,组织完成直录播活动71场次,纳入数字化平台的演艺资源629个、群文作品589个;联合科技企业共同打造的"数字文化体验厅"正式对外开放,完成三个场馆的直播间建设;《粤港澳大湾区文化IP智能创作与呈现关键技术研究及应用》课题入选广东省科技厅"文化和科技融合"重点专项项目,牵头或参与制定的省市地方标准共4个,其中文化馆领域全国首个慕课方面的推荐性地方标准《全民艺术慕课建设规范》于2023年7月正式发布。

7. 构建高效宣传矩阵,出新出彩

2023年宣传推广成效突出,文化馆知名度及美誉度得到广泛提升。截至2023年底,"广州市文化馆"和"广州非遗"两个微信公众号用户关注量分别为71万和3.4万。官网及自媒体平台共发布资讯2589篇,通过"学习强国"、《人民日报》等国家、省、市级媒体平台发布报道逾400条;"广州市文化馆"公众号微信粉丝量增至71万,比年初增长13倍;抖音相关内容投稿量超9000条,点赞量超72万,播放量超3469万;有关"广州市文化馆"主题的小红书投稿量超1.1万条,点赞量超46万,累计收藏量超30万;组织制作《昔时南风造物》《星辰为你而来》等主题的官方自媒体短视频18条,精心打造《我和我的文化空间》《湾区名人探馆》两部微纪录片及精品短视频30余条,宣传短视频4次登上人民日报视界APP首页推荐。

8. 推进文旅深度融合,以文塑旅

2023年,广州市文化馆文旅深度融合发展特征明显,公益文化场馆旅游属性凸显。新馆于2023年7月成功创建为"国家 AAA 级旅游景区",是目前全国唯一一个以A级景区标准打造的文化馆,2023年9月入选首批"沉浸城市故事会"国家级试点单位、全国"公共文化空

间品牌"优秀案例。"花开广州 盛放世界"2023广州文化旅游推介大会等文旅品牌活动亮相本馆，还推出了一批深受群众欢迎的沉浸式体验文化项目，如"何以沙湾 何以非遗"沙湾古镇非遗实景解谜项目、大型情景诗剧"走进李白"、岭南古琴园林实景音乐会"琴韵岭南"等。其中，"穿粤记"之寻味中秋游园会入选人民网 2023 年国民特色主题消费案例，广州市文化馆"沉浸式"非遗体验系列活动获评为 2023 非遗与旅游融合特色活动典型案例。

9. 探索社会化运营，创新开拓

2023年，广州市文化馆积极推动社会化运营延伸服务落地，制定了《广州市文化馆社会化运营管理和服务规范》《广州市文化馆社会化运营考核评价办法》，通过规范化管理推动了"叹茶听曲""永汉咖啡""永汉士多""肯德基快闪店"等项目的开展。此外，本馆还积极探索公共文化服务普惠性优惠收费机制，联合广州文化发展集团开展"广府文化之旅"秋季非遗研学活动，推出首个不以盈利为目的的收费展览——"游园惊梦 动漫奇遇"动漫文化嘉年华。

未来，广州市文化馆将继续深入探索社会化参与示范计划，引领公共文化服务主体多元发展，通过合作运营的方式，开展普惠性非基本公共文化服务和公共文化辅助性服务，探索文创开发、设计与推广，进一步提高场馆运营效率，形成公益文化场所社会化运营的广州经验，满足市民群众多样化、个性化的文旅需求。

10. 严抓场馆运营管理，强化监管

本年度，广州市文化馆顺利通过新馆竣工联合验收，大力推进工程建设后续工作，加强安全管理和隐患防治工作，开展日常安全巡查365次，发现安全隐患408条，全面落实整改措施，隐患整改率达100%。开展安全培训16场次，组织消防疏散、反恐防暴等应急演练48场次。有序做好场地管理、参观预约、讲解服务，全年完成会务服务 1284 场次、业务场地管理服务 3461 场次、各类进馆考察调研及政务接待工作 1231 场次，团队线上预约参观系统顺利上线。全年制定及修订《广州市文化馆预算绩效管理实施办法》等制度15个，按规开展大额采购43项，规范有序完成了2022年度决算、2023年度预算公开等财务工作。智慧档案库房系统建设顺利完工，2471卷（件）档案完成入库。完成藏品库房建设，完成非遗藏品管理系统建设和非遗档案整理工作，稳步推进新馆资产入账、固定资产清点、处置报废等工作，协助完成旧馆（艺苑馆）无偿划转工作。

二、服务效能

（一）群众文化活动

2023年，广州市文化馆积极开展多样化的公益文化活动，结合场馆特色及场地资源优势持续打造或引入惠民活动，丰富群众的文化生活。全年共组织开展2643场公益性文化活动。2018—2023年六年间，除2021年受新冠疫情影响以外，广州市文化馆每年开展的公益文化活动场次整体呈上升的趋势，2023年线上线下服务人次明显增长，社会受惠面愈加广泛。

2023年，广州市文化馆举办各类群众文化活动线上线下总服务人次达9981.98万，含线下活动服务总人次375.89万，线上服务总人次9606.09万。随着新冠疫情的结束，线下服务总人次相较于2022年呈较大幅度的增长，线上服务人数也呈现爆发式增长，2018—2023年以来，广州市文化馆线上服务总人次整体呈上升趋势，持续通过线上文化服务，让更多市民突破时空限制，随时随地享受公共文化服务发展成果。

2018—2023年广州市文化馆群众文化活动服务人次

年份	线下服务人次（万人）	线上服务人次（万人）	总服务人次（万人）
2018年	108.22	381.18	489.40
2019年	210.17	578.32	788.49
2020年	14.45	1681.73	1696.18
2021年	39.73	952.93	992.66
2022年	53.73	2353.48	2407.21
2023年	375.89	9606.09	9981.98

2023年，广州市文化馆全年开展的2643场公益性文化活动中，演出181场，占比约为7%；讲座170场，占比约为6%；比赛146场，占比约为6%；展览31场，占比约为1%；其他综合性活动2115场，如体验课、交流调研、研学活动等，占比约为80%。

2023年，广州市文化馆聚焦于不同群体的文化需求，推出面向不同年龄段及特殊群体的公益性文化项目，提供颇具个性化、人性化的公益文化服务。本年度，广州市文化馆面向群文工作者开设文艺活动共计119场次、面向未成年人开设专场活动93场次、面向外来务工人员

37场次、面向老年人35场次、面向残障人士20场次、亲子类活动和女性专场活动共计16场次。

2023年，广州市文化馆结合文旅融合等大趋势，转变服务理念，革新服务内容，积极为群众输出主题丰富、形式多样的高质量公益文化活动，举办了彰显文旅深度融合发展、社会主体多元供给、形式灵活多样的活动或品牌项目。主要亮点总结如下：

一是开展沉浸式互动体验活动。作为"沉浸城市故事会"国家级试点单位之一，广州市文化馆推出了系列集游园观赏、文化体验、互动游戏、角色扮演于一体的沉浸式高品质体验活动。例如，在中秋国庆期间，联合广州酒家集团、广州博物馆共同主办大型沉浸式古风中秋游园会，以"穿粤记·寻味中秋"为主题，将传统的中秋文化、非遗与现代文化产业元素有机结合，把"沉浸式"公共文化空间与旅游体验场景融为一体，让广大市民游客能在园中逛传统中秋雅集、看古风表演、学习广式月饼制作技艺、玩趣味剧情游园活动；11月，与文化科技企业开展合作，共同探索打造数字文化体验空间，数字文化体验厅正式亮相，结合全民艺术普及的主题，引入智能书法与智慧钢琴等数字文化体验项目，让群众领略"文化+科技"的魅力；12月底，携手广州酒家集团，联动广州市全民艺术普及联盟、花城市民文化空间等多家单位开展"寻味纪——广府年味"新春民俗体验活动，让公众在各种互动体验中切身感受中华优秀传统文化的"年味"魅力。

二是推出系列大型户外巡演活动。巧妙利用露天广场及露天园林空间，举办多场园区巡游、广场展演、艺术走秀、重要文化赛事等。例如，"留光逸彩，潮汕英歌扬正气"潮汕英歌舞大型户外巡演活动、2023年"非遗粤传承 漫步广州红"——非遗奇妙剧场巡演活动、2023广州时尚周开幕式、2023非遗品牌大会、第七届广州市青少年醒狮表演赛决赛等。

三是举办多场高质量的剧场演出，多次以惠民派票等形式让群众有机会欣赏到高水平的演出和表演。例如，2023广东省群众艺术花会、"乐韵花城"2023广州合唱团中国合唱作品音乐会、第十一届中国（广州）街舞潮流文化周、广州市杂技艺术剧院的杂技剧《天鹅》、星海音乐学院舞蹈学院建院（系）20周年展演等均在广州市文化馆举办，在公众号以派票的形式惠及公众，真正做到让高雅艺术惠及普通民众。

（二）文化艺术展览

2023年，广州市文化馆巧妙利用馆内各个展厅及露天园林空间，相继推出了一批展品精美且观赏性强、展陈构思精巧的文化艺术展览，将展陈设计与新式园林空间相结合，极大丰富了市民群众的观展体验。展览内容涉及非遗、美术、书法、摄影、动漫、雕塑、雕刻工艺等多个类别，群众在游览园林的同时也能徜徉艺术海洋。特别值得一提的是，多个展览现场除了精彩展品展陈之外，还根据不同主题不定期推出传承人导赏、主题特色体验等活动，极大丰富了观展的乐趣与体验。

2023年度广州市文化馆文化艺术展览一览表

序号	展览名称	展期（逢周一闭展）	地点
1	花城百花开——广州非物质文化遗产展	长期	中心阁
2	"一带一路"背景下的广作华章——从外贸商品到非遗保护	2023年1月18日至7月1日	
3	木石新征程——海派·南派雕刻工艺美术作品交流展	2023年7月15日至8月15日	
4	南木生花——广式家具艺术与生活展	2023年9月15日至12月25日	
5	金色华章山河颂——陈金章捐赠美术作品展	2023年4月7日至6月26日，2023年12月17日至2024年2月27日	翰墨园
6	2022—2023年许钦松创作奖全国艺术高校毕业作品联展	2023年7月1日至7月15日	
7	第五届广东岭南美术大展	2023年7月19日至7月30日	
8	从一张纸到元宇宙——蓝精灵65周年特展	2023年8月4日至8月31日	
9	一条线两个人——詹忠效金城线描艺术联展	2023年8月4日至8月31日	
10	油画岭南·2023广州当代油画展	2023年9月5日至9月14日	
11	"家家咸正"——习之堂藏家书百种特展	2023年9月17日至9月24日	
12	"雕刻时光"——习之堂藏木刻雕版特展	2023年9月17日至9月24日	
13	金玉同馨——当代学人自书诗联展	2023年9月28日至10月15日	
14	"塑"说非遗——广州雕塑院主题雕塑展	2023年10月18日至10月30日	
15	羊城名家手卷展	2023年11月2日至11月12日	
16	"牵起小小手，让爱跟着走"广州市文化馆爱心少儿艺术培训基地书画展	2023年11月15日至19日	
17	万象新生·国画艺术展	2023年11月22日至30日	
18	大道无界·油画六人展	2023年12月3日至12月14日	
19	"茶和天下兴——影响世界的中国传统制茶技艺及其相关习俗"系列展示	2023年4月23日至6月30日	广府园
20	茶和天下兴——海上丝路茶文化展	2023年8月4日至12月15日	
21	锦绣中华——传统织染绣艺术与生活展	2023年4月8日至5月1日	广绣园
22	武动岭南——岭南武术视觉研究阶段性成果展	2023年4月27日至6月1日	非遗主题图书分馆
23	"岭南寻稻记"专题展览	2023年6月25日至7月底	
24	2023年"非遗传习·魅力岭南"美育教育公益成果展——广州图书馆＆广州市文化馆联展	2023年12月10日至31日	
25	2023年度"非遗在校园"成果展	2023年9月23日至11月24日	
26	竞秀南国春——广州市文化馆非遗系列展之岭南盆景艺术特展	2023年4月8日至5月3日	室外公共空间
27	枝繁粤貌——岭南盆景传承展	2023年9月12日至10月12日	

（三）群众培训辅导

2023年，广州市文化馆共组织开展公益培训1269场，线上线下服务总人次达124.11万，其中线下惠及群众达到25.18万人，线上服务人次达到98.93万人。全年服务总人次较2022年大幅度增加。

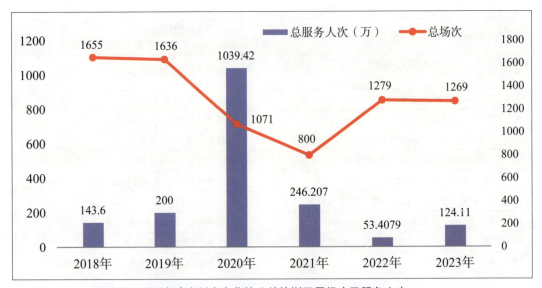

2023年度广州市文化馆公益培训开展场次及服务人次

说明：受疫情影响，2020年广州市文化馆主要以线上方式为主开展公共文化服务，因此该年份线上服务人次居历年之首。

2023年，广州市文化馆坚持以服务人民为中心，以满足日益增长的群众文化需求为宗旨，以推动公共文化高质量发展为目标，持续有效地践行公共文化服务工作。在1269场次公益培训项目中，服务老年人群126场次，服务未成年人104场次，服务外来务工人员97场次，服务群文工作者22场次，服务妇女9场次，服务残障人士8场次，服务亲子家庭5场次，其余898场次均惠及广大市民群众。

（四）群众文艺创作

2023年，广州市文化馆群众文艺创作再创佳绩，获得市级以上创作类奖项共计55个，含全国性/国家级奖项9个，省级奖项33个，市级奖项13个。纵观全年获奖情况，省级奖项数量较2022年同比增长48%，全国性奖项数量同比增长78%。

群众文艺创作遍地开花，涵盖了舞蹈、音乐、曲艺等多个领域，其中舞蹈类创作获奖数量

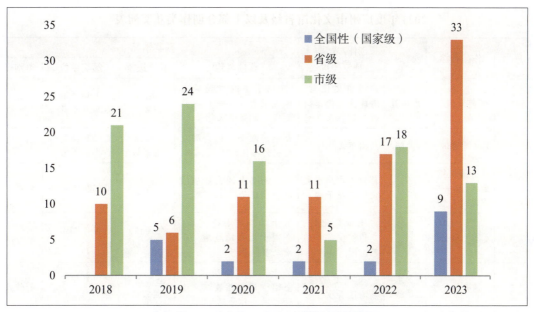

2018—2023年度广州市文化馆创作类获奖情况

占比最大，约占40%；其次为音乐类创作获奖，约占38%；曲艺类创作获奖约占14%；其他类别如美术、摄影等共占比8%。

2023年，广州市文化馆在群众文艺创作方面勇攀高峰，继去年蝉联全国"群星奖"后，本馆创作排名多次位居全省第一，在广东省群众文艺作品评选中，连续4年稳居全省首位。在全省群众艺术花会中，我市获16个奖项，居全省第一。

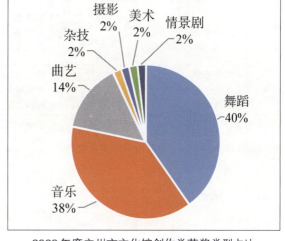

2023年度广州市文化馆创作类获奖类型占比

多个作品成绩突出。其中，由广州市文化馆专业干部编导的杂技作品《升降软钢丝》《环——滚动的天空》获得第十一届全国杂技展演优秀节目奖；由广东省文化和旅游厅选送，广州市文化馆、广州市番禺区文化馆、广州飞天艺术舞蹈团创作排练的广场舞《湾区时代》荣获第三届"戴爱莲杯"人人跳全国舞蹈展演"魅力之星"称号，该作品也曾入围全国第十九届群星奖决赛；广州市文化馆与广州市海珠区文化馆街舞分馆嘉禾舞社的广场舞《英歌魂》团队作为广东省唯一代表队亮相"全国广场舞大会成果展示——广场舞之夜"，并荣获"优秀团队"称号，《英歌魂》创造性地将英歌和街舞完美融合，传统与现代相碰撞，展现中华传统文化之魅力。

2023年度广州市文化馆省级及以上部分创作类获奖列表

序号	作品名称	类别	创作/表演/辅导单位	获奖情况			
				奖项名称	获奖级别	颁奖单位	类别
1	《英歌魂》	广场舞	广州市文化馆、海珠区文化馆街舞分馆嘉禾舞社	"2023年全国广场舞大会成果展示——广场舞之夜"优秀团队称号	全国性/国家级	文化和旅游部公共服务司	创作
2	《激情速道》	舞蹈	广州市文化馆	大地情深全国优秀群众文艺作品汇演参演证书	全国性/国家级	文化和旅游部公共服务司	创作
3	《升降软钢丝》《环——滚动的天空》	杂技	蒋帆（广州市文化馆专业干部）	第十一届全国杂技展演优秀节目奖	全国性/国家级	文化和旅游部	编导
4	《攀登攀登》	少儿舞蹈	广州市文化馆、尚雅荟少儿舞蹈艺术团	第十二届"小荷风采"全国少儿舞蹈展演"小荷之星"称号	全国性/国家级	中国舞蹈家协会	创作
5	《渔舟悠悠》	少儿舞蹈	广州市文化馆、荔湾区青少年宫	第十二届"小荷风采"全国少儿舞蹈展演"小荷之星"称号	全国性/国家级	中国舞蹈家协会	创作
6	《折扇戏狮》	少儿舞蹈	广州市文化馆、南方歌舞团	第十二届"小荷风采"全国少儿舞蹈展演"小荷之星"称号	全国性/国家级	中国舞蹈家协会	创作
7	《湾区时代》	舞蹈	广州市文化馆、番禺区文化馆、广州飞天艺术舞蹈团	第三届"戴爱莲杯"人人跳全国舞蹈展演"魅力之星"称号	全国性/国家级	中国舞蹈家协会、广东省舞蹈家协会	创作
8	《攀登攀登》《渔舟悠悠》《折扇戏狮》	少儿舞蹈	石泉（广州市文化馆专业干部）	第十二届"小荷风采"全国少儿舞蹈展演"小荷园丁"称号	全国性/国家级	中国舞蹈家协会	编导
9	《攀登攀登》《渔舟悠悠》	少儿舞蹈	陈华（广州市文化馆专业干部）	第十二届"小荷风采"全国少儿舞蹈展演"小荷园丁"称号	全国性/国家级	中国舞蹈家协会	编导
10	《同心结》	广东南音新唱	萧诗琳（岭南曲艺传习所成员）	第五届广东省曲艺大赛表演奖一等奖（职业组）	省级	广东省文学艺术界联合会、广东省曲艺家协会	创作
11	《一家亲》	单弦说唱	杨蔓（"一团火"曲艺创作基地成员）	第五届广东省曲艺大赛表演奖一等奖（职业组）	省级	广东省文学艺术界联合会、广东省曲艺家协会	创作
12	《一家亲》	单弦说唱	杨依然（"一团火"曲艺创作基地成员）	第五届广东省曲艺大赛表演奖一等奖（职业组）	省级	广东省文学艺术界联合会、广东省曲艺家协会	创作
13	《一家亲》	单弦说唱	杨倩（"一团火"曲艺创作基地成员）	第五届广东省曲艺大赛表演奖二等奖（职业组）	省级	广东省文学艺术界联合会、广东省曲艺家协会	创作

（续上表）

序号	作品名称	类别	创作/表演/辅导单位	获奖情况			
				奖项名称	获奖级别	颁奖单位	类别
14	《中国，你是我心中永远的歌》《夜》	合唱	广州市文化馆广州合唱团	"奋进新征程　高歌向未来"——广东省第十五届"百歌颂中华"歌咏活动合唱比赛金奖	省级	广东省文化和旅游厅	表演
15	《向海潮升》	歌曲	广州市文化馆	2022年度广东省群众文艺作品评选一等奖	省级	广东省文化和旅游厅	创作
16	《桥上一家人》	群舞	广州市文化馆	2022年度广东省群众文艺作品评选一等奖	省级	广东省文化和旅游厅	创作
17	《追梦节拍》	少儿舞蹈	广州市文化馆	2022年度广东省群众文艺作品评选一等奖	省级	广东省文化和旅游厅	创作
18	《腾飞吧，大湾区》	曲艺联唱	广州市文化馆	2022年度广东省群众文艺作品评选一等奖	省级	广东省文化和旅游厅	创作
19	《单车不单》	竹板联唱	广州市文化馆	2022年度广东省群众文艺作品评选一等奖	省级	广东省文化和旅游厅	创作
20	《湾区畅想》	少儿器乐合奏	广州市文化馆、海珠区文化馆、海珠区少年宫小天使交响乐团	2022年广东省艺术花会（少儿艺术）金奖	省级	广东省文化和旅游厅	创作
21	《英歌少年》	少儿群舞	广州市文化馆、番禺区星海青少年宫	2022年广东省艺术花会（少儿艺术）金奖	省级	广东省文化和旅游厅	创作
22	《小小英姿唱今朝》	曲艺表演唱	广州市文化馆、荔湾区青少年宫	2022年广东省艺术花会（少儿艺术）金奖	省级	广东省文化和旅游厅	创作
23	《鱼儿小船荡悠悠》	少儿群舞	广州市文化馆、荔湾区青少年宫	2023年广东省艺术花会（少儿艺术）银奖	省级	广东省文化和旅游厅	创作
24	《童年》	少儿群舞	广州市文化馆、广州市小风铃艺术团	2022年广东省艺术花会（少儿艺术）银奖	省级	广东省文化和旅游厅	创作
25	《旗帜》	情景剧	广州市文化馆、广州市文化馆少儿语言艺术团、越秀区东风东路小学	2022年广东省艺术花会（少儿艺术）铜奖	省级	广东省文化和旅游厅	创作
26	《今宵别梦寒》	粤曲平喉独唱	广州市文化馆	2023年度广东省群众文艺作品评选一等奖	省级	广东省文化和旅游厅	创作
27	《有口皆碑》	群口快板	广州市文化馆	第十一届广东省鲁迅文学艺术奖（艺术类）	省级	广东省文学艺术界联合会	创作
28	《树林童话》	少儿舞蹈	广州市文化馆	2022年度广东省群众文艺作品评选二等奖	省级	广东省文化和旅游厅	创作
29	《我在湾里》	表演唱	广州市文化馆、番禺区文化馆	2023广东省群众艺术花会（音乐舞蹈）金奖	省级	广东省文化和旅游厅	创作

（续上表）

序号	作品名称	类别	创作/表演/辅导单位	获奖情况			
				奖项名称	获奖级别	颁奖单位	类别
30	《龙·腾》	群舞	广州市文化馆、海珠区文化馆、海珠区文化馆街舞分馆嘉禾舞社	2023广东省群众艺术花会（音乐舞蹈）金奖	省级	广东省文化和旅游厅	创作
31	《笠·夏》	群舞	广州市文化馆、海珠区文化馆	2023广东省群众艺术花会（音乐舞蹈）金奖	省级	广东省文化和旅游厅	创作
32	《岸》	表演唱	广州市文化馆	2023广东省群众艺术花会（音乐舞蹈）银奖	省级	广东省文化和旅游厅	创作
33	《月满滨江》	歌曲	海珠区文化馆、广州市文化馆	2023广东省群众艺术花会（音乐舞蹈）铜奖	省级	广东省文化和旅游厅	创作
34	《同心结》	广东南音新唱	广州市文化馆、广东音乐曲艺团、荔湾区文化馆	第五届广东省曲艺大赛职业组节目奖一等奖	省级	广东省文学艺术界联合会、广东省曲艺家协会	创作
35	《一家亲》	单弦表演唱	广州市文化馆"一团火"曲艺创作基地	第五届广东省曲艺大赛职业组节目奖一等奖	省级	广东省文学艺术界联合会、广东省曲艺家协会	创作
36	《夜深沉》	民乐重奏	广州市文化馆、广州西关民族乐团	第六届"我最OK"广东全民才艺大比拼金奖	省级	广东省文化馆、广东省文化馆联盟	创作
37	《乐秀新韵》	器乐合奏	广州市文化馆、乐秀组合	第六届"我最OK"广东全民才艺大比拼金奖	省级	广东省文化馆、广东省文化馆联盟	创作
38	《攀登攀登》	少儿舞蹈	广州市文化馆、尚雅荟少儿舞蹈艺术团	广东省第七届少儿舞蹈大赛创作奖、表演金奖	省级	广东省舞蹈家协会	创作
39	《折扇戏狮》	少儿舞蹈	南方歌舞团有限公司、广州市文化馆	广东省第七届少儿舞蹈大赛创作奖、表演金奖	省级	广东省舞蹈家协会	创作
40	《荡悠悠》	少儿舞蹈	广州市文化馆、荔湾区青少年宫	广东省第七届少儿舞蹈大赛创作奖、表演金奖	省级	广东省舞蹈家协会	创作
41	《幸福稻田》	少儿舞蹈	广州市文化馆、荔湾区青少年宫	广东省第七届少儿舞蹈大赛表演金奖	省级	广东省舞蹈家协会	创作
42	《挂绿之夏》	歌曲	广州市文化馆、增城区文化馆	2023粤港澳流行音乐唱作大会一等奖	省级	广东省文化和旅游厅	创作

（五）理论研究发展

2023年，广州市文化馆在理论研究方面进步明显，共编制获奖年报2本，共有获奖论文及案例8篇，主持或参与文旅部全国公共文化发展中心课题2项，启动本馆课题研究1项，已发布市地方标准1项，牵头推进省地方标准编制1项，与其他单位共同推进市地方标准编制2项，出版书籍1本。

《2022年广州全市文化馆行业年报》　　　《2022年广州市文化馆年报》

1. 两本年报双双获奖

截至2023年，广州市文化馆已连续五年牵头编制本馆年报及全市文化馆行业年报。本年度，在全国文化馆2022年度年报征集展示活动评选中，本馆编制的两本年报均榜上有名，其中由广州市文化馆和各区文化馆共同编制的《2022年广州全市文化馆行业年报》入选全国"十佳年报"，也是全国唯

《2022年广州全市文化馆行　　　《2022年广州市文化馆年报》
业年报》荣获"十佳年报"　　　荣获"优秀年报"证书
证书

一一本入选"十佳年报"的总分馆体系年报，《2022年广州市文化馆年报》入选全国"优秀年报"。两本年报编制框架成熟、图表呈现方式规范、排版设计精美，是广州全市文化馆、基层公共文化阵地全年工作成果及亮点的集中展示。

2. 课题及调研成果丰富，标准建设走在前列

（1）课题及调研

课题研究方面，联合高校、馆专业技术干部组建研究团队，2023年承接或参与国家文化和旅游部全国公共文化发展中心"文化馆事业高质量发展研究计划"课题2项。其中，广州市文化馆承接的《基层治理视角下文化站融合发展研究——以广州市为例》课题顺利结项，参与广东省文化馆《文化馆文化社群高质量发展研究》课题结项获评"优秀"等级；广州市文化馆与武汉大学国家文化发展研究院共建"国家公共文化政策研究·新型文化综合体实验基地"，深入推进新型文化综合体指标体系构建课题研究；此外，课题《激活的时尚：优秀传

统文化融入公共文化服务实践》，亦荣登2023年中国文化馆年会案例榜。

调研方面，为深入学习贯彻习近平新时代中国特色社会主义思想主题教育工作会议相关精神，扎实抓好主题教育，学思想、强党性、重实践、建新功，用好调查研究传家宝，广州市文化馆牵头开展2023年度全市基层公共文化阵地运行情况专项调查。广州市文化馆组织调研小组对全市11个区部分具有代表性镇街开展实地调研工作，在前期线上摸查、基本情况收集整理的前提下，结合线下实地调研工作，全面掌握镇街体制改革后基层公共文化阵地运行最新情况。此外，2023年，广州市文化馆组织开展了"广州传统工艺分类保护研究项目"，召开了广州传统工艺分类保护研究项目学术研讨会，举行了广州市"非遗在社区"主题研讨会，发布国内首个地市"非遗在社区"田野报告，并开启了2023年广州市"非遗在社区"研究项目，形成了本年度四个"非遗在社区"案例的学术调研报告。

（2）标准和规范化建设

标准建设方面，广州市文化馆与广州市标准化协会共同编制的广州市地方标准《全民艺术普及慕课建设规范》顺利通过广州市市场监督管理局批准，并于2023年7月正式发布。该标准是目前全国唯一一个文化馆行业慕课方面的推荐性地方标准；持续推进省级地方标准《文化和旅游志愿服务 管理规范》制订工作，推动标准报批工作；与其他单位联合编制的广州市地方标准《公共文化场馆物业服务规范》《茶文化服务规范》正在编制中，拟于2024年完成报批发布。

规范化建设方面，《广州市文化馆高品质发展规划（2023—2025年）》（简称《规划》）正式发布，《规划》围绕全民艺术普及、优秀传统文化传承两大机构职能，聚焦新型文化综合体建设，提出多项专项计划；广州市文化馆起草完成了《新型公共文化空间建设指引》《全民艺术普及联盟章程及管理办法》及相关配套文件方案，完成《广州市文化馆社会分馆建设和管理规范》《文化馆社会分馆三年建设规划》等文件的研究和起草工作；广州市文化馆在市文广旅局的指导下，为更好地规范社会化运营考核工作，积极推动社会化运营延伸服务落地，修订并完善了《广州市文化馆新馆社会化运营考核指标体系》，制定了《广州市文化馆社会化运营管理和服务规范》《广州市文化馆社会化运营考核评价办法》等文件；根据《广州市文化和旅游志愿服务管理办法》，结合新馆实际情况，完成《广州市文化馆文化和旅游志愿者章程》《广州市文化馆志愿服务管理办法》修订工作。

3. 出版书籍

广州市非物质文化遗产保护中心联合中山大学中国非物质文化遗产研究中心合作的《新时代非遗保护的广州实践：

《新时代广州非物质文化遗产
保护发展报告》

广州市非遗传承发展报告》（ISBN 978-7-218-16681-0），由广东人民出版社正式出版。

本次蓝皮书分为总报告、专题报告、热点分析、附录四大部分，采用非物质文化遗产的专家学者、传承人、基层管理者分工合作的编撰模式，既有专家学者对广州市非物质文化遗产保护发展状况的宏观整体分析，又有基层管理者对广州市各区非物质文化遗产保护发展状况的中观具体分析，还有专家学者、传承人对广州市非物质文化遗产保护发展中的热点、焦点问题的微观研究。

4.广东省文化馆联盟理论研究委员会重点工作

广州市文化馆作为广东省文化馆联盟理论研究委员会秘书处，充分发挥平台的作用，一是立足全省理论研究工作发展需求，持续推进全省理论研究工作，本年度面向全省各地市组织两次研究论文及创新实践案例征集评选工作，促进优秀研究成果交流展示学习，广州市文化馆选送的《在社区，发现非遗之美》案例入选中国文化馆协会"优秀创新实践案例"名单并在全省年会上做优秀案例分享，《文化馆编制发展规划的思路及方向——以广州市文化馆为例》等3篇论文在省年会获奖；二是承办首届"广东文化馆系统理论素养提升培训班"，广州市文化馆牵头组织推进培训班具体工作事项，邀请行业内知名专家、高校学者、理论研究骨干等参加，以专题讲座、案例分享、座谈研讨等形式开展，授课内容围绕文化馆高质量发展主题，聚焦文化工作者学术素养提升、学术研究方法应用、写作规范等方面，搭建全省群文工作者理论研究学习、交流平台。

（六）非遗保护传承

2023年，广州市文化馆高度重视非遗的保护、传承及推广工作，开展各类非遗活动共计63场，其中非遗展览14场，非遗展演23场，非遗培训班26场次，非遗活动线下服务总人次达到150万，线上服务总人次达到1000万。除开展系列非遗推广活动、主题图书分馆建设筹备外，在全国非遗盛事、湾区非遗文化交流、非遗档案建设等方面也取得突破性进展。

一是举办全国性非遗盛事"2023非遗品牌大会"。大会通过凝聚各方力量，深入研究非遗品牌建设，探索非遗传承发展新路径。大会还通过"非遗之夜"展演、创意非遗互动等丰富多彩的专业和公众活动，让非遗品牌以大家可欣赏、可品尝、可穿戴、可体验的方式活力呈现，促进非遗更好地融入现代生活，广为应用、触手可及。

二是粤港澳非遗融合发展特征明显。本年度，广州市文化馆协办"2023文化和自然遗产日广州非遗宣传展示活动"，此次活动聚焦粤港澳三地非遗，展出了来自广州、香港、澳门三地的20个非遗项目，来自广州、香港和澳门的非遗传承人和专家学者齐聚一堂，为市民共同展示大湾区的历史文化传统和人文精神内涵。此外，为促进非遗在青少年中的传承与传播，首期"粤港澳青年非遗研学游"活动在"五四"青年节当日举行，以广州市文化馆中心阁及沙湾古镇为核心地点，结合广州非遗常设展导赏、沉浸式实景非遗剧本杀、少儿非遗演出、非遗互动问答以及专题研讨会等多元体验形式，激发了港澳青年学子对非遗的兴趣和热情，进一步赓续了岭南优秀传统文化，助力人文湾区建设。

三是非遗档案建设工作有序进行。广州非遗档案建设项目自2022年7月启动，到2023年，已完成大量工作，并以此为基础荣获广东省档案局科技项目立项。本年度，整理非遗代表性项目、代表性传承人、传承基地等申报材料，已完成80%；整理市级116个非遗项目及324位传承人的专题档案，已完成80%；整理非遗普查材料及工作文件、非遗中心历年活动档案，已完成50%；整理各级通知函件、政策法规等文书档案，已完成90%；声像档案、非遗历年电子照片、非遗部书籍、部门人员电子工作文件等整理工作正在进行中。

此外，2023年10月，本馆开展了传统工艺修复研究工作，率先进行了文化馆馆藏"清代黑漆描金人物纹八扇围屏"的修复工作，并以此探索建设广作传统工艺修复中心。

四是成立非遗主题图书馆，进一步推进非遗传播推广。2023年4月27日，广州市首个挂牌的市级非遗主题图书馆"广州图书馆非遗主题分馆"开馆仪式暨"武动岭南——岭南武术视觉研究阶段性成果展"开幕式在广州市文化馆举行。广州市文化馆还将依托非遗主题图书馆，深化非遗图书分类专题研究，制定科学、规范的非遗图书分类体系，以期将非遗主题图书馆运营为非遗保存、研究、展示、传播的综合窗口，也致力于将其打造为集公共阅读服务和传统文化传承于一体的新型公共文化空间。

五是非遗基地建设纵深推进。2023年，广州市文化馆继续加强与全市学校、博物馆、旅游单位、行业协会、文化公司等的合作，统筹广州全市非遗基地建设，基地数量达到100个，与去年保持一致。其中，海珠区26个、荔湾区14个、天河区14个、白云区11个、黄埔区6个、番禺区6个、越秀区5个、增城区5个、花都区3个、从化区3个及广州市属7个。

（七）数字文化服务

2023年，广州市文化馆各大平台官网及自媒体平台共发布资讯2589篇，其中微信公众号1257篇、新浪微博364条、网站710条，其他视频平台258条。"广州市文化馆"及"广州非遗"两个微信公众号用户关注量分别为71万人、3.4万人。其中，广州市文化馆微信公众号粉丝量较年初增长13倍，年阅读次数为433.8万，同比2022年阅读次数（33.1万）增长13.1倍；2023年转发分享为15.2万次，是2022年分享次数（2.3万）的6.6倍；2023年互动量（底部菜单栏点击）约445万次，比2022年互动量（6.6万）增长67倍；活动及培训平台注册用户量为12.69万人。

一年来，广州市文化馆的自媒体宣传矩阵不断完善，在网站、微信公众号、微信视频号、微博、抖音、B站的基础上增开小红书官方账号，组织推广运用"一站式"综合服务平台，形成"多端协同"综合服务窗口,统一用户管理平台、拓展直录播系统等,实现资讯及数据的实时宣传,增强市民与文化馆的黏合度,提高公共数字文化服务的互动性、便利性、全面性。

一是重视数字化平台建设,数字服务效能显著。2023年,广州市文化馆利用信息技术提升服务质量,持续推进数字化平台向基层延伸,已完成176个镇街分馆、超过200支群文团队的进驻,全市各级文化馆(站)通过平台发布活动场次3652场、发布资讯2917条、预约场地总场次达12907场;打造精品数字资源,组织完成直录播活动71场次,纳入数字化平台的演艺资源629个、群文作品589个;完成三个场馆的直播间建设;广州公共文化云、数字文化馆服务平台已完成向基层镇街、村居、群文团队的延伸工作,持续畅通、共享内部资讯资源。

二是数字资源日益完善,数字文化艺术资源惠及全民。2023年,广州市文化馆积极建设慕课等数字资源,依托互联网等数字化技术,推出不同类型的数字文化体验项目,优化场馆数字文化服务体验;"用心吐字 用爱归音"双语小主播艺术课程、"广府文化知多啲"文化体验官——粤语小主播亲子实践学习课、"Happy Child亲子操"线上课、国际标准舞精英班培训演出比赛及线上普及课程等活动,通过广州市文化馆视频号、广东经济科教频道、"学习强国"、广东海珠发布等平台,以"互联网+文化馆"融合联动的模式,将专业的文化艺术课程灵活呈现、广泛推广。

三是聚焦数字文化体验,推出首个数字化综合体验功能厅室。广州市文化馆与文化科技企业开展合作,共同探索打造数字文化体验空间,"数字文化体验厅"于2023年11月正式亮相,结合全民艺术普及的主题,推出"智慧钢琴""智慧书法"等数字文化体验项目,让群众领略"文化+科技"的魅力。

此外,2023年,广州市文化馆在数字文化理论研究及标准化建设方面也取得了不错的成绩。《粤港澳大湾区文化IP智能创作与呈现关键技术研究及应用》课题成功入选广东省科技厅"文化和科技融合"重点专项项目,牵头制定的全国首个文化馆领域的慕课相关的推荐性地方标准——广州市地方标准《全民艺术普及慕课建设规范》于2023年7月正式发布。

广州市地方标准《全民艺术普及慕课建设规范》(DB4401/T221—2023)

（八）社会力量参与

2022年12月30日，广州市发布《广州市公共文化设施社会化运营指导意见（试行）》，积极鼓励和引导社会力量参与公共文化服务建设。2023年，在此政策的引领下，广州市文化馆进一步强化社会力量参与公共文化设施运营，并积极探索其不同方式，发挥不同供给主体的优势与特色，为群众提供更高质量的公共文化服务。

1. 文旅志愿服务

（1）队伍建设

2023年，广州市文化馆在i志愿、时间银行平台注册志愿者共有1535人，志愿者骨干（全年服务时数超20小时）人数为117人，开展文化志愿服务活动1626场，共有1375人次志愿者参与服务，登记总服务时数14796小时。

近六年来，广州市文化和旅游志愿服务官方平台（i志愿、时间银行）注册志愿者人数总体呈增加趋势，2023年广州市文化馆的官方平台注册志愿者人数与志愿者贡献服务时长较2022年呈大幅度增长。

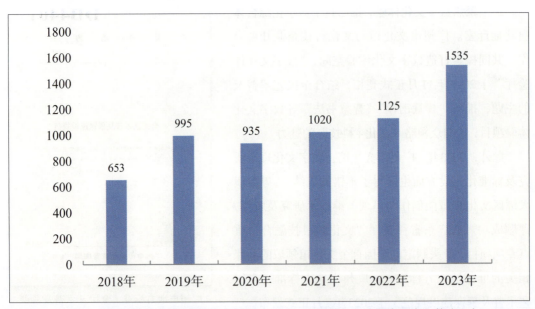

2018—2023年广州市文化馆官方平台（i志愿、时间银行）注册志愿者人数（人）

广州市文化馆作为市文旅志愿者总队办公室，本年度持续以"繁星行动"为主线，赋能全市文化和旅游志愿服务体系建设和提升，开展"繁星行动"发展报告编写工作，完成新一批40名"满天星"基层文旅志愿服务组织者培育，畅通结对帮扶路径，实现"总队统筹—专业队指导—区分队管理—基层团队实施"的项目运作模式。

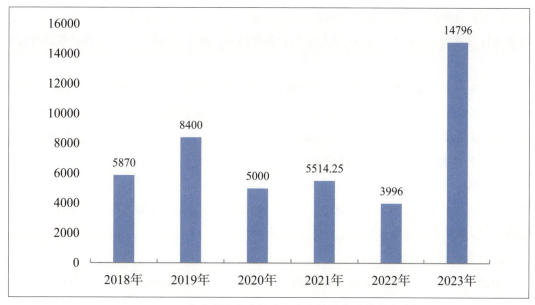

2018—2023年广州市文化馆志愿者贡献服务时数（小时）

说明：广州市文化馆新馆开放以来需要大量文旅志愿者协助开展公共文化服务，因此2023年志愿者贡献服务时数较其他年份增幅明显。

（2）规范化建设

2023年，广州市文化馆以《广州市文化和旅游志愿服务管理办法》为基础，结合新馆实际情况，修订完善《广州市文化馆文化和旅游志愿者章程》和《广州市文化馆志愿服务管理办法》，进一步细化志愿者组织管理、招募注册、培训考核、服务规范、激励提升等方面的要求和阐述，进一步理顺馆内各业务部门开展志愿服务工作的职责；持续推进省级地方标准《文化和旅游志愿服务 管理规范》制定工作，预计2024年完成标准的报批发布工作；持续跟进广州公共文化云志愿服务系统完善建设，对照"志愿时"平台要求逐步实现互联互通，从制度标准保障到工作机制优化两方面夯实文旅志愿服务高质量发展基础。

（3）服务成效

一是成立文旅志愿服务培训基地，持续推进"繁星行动"专项计划。2023年，广州市文化馆着力推动文化志愿服务品牌建设，于2023年7月挂牌成立"广州市文旅志愿服务培训基地"。此外，本馆积极推进文旅志愿服务"繁星行动"，孵化基层文旅志愿服务组织者、文旅志愿服务示范队伍、特色文旅志愿服务项目、文旅专业志愿服务队等，其中"繁星行动——广州市文旅志愿服务特色项目"成功入选文旅部和中央文明办遴选的"2022年文旅志愿服务典型案例"。

二是拓展青少年志愿服务板块，打造青少年文旅志愿服务品牌。根据新馆导览服务需要及相关活动要求，2023年，广州市文化馆拓展青少年志愿服务板块，从团队组建、服务项目设计，到整合资源、品牌打造等方面都进行了积极实践。本年度策划的青少年文旅导赏志愿服务项目共吸引了超400名具备专业特长的青少年报名，通过考核和培训，最终培养出超120名优秀的青少年志愿者参与导赏服务以及志愿演出。

三是充分发挥专业型志愿服务队伍力量，探索多样化基层社会服务模式。本年度，广州市文化馆发起市级文旅专业志愿服务队，继续发挥专业力量示范引领作用，整合更多社会力量，赋能基层社区和基层团队，形成拓展型的服务姿态。例如，"广作新生"非遗专业志愿服务队立足全市非遗的传承传播，联合基层文旅志愿服务组织者，开展全市性的非遗文创征集活动；"记录广州"新媒体专业志愿服务队充分发挥专业所长，以"直播＋短视频＋新闻报道"的方式宣传基层文旅志愿服务项目等。未来，全市将充分发挥专业型志愿服务队伍的力量，赋能基层文旅志愿服务项目专业化发展。

2. 社会化运营服务

2023年，广州市文化馆积极探索场馆社会化运营，不断完善场馆社会化运营机制，提高场馆运营效率，先后制定了《广州市文化馆社会化运营管理和服务规范》《广州市文化馆社会化运营考核评价办法》等文件，联合广州市文化发展集团提供"永汉咖啡""永汉士多""肯德基快闪店"等多项公共文化辅助性服务，满足群众餐饮、休憩等基本需求；其次，广州市文化馆探索普惠性非基本公共文化服务，公开招募社会合作伙伴，开展"广府文化之旅"秋季非遗研学活动，推出首个不以盈利为目的的收费展览——"游园惊梦·动漫奇遇——动漫文化嘉年华"，通过社会力量参与丰富公共文化服务供给。

经过约半年的探索，广州市文化馆在社会力量参与场馆运营方面收获了成果，但也发现了一些问题，如相关配套政策尚不健全、缺乏有力的竞争机制、运营团队对公共文化认知不足等。基于以上情况，广州市文化馆在2023年底，结合本馆实际情况，开始探索更多元化、规范化、精细化的社会力量参与模式。

（九）文旅深度融合

在广州市文化馆，置身园林，移步换景，文化艺术和自然融为一体；亭台楼阁，水榭歌台，休闲中受到高雅艺术的熏陶。这里打造了一个供群众文化活动、富有岭南生态特色的城市空间，兼具生态之美、建筑之美、文化艺术之美。新馆一经开放便迅速成为热门的"打卡点"，文化和旅游深度融合优势凸显。为了给群众或游客提供更为优质的场馆服务和游览体验，广州市文化馆积极按照A级景区标准打造场馆，为群众提供场馆讲解、应急医疗保障、咨询与导览等方面服务。

1. 创建国家3A级旅游景区

2023年，广州市文化馆成功创建"国家AAA级旅游景区"，是全国首个以A级景区标准打造的文化馆。一是设立游客中心、旅游信息咨询中心，配备3名服务人员为观众游客提供引导、咨询、建议采集、投诉处理、手机充电、租借轮椅和婴儿车等服务；二是完成导视系统的设置。按照景区创建标准，结合文化馆特色，规范设计标识系统，合理设置全景导览图、标识牌、景物介绍牌、安全警示等标识，使用中、英、俄、韩四种语种对照导览；三是在入口处设立游客咨询服务点，及时回复游客的问题和诉求；四是配备讲解员队伍，在中心阁、翰墨园、广府园、广绣园等园区提供定点定时讲解服务。

2023年广州市文化馆"国家AAA级旅游景区"证书

2. 打造文旅融合品牌活动

广州市文化馆更新服务理念，以展览、活动、演出等形式打造了一批颇受群众欢迎的文旅融合品牌活动。一是推出一系列集游园观赏、文化体验、互动休闲于一体的文化艺术展览。二是结合广州市文化馆园林式建筑特色，于节庆期间推出文旅融合活动，如中秋节期间联合广州酒家推出以"穿粤记·寻味中秋"为主题的大型沉浸式古风中秋游园会、2023岭南古琴园林实景音乐会"琴韵岭南"、大型情景诗剧《走进李白》、"寻味纪——广府年味"春节体验活动等。三是精彩演出和大型活动纷至沓来，持续给市民带来精彩绝伦的文艺盛宴，如粤港澳大湾区"大地情深"——全国优秀群众文艺作品示范性巡演、"花开广州 盛放世界"2023广州文化旅游推介大会等大型活动先后在广州市文化馆举办。此外，广州市文化馆获得入选首批"沉浸城市故事会"国家级试点单位、全国"公共文化空间品牌"优秀案例的荣誉，这也是对广州市文化馆打造文旅空间新场景的肯定。

未来，广州市文化馆将积极推进4A级景区建设，同时也将联合海珠湖公园、海珠湿地等，推动"文化+旅游+商业"深度融合、品质发展，加紧实施文旅商深度融合行动计划，积极参与城市文旅推广品牌建设，营造文旅消费新潮流。

3. 为群众提供专业讲解服务

2023年，广州市文化馆进行各类考察、调研、接待讲解工作近千场次，聚焦全民艺术普及和优秀传统文化传承核心职能，通过对公讲解服务向群众输送相关的文化艺术知识，为群众提供优质的场馆游览讲解保障服务，进一步提升群众入馆参观体验的感受。

2023年4月11日，由中共广东省委宣传部指导、广东省文化和旅游厅主办、广州市文化广电旅游局承办的"讲好红色故事 传播广东声音"——2023年广东省红色讲解员大赛总决赛，在广州市文化馆成功举办，我馆讲解员钟舒凡荣获2023年广东省红色讲解员志愿组季军，彰显我馆讲解团队的专业化水平。

4. 为群众提供贴心资讯咨询及意见征询服务

广州市文化馆与广州城市旅游问询救援服务中心在馆内联合设置广州旅游信息咨询中心、游客服务中心，作为馆内文旅咨询服务综合平台，为群众游客提供"全方位、一站式"的公益文旅咨询服务。中心内部布置立足广州特色，将广州文化元素和非遗保护成果引入到空间布置中，同时还提供轮椅、雨伞、婴儿车、广播寻人等服务。中心自设立以来，为游客提供公共服务 779 次，接听咨询电话约 1.9 万个，处理市民反馈意见 13 次，派发馆内参观指南 5.8 万本。游客服务中心集参观体验、咨询问答、导览服务于一体，是馆内对外的重要窗口。

2023 年，广州市文化馆共收到 12345 工单 144 单、信访件 3 单、人民网群众留言 2 单。在明确工单涉及职责的基础上，秉着全心全意为人民的态度，联合相关部门第一时间联系人民群众，虚心接受群众的意见建议，耐心细心地解答群众的咨询、求助、意见和建议，使人民群众能得到满意的答复，也提高了我馆的服务好评率，建立了良好的对外形象。另外，针对 12345 工单等内容，根据群众反馈相对集中、突出的内容或问题，制定相应的内部整改措施，反思服务方式，改变工作策略，力求从根源上为群众提供更好的服务。

5. 为群众提供全方位的应急医疗保障服务

2023 年，广州市文化馆全年提供园区医疗救助 332 次，为群众提供了优质的医疗保障服务。在酷暑、暴雨、寒冷等特殊天气，为进馆群众提供相应的必备药品，大型文化活动或大规模人流聚集活动均配备相应的应急医疗保障措施，为群众进馆参观游览和参加文化体验活动保驾护航。

（十）文化交流合作

2023 年，广州市文化馆实施文化交流传播拓展计划，着力打造立足湾区、面向世界的民间文化交流中心，全年共开展了 32 次跨地区文化交流活动，以展览、研讨会和演出等多种方式，促进资源共享和交流互鉴。一是积极推动"人文湾区"交流与合作，依托国际民间艺术节组织理事会中国委员会湾区文化艺术交流（广州）中心，参与组织粤港澳大湾区"大地情深"全国优秀群众文艺作品示范性巡演，建设"粤港澳大湾区青年戏剧协会公共文化交流基地"，打造"粤讲越有戏""青年有戏永向前"等湾区文化交流品牌。二是充分发挥非遗在文化交流中的作用，作为广州市非遗保护中心，组织面向港澳青年学生的"珠水同舟——粤港澳大湾区非遗系列研学"、面向外国游客的非遗特色体验活动、与其他省份的非遗交流展等。三是充分发挥场馆优势，成为更多文化交流、文化传播活动的合作阵地，如联合比利时王国驻广州总领事馆共同举办"从一张纸到元宇宙——蓝精灵 65 周年特展"等，积极讲好广州故事、湾区故事、中国故事。

2023年度广州市文化馆部分文化交流合作活动展示

序号	主题/工作内容	交流地区	交流时间	情况简介
1	"广东曲艺结对交流扶持"共建活动	广东佛山	2023年2月24日	为贯彻落实广东省高质量发展大会精神，推动广东省曲艺事业高质量发展，由广东省曲艺家协会、广州市文化馆组织，与中国曲艺之乡——佛山开展"广东曲艺结对交流扶持"共建活动，共同为广东曲艺发展做贡献。
2	2023年"春雨工程"内蒙古自治区呼伦贝尔市文化志愿者广东行（广州站）	内蒙古呼伦贝尔	2023年3月26日	本次文化交流以"大舞台，大展台"活动形式开展，为广东人民带来具有呼伦贝尔厚重民族文化特色的精品文艺节目和摄影作品。来自呼伦贝尔市多个旗区市文化馆和乌兰牧骑的46名演员精心准备了舞蹈、声乐、器乐、服饰表演等13个精彩节目，以文化活动的形式展开两地文化交流。
3	"文化湾区 活力广佛"——2023荔南人才文化融合创新沙龙	广东佛山	2023年4月23日	为进一步推动广佛人才合作交流，促进广佛全域同城化迈上新台阶，荔南两区（广州市荔湾区、佛山市南海区）高才会以高质量发展态势，引领荔南两地文化人才，探讨文化传承创新发展，共同发起"文化湾区 活力广佛"——2023荔南人才文化融合创新沙龙活动。
4	全国非遗曲艺周	湖北武汉	2023年6月9日至15日	2023年非遗曲艺周以"曲艺荟江城 说唱新时代"为主题，在湖北省武汉市举办，地域有别、风情各异的曲艺节目集中亮相，"五进"展演活动为观众呈现了一百余场精彩的曲艺盛宴，我馆群星奖节目《同心结》参与了本次演出活动。
5	木石新征程——海派·南派雕刻工艺美术交流展	上海	2023年7月15日至8月15日	由上海工艺美术职业学院与广州市文化馆共同主办的"木石新征程——海派·南派雕刻工艺美术作品交流展"在广州市文化馆中心阁特展厅启幕。展览以上海、广东两地工艺美术交流为主题，共展出两地雕刻类工艺美术精品240余件。
6	传统守望 法律护航——2023非物质文化遗产法律保护经验交流研讨会	广东佛山、东莞等市	2023年9月9日	本次活动是对广东省"非遗+法律"多年实践成果的集中总结和呈现，多个地市单位及企业参与。活动设置了非遗文创集市、非遗法律援助成果展览、非遗法援实践研讨讲座、法律咨询、法援签约仪式、非遗文艺展演等环节。
7	"山河万里·粤喀同心"感恩广东援疆文艺交流演出	新疆喀什	2023年12月7日、8日	在广州援疆工作队与广州市文化广电旅游局的支持下，"山河万里·粤喀同心"喀什地区感恩广东援疆文艺交流演出在广州市文化馆上演。喀什地区歌舞剧团此次演出以"感恩援疆"为主题，全方位反映了近年来广东省对喀什地区各方面的援助和取得的成果，表演融入了非遗、乐器弹唱、民族歌舞等内容。
8	"粤港澳大湾区——广州 澳门"文化艺术交流活动	澳门	2023年12月13日	交流活动增进了双方友谊，促进了粤港澳大湾区少儿舞蹈素质教育及文化艺术交流，一同携手搭建文化艺术平台，促进穗澳两地青少年互相了解，彼此深入学习交流，以优秀艺术作品涵养粤澳人民的精神风貌，共同推动大湾区文化事业繁荣发展。
9	"青年有戏永向前"粤港澳大湾区青年戏剧协会成立二周年大会暨惠民文艺展演（"粤港澳大湾区青年戏剧协会公共文化交流基地"揭牌仪式）	香港、澳门	2023年5月至12月	本次展演旨在打造大湾区青年艺术交流平台，邀请市民共观粤港澳戏剧曲艺创新融合发展成果，聚焦戏剧文化领域的交流与合作。活动期间，由广州市文化馆和粤港澳大湾区青年戏剧协会共同打造的"粤港澳大湾区青年戏剧协会公共文化交流基地"正式揭牌，以广州市文化馆作为戏剧文化交流阵地，开展一系列戏剧文化惠民活动。

（续上表）

序号	主题/工作内容	交流地区	交流时间	情况简介
10	"珠水同舟"——粤港澳大湾区非遗系列研学	香港、澳门	2023年5月至11月	"珠水同舟——粤港澳青年非遗系列研学"是广州市文化馆于2023年全新开设的非遗品牌活动。目前已研发推广了沙湾古镇沉浸式实景非遗剧本杀和岭南印象园沉浸式实景解谜两个专题研学游径，该系列活动增强了粤港澳青年学子的民族归属感与文化认同感。
11	"从一张纸到元宇宙"——蓝精灵65周年特展	比利时	2023年8月	"从一张纸到元宇宙——蓝精灵65周年特展"在广州市文化馆翰墨园展出，该展览由广州市文化广电旅游局、广州市文学艺术界联合会指导，比利时王国驻广州总领事馆联合广州市文化馆、广州市动漫艺术家协会共同举办，并得到蓝精灵版权方的大力支持，充分体现"漫无国界"的艺术力量，促进中比两国的文化交流。

三、社会影响与社会评价

（一）群众满意度

2023年度，广州市文化馆首次以线上问卷和线下访谈相结合的方式开展了年度满意度调查工作，共计回收有效问卷2559份，通过分析各项调查指标深入了解群众文化需求及偏好，有针对性地优化服务策略，以改善公共文化服务的供给方式及内容，提高公共文化服务质量。本年度，广州市文化馆群众满意度综合评价得分为92.87分，较2022年（90.03分）显著提升，实现高位增长。

1. 用户画像及特征

（1）地域分布：服务受众辐射面广，省内居民占比突出

本次调查数据显示，广州市文化馆的服务受众以省内居民为主，并辐射全国。本次问卷调查结果显示，来自广东省内的受访群众占比高达83.99%，15.97%的受访群众来自其他省市和港澳台地区，省外客源主要以京津冀、长三角区域省份（如上海市、江苏省等）为主；此外，还有0.04%的受访群众来自国外，如澳大利亚。

在广东省内，广州市文化馆主要吸引广州市、深圳市、佛山市和珠海市等湾区城市居民到访参观或线上参与，占比高达94.29%。其中广州市作为广州市文化馆所在地，市民参观游览比例最高，占比84.50%。深圳市、佛山市和珠海市毗邻广州市，交通便利，也是广州市文化馆

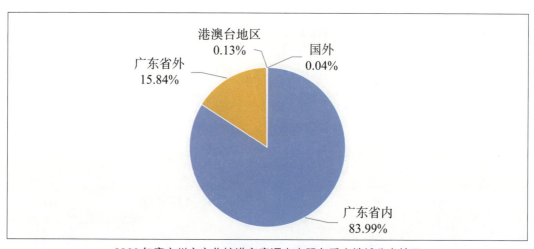

2023年度广州市文化馆满意度调查中服务受众地域分布情况

服务受众的主要来源地，占比分别为4.37%、2.81%和2.61%。值得关注的是，粤东地区的汕头市来访参观或线上参与的比例较高于其他非湾区城市，占比达1.71%。广东省其他城市居民占比为4%。

（2）性别构成：男女比例基本均衡

从受访群众的性别构成上看，到访过广州市文化馆或线上参与过广州市文化馆服务的群众性别分布较为均衡，其中男性占比为52.68%，女性占比为47.32%，侧面反映目前文化馆功能定位、文化活动等对大众具有普适性。

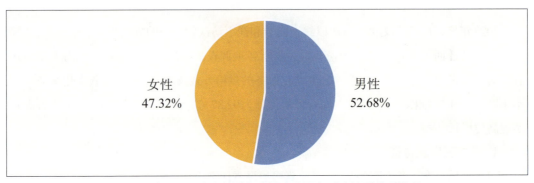

2023年度广州市文化馆满意度调查中服务受众性别分布情况

（3）年龄结构：中青年群体占比较高

具体来看，18～40岁的市民游客占比最高，达到75%，其次是41～60岁的中老年群体，占比为17%。受到调查方式及不同年龄段群众特征影响，在本次调查中，18岁以下的受访群众占比仅为4%，60岁以上的受访群众占比为4%。结合场馆现场观察来看，老年群体也是广州市文化馆的重要服务群体。对比广州市文化馆旧馆服务受众以中老年群体为主的情况，总体来看，新馆服务受众呈现出较为明显的年轻化趋势。

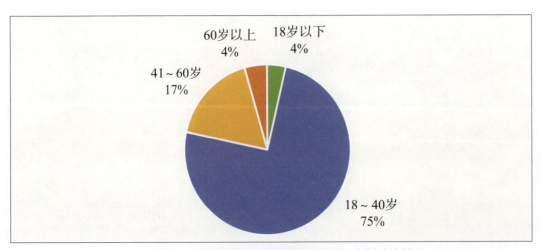

2023年度广州市文化馆满意度调查中服务受众年龄分布情况

（4）学历职业：高学历群体占比高，上班族参与意愿强

从学历情况来看，受访群众学历普遍较高，具备一定的文化素养。具体来看，受访群众中超过六成具备本科及以上学历，其中本科和硕士研究生及以上学历占比分别为55%和10%；具有大专学历的占比为22%；高中（中专）及以下学历的群众占13%。

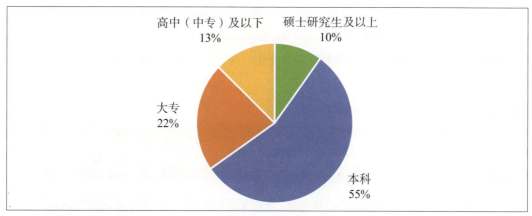

2023年度广州市文化馆满意度调查中服务受众文化程度分布情况

从职业构成情况来看，受访群众以企业职工为主，占比高达36%；其次是自由职业者，占比为20%；在校学生占比19%；政府或事业单位人员占比16%。值得关注的是，尽管受访群众中仅有8%为离退休人员，整体占比不高，但通过场馆现场观察了解发现，目前广州市文化馆也是离退休人员日常户外休闲、参与文化活动的重要去处。

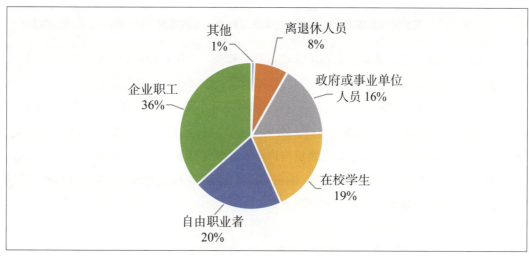

2023年度广州市文化馆满意度调查中服务受众职业身份分布情况

2. 群众文化需求偏好分析

为更好地满足群众的需求，本次调查重点了解群众对文化馆配套服务、公共文化服务内容和融合发展的需求。调查发现，目前群众对多元化、高品质的服务需求强烈，期待可以重点

增加讲解导览等配套服务，丰富文化艺术类和体验类文化服务，进一步强化文旅融合发展。

配套服务需求强烈，讲解导览最受期待。关于文化馆配套服务方面，目前群众对场馆讲解服务和文旅志愿服务的需求强烈，分别占比52.17%和51.78%，期望广州市文化馆可以加强展览讲解、园区导赏等服务。除此之外，50.88%的受访群众期望增加便民服务设施设备，例如，增设更多无障碍设施，提供纸巾、充电宝、雨伞等。文化馆延伸服务项目如付费展览、多样化餐饮选择等也受到群众关注。相对而言，群众对强化群众文艺团队的孵化、培养和辅导以及推动更多文化资源向基层延伸拓展等专业化、均等化服务的需求度相对较低，占比均在25%以下。

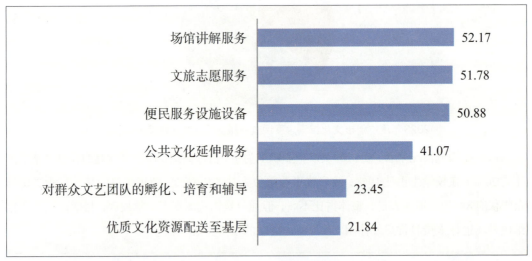

2023年度广州市文化馆满意度调查中群众对文化馆配套服务的需求（N=2559[1]，多选，%）

优化文化服务内容，丰富群众到馆体验。关于未来广州市文化馆重点发展或优化公共文化服务内容，群众的需求呈现多元化趋势。具体来看，群众对于丰富文化艺术类服务呼声最高，期望未来广州市文化馆能够重点发展或优化文化艺术普及、鉴赏类和非遗保护、传承及推广类的服务内容，增加音乐、舞蹈、美术、摄影、戏剧、曲艺、书法等活动，还有培训、展览、演出以及非遗主题的研学体验、精品展览与讲座等。体验类服务需求也较为旺盛，其中包括VR、AR体验项目等数字化体验类服务，插花、雕刻等等手工技能类服务，以及剧本杀、情景解谜等沉浸式体验类服务。

---

[1] 2023年广州市文化馆公共文化服务群众满意度采用线下拦截访问和线上网络推送相结合的形式实施，共计回收2559份有效样本。因线上网络推送问卷投放范围广，其中186位受访者未实地到访广州市文化馆或线上参与广州市文化馆组织开展的活动，不纳入作为广州市文化馆服务受众画像统计分析数据，故本年度服务受众画像部分仅采用2373位实地到访或参与线上活动的受访群众数据。

2023年度广州市文化馆满意度调查中受访群众对发展和优化公共文化服务的需求反馈（N=2559，多选，%）

联动景区文博场馆，实现跨界融合发展。"文化馆+"模式是推动文化馆事业高质量发展的必经之路。近年来，广州市文化馆在推动跨界融合发展方面进行了许多有益尝试。调查发现，受访群众希望广州市文化馆可以加强与旅游景区、酒店民宿、文博场馆、商业综合体、学校等合作，其中，加强文化馆与旅游景区合作、文化馆与图书馆、博物馆、美术馆合作、文化馆与酒店/民宿合作的群众需求最为强烈。此外，"文化馆+商业"的跨界合作也被广泛提及，包括文化馆与咖啡厅等餐饮店、楼盘和大型商场等合作。

2023年度广州市文化馆满意度调查中受访群众对文化馆跨界融合发展的期待（N=2559，多选，%）

3. 受访群众满意度和获得感分析

广州市文化馆开展整体和各项服务的群众满意度和获得感调查，旨在通过收集群众主观感受，评估场馆建设成效及服务质量，识别优势与薄弱环节，挖掘群众需求痛点，助力提高服

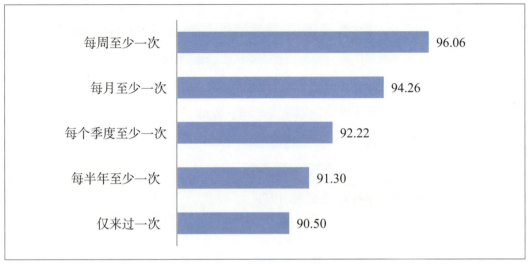

2023年度广州市文化馆满意度调查中不同参与次数受访群众满意度情况（N=2373，分）

务水准。调查发现，2023年广州市文化馆群众满意度实现高位增长，群众对外推荐意愿强烈，并且在传播岭南文化、广府文化、优秀传统文化，提升广州城市形象，丰富群众文化体验等方面发挥着重要作用。

（1）文化馆广受群众认可，群众满意度高、推荐意愿强

调查结果显示，2023年广州市文化馆群众整体满意度较高，评价得分为92.87分，较2022年（90.03分）显著提升，实现高位增长。其中，67.30%的受访群众表示非常满意，30.05%的受访群众表示比较满意，仅0.25%的受访群众表示不太满意或非常不满意。此外，高频到访群众对文化馆的满意度更高，每周到访至少一次和每月到访至少一次的群众对文化馆的满意度高于整体水平。

从推荐意愿度来看，超九成受访群众表示愿意向他人推荐广州市文化馆。具体来看，非常愿意推荐占70.21%，比较愿意推荐占25.03%。受访群众普遍认为广州市文化馆在建筑设

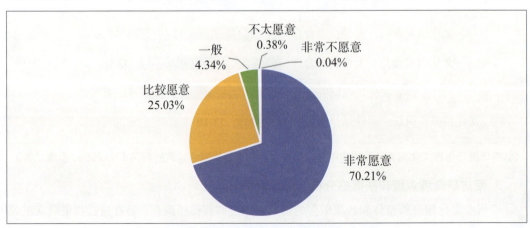

2023年度广州市文化馆满意度调查中受访群众向他人推荐意愿情况（N=2373，%）

计、文化服务供给等方面充分彰显了岭南特色和广府文化,为市民游客了解广州、广府文化及优秀传统文化提供了丰富的资源和服务。

（2）软硬件服务体验升级,配套延伸服务项目仍待完善

本次调查围绕馆舍环境、设施设备、场馆和人员服务、文化活动、数字化服务、延伸服务等方面全面考察文化馆服务。调查结果显示,群众对广州市文化馆各项服务的满意度较高,得分均在80分以上。

具体来看,各项指标满意度得分前三位分别是志愿者服务水平、场馆设施设备、工作人员专业性和服务水平,评分分别为88.09分、87.68分、87.46分,馆员及志愿者专业强、服务贴心。紧随其后的是无障碍设施、开放时间、展览服务、文艺作品,群众满意度均在87分以上,场馆无障碍设施健全,有效落实节假日开放,体现文化馆人性化服务。同时,陈列展览和文艺作品丰富,彰显岭南和广府文化特色,受到群众认可。但个别群众反馈文化馆闭园时间较早,期待适当推迟闭园时间或增加夜游活动。相对而言,群众对文化馆公共文化延伸服务项目、讲解服务等场馆延伸配套服务满意度相对较低,均在86分以下。值得关注的是,馆舍环境因停车场问题造成群众满意度较往年下滑明显,根据群众反馈,目前文化馆馆内停车场并不对外开放,毗邻停车场距离场馆入口有一定距离,便利性不足。

结合群众意见反馈、第三方监督评价考核方在场馆内的沉浸式体验,目前延伸服务项目存在价格偏高、种类偏少、未充分体现文化特色等问题。此外,群众反馈文化馆文化活动资讯、派票信息等发布时间较不固定,难以及时了解和报名参与。

2023年度广州市文化馆满意度调查中受访群众对广州市文化馆细项满意度评价（N=2373,分）

2023年度广州市文化馆满意度调查中受访群众对参观文化馆（含线上活动参与）的收获（N=2373，分）

（3）文化馆社会价值凸显，优秀传统文化认知提升

本次调查从群众获得感的角度了解广州市文化馆如何彰显其社会价值。调查结果显示，作为广州市市民品质文化生活的新空间、岭南文化传播展示的新窗口，广州市文化馆对于满足人民群众文化需求、传播岭南文化、增进群众对广府文化与优秀传统文化的理解发挥着重要作用。

具体而言，受访群众认为参观广州市文化馆激发了对传统文化保护、传承的意识，并认可广州市在传统文化保护与传承方面取得的成就，表达了对广州市的喜爱和推荐，也进一步强化了对岭南文化、广府文化的认同感与归属感，有效激发了解岭南文化、参与岭南传统文化相关活动的意识。

此外，群众认为参观文化馆、参与相关活动还实现了"陪伴亲朋好友，增进了交流和感情""获取了相关知识，丰富了业余文化生活"以及"提高了自身的文化艺术修养和品位"的作用，说明文化馆既是文旅休闲的好去处，也能有效丰富群众的精神文化生活。

（二）荣誉表彰

2023年，广州市文化馆共收获奖项76项，其中创作类获奖55项，包含全国性奖项9个，省级奖项33个（获奖明细详见第197页表格"2023年度广州全市文化馆省级及以上部分创作类集体获奖列表"），市级奖项13个；非创作类获奖21项，包含全国性奖项9个，省级奖项9个，市级奖项3个，获奖类别涵盖理论研究、展览获奖、公共文化空间建设、基地建设、组织建设等方面。其中理论研究类奖项获得数量为10个，占比最高，充分体现2023年度广州市文化馆理论研究工作的进步与成绩。

2023 年度广州市文化馆省级及以上部分非创作类获奖列表

序号	奖项名称	获奖级别	获奖时间	颁奖单位	类别
1	2023 年"弘扬中华优秀传统文化、培育社会主义核心价值观"主题展览推介名单（展览《"一带一路"背景下的广作华章——从外贸商品到非遗保护》）	全国性/国家级	2023 年 5 月	国家文物局、中央文明办、中央网信办	展览获奖
2	首届中国群众文化品牌发展大会公共文化空间品牌案例名单（广州市文化馆）	全国性/国家级	2023 年 9 月	中国群众文化学会	公共文化空间建设
3	全国文化馆 2022 年度年报征集展示工作优秀年报名单（《2022 年广州市文化馆年报》）	全国性/国家级	2023 年 9 月	中国文化馆协会	理论研究
4	全国文化馆 2022 年度年报征集展示工作十佳年报名单（《2022 年广州全市文化馆行业年报》）	全国性/国家级	2023 年 9 月	中国文化馆协会	理论研究
5	2023 年中国文化馆年会创新实践案例（杨春旭、董帅《激活的时尚：广绣传统图案研究与转化》）	全国性/国家级	2023 年 9 月	中国文化馆协会	理论研究
6	2023 年中国文化馆年会创新实践案例（杨春旭、董帅、周雯蕙《在社区，发现非遗之美》）	全国性/国家级	2023 年 9 月	中国文化馆协会	理论研究
7	2023 年中国文化馆年会征文活动三等论文（沈楚君《事业单位绩效考核存在的问题与优化策略——以项目管理在文化馆绩效考核中的应用为例》）	全国性/国家级	2023 年 9 月	中国文化馆协会	理论研究
8	2023 非遗与旅游融合特色活动典型案例（广州市文化馆"沉浸式"非遗体验系列活动）	全国性/国家级	2023 年 12 月	中国报业协会、中国旅游报社、中国社会科学院新闻与传播研究所	活动获奖
9	全民艺术普及专项基金 2023 年全国青少年美育示范基地推荐名单（广州"非遗在校园"美育示范基地）	全国性/国家级	2023 年 12 月	中国宋庆龄基金会	基地建设
10	2023 年"弘扬中华优秀传统文化、培育社会主义核心价值观"主题展览推介项目（展览《"一带一路"背景下的广作华章——从外贸商品到非遗保护》）	省级	2023 年 5 月	广东省文物局	展览获奖
11	2022 广东省文化馆联盟年会学术论文一等奖（董帅《"非遗+城市地标"的城市公共文化治理模式探索——以广州塔"岭南之窗"为例》）	省级	2023 年 8 月	广东省文化馆联盟	理论研究
12	2022 年广东省公共文化服务优秀案例（杨春旭、董帅《激活的时尚：广绣传统图案研究与转化》）	省级	2023 年 8 月	广东省文化和旅游厅	理论研究
13	第二届广东文化馆年会研究性论文二等奖（吴嘉琪《文化馆编制发展规划的思路及方向——以广州市文化馆为例》）	省级	2023 年 11 月	广东省文化馆联盟	理论研究

（续上表）

序号	奖项名称	获奖级别	获奖时间	颁奖单位	类别
14	第二届广东文化馆年会研究性论文二等奖（梁艺露《浅析高质量发展背景下文化馆思想政治教育使命和阵地建设思考》）	省级	2023年11月	广东省文化馆联盟	理论研究
15	2022广东省文化馆联盟年会学术论文二等奖（范旨祺《信息裹挟时代下融媒技术赋能数字文化馆建设》）	省级	2023年11月	广东省文化馆联盟	理论研究
16	2023年度广东省文化馆联盟先进集体（广州市文化馆）	省级	2023年11月	广东省文化馆联盟	组织建设获奖
17	2023年中国文化馆年会案例榜（"在社区，发现非遗之美"广州市"非遗在社区"）	省级	2023年11月	广东省文化馆、广东省文化馆联盟	案例获奖
18	2023"广东首届最美非遗人物"（董帅）	省级	2023年12月	广东省非物质文化遗产工作站（振兴传统工艺工作站）	个人获奖

四、案例选编

（一）"一带一路"背景下的广作华章——从外贸商品到非遗保护

简介： 为响应国家"一带一路"倡议，弘扬中华优秀传统文化，广州市文化馆（广州市非物质文化遗产保护中心）与广东民间工艺博物馆强强联手，于2023年初在广州市文化馆新馆策划并举办了"'一带一路'背景下的广作华章——从外贸商品到非遗保护"。此展作为新馆开馆特展，生动再现了广作从古代海上丝绸之路的外贸商品到现代国家非遗的华丽转变。展览以时间为轴，分为"黄金时代""广交会时代""非遗时代"三大部分，汇聚121套共162件展品，涵盖广彩、广绣、广州牙雕等经典门类，展出期间吸引了数十万线下观众参观游览，成功入选由国家文物局、中央文明办、中央网信办共同组织的2023年"弘扬中华优秀传统文化、培育社会主义核心价值观"主题展览推介名单。

亮点： "广作"无论在古代的海上丝绸之路还是在今天的"一带一路"上，都发挥着推动商贸繁荣、促进文化交流的重要作用。本次特展在选题上立足"一带一路"，提炼展示"广作"文化精髓，反映广作在文明交流互鉴上的重要作用，启发公众体会中华优秀传统文化对传承历史文脉、坚定文化自信的非凡意义；在策展上依托广州市文化馆、广东省民间工艺博物馆两馆资源，内容推陈出新，展品精益求精，并组织了丰富多彩的教育活动和志愿服务，形成多层次的传播体系，是"非遗＋博物馆"的一次深度融合。

（二）花城百花开——广州非物质文化遗产展

简介： "花城百花开——广州非物质文化遗产展"位于广州市文化馆中心阁的2至5层，是广州市文化馆集全馆力量、耗时近两年精心组织的广州非遗基本陈列，集中呈现了广州非遗的基本面貌。展览全面展示了117项广州市级以上非遗代表性项目及265位市级以上代表性传承人，以"粤韵流芳""食在广州""岁时节庆""医养岭南""南拳强身""广作华彩""羊城古仔"七大板块展现花城非遗如同百花盛开的绚丽多姿，彰显广州的文化传统、岭南的文化精粹和人文特质，入选由文化和旅游部民族民间文艺发展中心组织的"2024全国非遗传播活动创新案例"。

亮点： 该展览在策展上不完全拘泥于传统门类或项目，而是围绕广式生活的不同侧面，根据阁楼式展厅的塔状结构特色，别出心裁地从日常的娱乐、饮食、节俗生活（二楼），到健康养生、健身生活（三楼），再到极致精工的匠心生活（四楼），最后到"高耸入云"的群星璀璨（五楼），逐层而上、层层递进。展览同时突出"文化+科技"，通过使用动作捕捉、激光影像等数字化手段，增强展览的互动感、体验感，为传统非遗展览注入"数字活力"。以此展览为契机，广州市文化馆开展了三年的藏品征集，并建立了藏品管理机制。

（三）锦绣中华——传统织染绣艺术与生活展

简介：为推进粤港澳大湾区建设的国家重大战略，扎实推进岭南文化中心区建设，促进非遗与旅游深度融合发展，由中国传统工艺振兴计划协同创新中心指导，广州市文化广电旅游局、北京服装学院共同主办，广州市文化馆（广州市非物质文化遗产保护中心）承办的"锦绣中华——传统织染绣艺术与生活展"，于2023年4月8日在广州市文化馆新馆广绣园正式开幕，"知否岭南""丝韵江南""彩云之南"三大展览主题空间中近50项全国各地具有代表性的传统织染绣艺术类非遗项目齐聚一堂竞芳菲，在多元地域文化的多彩互鉴中绽放姹紫嫣红的迷人光彩。

亮点：本次"锦绣中华——传统织染绣艺术与生活展"秉持专题化、情景化、体验化的策展特色，共展示100余件精品织绣染作品。本次展览以"绣""织""染"为专题，分别打造了以岭南文化、江南文化、滇南文化为主题的艺术生活空间，观众们不仅可以观赏到苏绣、台州刺绣、湘绣、满族刺绣等来自全国各地具有代表性的刺绣类非遗项目，还可以深入感受宋锦织造、吴江桑蚕丝织，蓝印花布印染、墩头蓝纺织等传统织染技艺的魅力。特别值得一提的是，除静态展览外，本次展览还在展区现场进行了为期5天的活态展演，以文化空间、戏曲、音乐、舞蹈、曲艺等相关表演形式相结合的形式，让观众们"听到、看到、嗅到、品尝到、触摸到"不同的地域文化空间的独特味道。

（四）2023年"繁星行动"文旅志愿服务特色项目

简介：2023年"繁星行动"文旅志愿服务特色项目始终立足基层，横向协同和纵向提升能力持续提升，基层文旅志愿服务组织者带领团队走遍11个区，累计开展543场次文旅志愿服务活动，发动8700人次文旅志愿者在220多个基层社区服务市民，链接超172个公共文化设施、高校、医院、企业、镇街各单位部门等社会资源支持项目开展，直接服务市民近10万人次，实现文旅志愿服务与城乡基层治理、基层公共事务和公益事业的相互增进、协同发展。

亮点：该项目采用"专业示范+基层帮扶"齐头并进的培育运营模式，以文化赋能社会治理，促进公共文化服务品质进一步提升。"启明星"文旅专业志愿服务队在提供高品质文旅专业志愿服务的同时，与多个基层组织者结对，"量身定制"面向基层的指导计划，从艺术素养提升、专业技能培育、宣传推广链接等方面赋能基层志愿服务发展，实现专业服务的传播与基层服务的互助共赢。

（五）"群星工程"项目助力基层群星闪耀

简介：为积极发挥群众文艺团队在公共文化服务中的示范带动作用，培育广州特色优质群文品牌，"群星工程——广州市群众文艺团队建设项目"于2022年正式启动。该项目涵盖了"群艺之星"基层群众文艺团队扶持计划、"创演之星"示范性优秀文艺团队发展计划和"传承之星"民间传统艺术团队培育计划，打造了"花城社区文化悦"群文品牌活动。2023年，该项目已培育扶持了优秀群众文艺团队101支，打造了"羊城之夏基层社区文化节"，组织了群众文化活动400余场，开展了12场群众文艺普及培训会，培训人次已超1000人次。

亮点："群星工程"项目的核心目标是规范并推动广州市群众文艺团队的高质量发展。该项目以引导、扶持、推广群众文艺团队为中心，以培育优秀群众文艺团队和促进社会力量参与公共文化服务为重点，还为各类群众文艺团队提供了多元化的展示平台，充分展现了群众文化的活力。通过分类分层的扶持策略，该项目成功地引导了群众文艺团队在文化建设中展现自我、教育自我和服务自我。这不仅丰富了公共文化产品的供给模式与渠道，还增强了民众的文化获得感和幸福感。

广州全市文化馆
年鉴

（2021—2023）

广州全市文化馆年鉴（2021—2023）
编制说明

广州全市文化馆年鉴（2021—2023）体现的是总分馆体系下广州市文化馆、11个区文化馆及下属分馆的服务情况及基础业务数据，主要包括了总体概况、服务效能、社会影响与社会评价、案例选编四大模块的内容，宏观数据与微观个例相结合，既体现年度服务成果，也展现全市文化馆的亮点及贡献。

广州全市文化馆年鉴（2021—2023）首次将下属分馆数据纳入统计范畴，全面展现全市各区公共文化服务成果，着重体现全市文化馆在文化艺术活动、群众文艺创作、非遗保护传承、数字文化服务、社会力量参与、总分馆制建设、理论研究发展、湾区文化艺术交流等方面的工作成效。

2021年
广州全市文化馆
年鉴

目　次

一、总体概况

（一）行业简介

截至2021年，广州全市共有1个副省级文化馆——广州市文化馆，11个区级文化馆（文化发展中心），分别是越秀区文化馆、海珠区文化馆、荔湾区文化馆、天河区文化馆、白云区文化馆、黄埔区文化馆、花都区文化馆、番禺区文化馆、南沙区文化发展中心（即南沙区文化馆，下文统称为南沙区文化馆）、从化区文化馆、增城区文化馆，均为一级文化馆。广州市文化馆投入使用的馆舍总建筑面积为8303.66平方米，11个区文化馆馆舍总建筑面积约为78078平方米。按照总分馆制，11个区文化馆共有分馆207个，分馆总面积约为455552平方米。

本年度，广州全市文化馆[1]坚决贯彻落实《中华人民共和国公共文化服务保障法》，围绕全民艺术普及和优秀传统文化传承目标，积极举办各类演出、展览、讲座、培训等公益文化项目，开展丰富多彩的、群众喜闻乐见的文化活动，组织并指导群众文艺创作，开展群众文化理论研究，开展非物质文化遗产保护、传承、传播工作，培育群众文化团队，活跃基层文化生活。

广州全市文化馆以群众文化活动为载体，以总分馆制为抓手，以数字文化馆建设为契机，积极拓展文化志愿服务。通过精耕细作，不断提升全市公共文化服务效能。广州市文化馆及各区馆常设多项免费开放项目，涵盖文化艺术培训、文艺演出、书画摄影展览、报刊书籍阅览、文化艺术普及讲座，并为文艺团队提供活动场地。2021年，广州全市文化馆及基层公共文化阵地（含广州市文化馆、11个区文化馆及其下属分馆）共计服务3429.67万人次，开展各类文化活动和培训共计21086场。

多年来，广州全市文化馆积极组织群众文艺创作，团结并培养了一大批群文创作人才，并多次参加省、市乃至全国文化艺术赛事，在各级赛事中屡创佳绩。此外，作为构建现代公共文化服务体系的主要力量，广州全市文化馆经过辛勤工作和不懈努力，多次荣获省、市文明单位、文化先进单位、先进集体等荣誉称号。在第五次全国文化馆评估定级中，广州市文化馆及11个区文化馆均被评为国家一级馆。

---

[1] 本节所提"广州全市文化馆"，均包括广州市文化馆、11个区文化馆及207个下属分馆。

（二）场馆设施

2021年度，广州全市文化馆及其区馆逐步扩大馆舍面积，为群众提供了更多的文化活动场所。其中，11个区文化馆馆舍建筑总面积约为78077平方米，天河区文化馆馆舍建筑总面积居11个区之首。

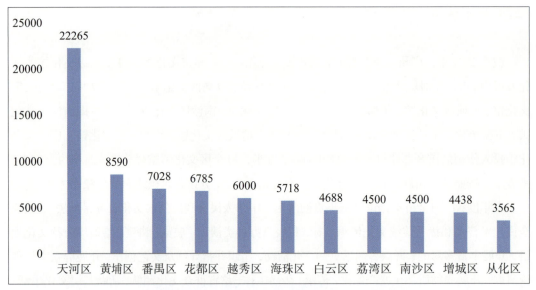

2021年度广州全市11个区馆馆舍建筑面积（平方米）

此外，广州市文化馆现投入使用的馆舍建筑总面积为8303.66平方米，含公共文化学习中心（艺苑馆）面积6017.1平方米和公共文化活动中心（华盛馆）面积2286.66平方米，新馆（尚未投入使用）总用地面积为14.2万平方米，总建筑面积为5.4万平方米。

（三）人才队伍

1. 党员队伍建设

2021年度，全市文化馆共有党员（含退休党员）621人，含广州市文化馆党员（含退休党员）41人，11个区文化馆及其下属分馆党员（含退休党员）580人。番禺区党员（含退休党员）人数最多，为149人，其中番禺区馆党员人数为9人，其分馆党员人数为140人。

2021年度，全市党员继续发挥先锋模范作用，坚持提升自身政治素养和理论知识，把好意识形态关，以社会主义核心价值观为引领，紧紧围绕全民艺术普及、优秀传统文化传承的基本目标，繁荣群众文化事业。

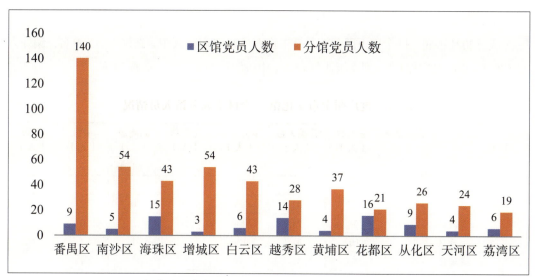

2021年度广州全市区馆及分馆党员（含退休党员）人数情况

2. 人才队伍建设

（1）市馆及区馆

2021年度，广州市文化馆及11个区文化馆共有工作人员255名。其中，在编人员195名，编外人员60名，正高级职称6人，副高级职称46人，中级职称77人，初级职称54人。

2021年度广州市文化馆及各区馆人员情况

单位/区名 人员情况	总人数（人）	在编人数（人）	编外人数（人）	正高级（人）	副高级（人）	中级（人）	初级（人）
广州市文化馆	52	47	5	4	13	16	4
越秀区	27	27	0	0	6	13	8
海珠区	18	18	0	1	8	4	4
荔湾区	15	15	0	0	2	9	4
天河区	12	4	8	0	1	5	5
白云区	14	12	2	0	2	6	4
黄埔区	14	12	2	0	2	3	4
花都区	26	16	10	1	3	8	4
番禺区	25	17	8	0	4	4	8
南沙区	13	5	8	0	2	3	2
从化区	16	10	6	0	2	3	4
增城区	23	12	11	0	1	3	3
总计	255	195	60	6	46	77	54

（2）分馆

截至2021年底，11个区下属分馆共有工作人员1195名。其中，在编人员309名，编外人员886名，正高级职称1人，副高级职称15人，中级职称43人，初级职称74人。

2021年度广州全市文化馆11个区下属分馆人员情况

区名 ＼ 人员情况	总人数（人）	在编人数（人）	编外人数（人）	正高级（人）	副高级（人）	中级（人）	初级（人）
越秀区	60	33	27	0	1	7	0
海珠区	227	41	186	1	1	13	20
荔湾区	57	32	25	0	0	2	3
天河区	78	24	54	0	3	6	3
白云区	167	37	130	0	1	3	9
黄埔区	78	31	47	0	0	4	6
花都区	51	12	39	0	3	0	0
番禺区	220	34	186	0	0	4	29
南沙区	72	21	51	0	1	1	2
从化区	48	20	28	0	5	3	2
增城区	137	24	113	0	0	0	0
总计	1195	309	886	1	15	43	74

（四）财政投入

财政投入方面，各区加强对公共文化服务资金的管理，落实预算执行管理制度，对公共文化服务资金投入预算更为细化、全面，着力提高资金使用效益，加强群众文化工作资金保障。

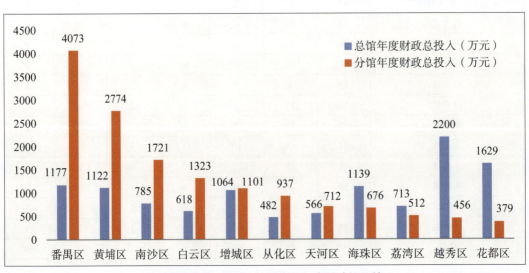

2021年度广州全市各区馆及分馆年度财政投入情况

2021年度，广州全市文化馆年度财政投入总数为30957.14万元。番禺区本年度财政总投入居11个区之首，为5250.52万元，其中区馆年度财政投入为1177.15万元，分馆年度财政总投入为4073.37万元。另外，广州市文化馆2021年一般公共预算财政拨款决算收入4773.54万元，其中基本支出1939.63万元，项目支出2833.91万元。

（五）年度概况

1. 筑牢信念，践行初心使命

广州全市文化馆深入学习贯彻习近平总书记在党史学习教育动员大会上的重要讲话精神，认真落实中央、省、市决策部署和工作要求，充分发挥文化馆的业务优势，将学史明理、学史增信、学史崇德、学史力行全面融入到文化馆开展的各类惠民活动中。通过各种丰富多彩、活泼生动的活动形式，让党的理论和知识"飞入寻常百姓家"，以春风化雨、催人奋进的精神力量助力党史学习教育的纵深推进。用群众文艺形式打造出百场"流动党史课"，激发全区党员干部和广大群众庆祝中国共产党成立100周年的热情。依托文化馆总分馆体系，深挖广州红色资源，讲好党史故事，赓续红色血脉。2021年，广州全市文化馆及基层公共文化阵地策划了多场庆祝我党百年华诞系列活动，回顾中国共产党百年辉煌历史，打造了党史学习教育的生动艺术课堂。

2. 聚焦质量，促进多元发展

2021年，广州全市文化馆共计服务3429.67万人次，含实体馆服务人次达398.73万，馆外服务人次达644.18万，数字服务人次达2386.76万。其中，广州市文化馆及11个区文化馆共计服务2547.85万人次，含实体馆服务人次90.76万，馆外服务人次388.75万，数字服务人次2068.34万；11个区馆下属分馆共计服务881.82万人次，含实体馆服务人次307.97万，馆外服务人次255.43万，数字服务人次318.42万。

在文艺活动方面，全市文化馆全年共举办演出、讲座、展览、比赛等综合性活动10028场。在培训辅导方面，全市文化馆全年共举办各类公益培训班11058场次。总体而言，2021年，全市文化馆持续打造了一批群众基础良好、社会反响积极的文艺活动及培训品牌，全年荣获各类奖项共计443项，其中全国性奖项21项，省级奖项74项，市级奖项348项，含创作类获奖354项，非创作类获奖89项。

3. 多彩非遗，彰显广府文化

2021年，广州全市文化馆总计开展非遗项目活动1969场，其中，举办非遗展览241场，非遗展演258场，非遗培训班1470场；非遗活动服务总人次达1205.41万，其中线上惠及人数95万，线下服务人次高达1110.41万。此外，全市还持续举办非遗进校园活动及非遗专业人员、非遗代表性传承人系列培训。本年度，广州全市非遗基地建设数量多达100个，较上一批次

47个非遗基地，呈倍增之势，且分布范围更广。

4. 立足需求，完善服务体系

2021年，广州全市文化馆持续推进数字化建设、总分馆制建设及文旅志愿服务工作。截至2021年12月，广州全市文化馆及基层公共文化阵地微信公众号关注量达8.38万人，微信公众号全年信息发布2545条，网站信息发布3417条，其他视频平台信息发布748条。广州全市文化馆含分馆207个，分馆总服务人次达881.82万人，约占广州全市文化馆服务总人次的26%。此外，截至2021年，广州市拥有文化志愿者服务队417个，登记注册的文化志愿者12万名，累计开展志愿活动场次4943次，参与活动的文旅志愿者超7.70万人。广州市文化志愿者培训基地培育计划正式启动，先后举办管理员及志愿者相关培训42场，内容涵盖志愿者通用培训、文旅特色及志愿者管理技能提升培训等，切实提升文旅志愿服务水平。

二、服务效能

2021年，在广州市市委、市政府的正确领导下，在广州市文化广电旅游局的悉心指导下，广州全市文化馆通过不断完善公共文化服务基础设备设施，拓展和深化全民艺术普及工作，扎实推进非遗保护与传承工作，促进文化馆数字化建设，深入推进理论研究，大力开展文旅志愿服务，健全和创新全市总分馆制度建设等措施，切实提升公共文化服务效能，不断满足群众对文化生活的新需求，全市公共文化服务事业呈现良好的发展态势。

2021年，广州全市文化馆共计服务3429.67万人次。**中心馆**（广州市文化馆）服务总人次为907.14万，其中，实体馆服务人次3.31万，馆外活动服务人次257.80万，数字服务人次646.03万；**总馆**（11个区文化馆）服务总人次为1640.71万，其中，实体馆服务人次87.46万，馆外活动服务人次130.95万，数字服务人次1422.30万；**分馆**（11个区馆下属基层公共文化阵地）服务总人次881.82万，其中，实体馆服务人次307.97万，馆外活动服务人次255.43万，数字服务人次318.42万。

2021年度广州全市文化馆中心馆、总馆及分馆公共服务人次情况

总分馆 ＼ 服务人次	实体馆服务人次（万人）	馆外服务人次（万人）	数字服务人次（万人）	总计（万人）
中心馆（广州市文化馆）	3.31	257.80	646.03	907.14
总馆（11个区文化馆）	87.46	130.95	1422.30	1640.71
分馆（11个区馆下属分馆）	307.97	255.43	318.42	881.82
总计（万人次）	398.74	644.18	2386.75	3429.67

（一）群众文化活动

2021年，广州全市文化馆以社会主义核心价值观为引领，以人民为中心，贴近实际、贴近生活、贴近群众，积极开展演出、展览、比赛、讲座等多项文艺活动。2021年度全市文化馆共计开展了10028场惠民活动，共吸引线上线下观众2548.67万人次，其中线上惠及2048.82万人，线下惠及499.85万人，含演出1442场，展览1215场，比赛523场，讲座1631场，其他综合类文化活动5217场。

2021年，广州全市文化馆在保障大众文化权益的同时，注重不同社会群体的文化需求。据统计，全市文化馆举办的各类文艺活动中，服务未成年人2091场次，服务老年人1557场次，服务群文工作者1037场次，服务外来务工人员847场次，服务亲子804场次，服务妇女658场次，服务残障人士276场次，其余2758场次均惠及广大市民群众。

（二）群众培训辅导

2021年，广州全市文化馆公益培训努力克服因疫情防控造成的种种困难，紧紧围绕全民艺术普及目标，不断改善服务质量。在疫情常态化防控期间抓管理、补短板，创新探索公益培训模式，开发多种美育途径，全面培养和提高市民文化审美能力。本年度，广州全市文化馆培训课程内容丰富，涵盖美术、书法、舞蹈、音乐、戏剧等艺术门类，全年开设各类培训辅导项目总场次达11058场，总计约22780课时（按45分钟/课时统计），服务总人次共计达570.84万，其中，线下培训服务总人次75.95万，线上培训服务总人次494.89万。

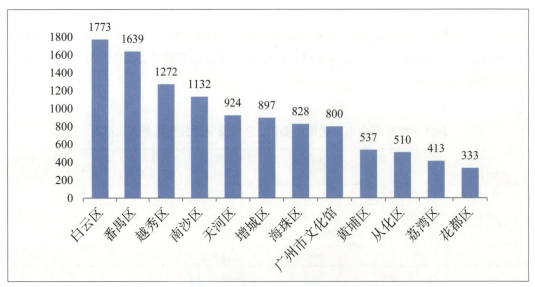

2021年度广州全市文化馆培训辅导场次（场）

为推进广州全市公共文化服务普惠均衡，加强基层文艺人才的挖掘和培训，满足群众多样化需求，2021年，全市文化馆及基层公共文化阵地更加积极地开展面向群众的公益性培训。据统计，全市文化馆全年共开设公益性培训班11058场次，其中为未成年人开设培训2616场，为老年人开设培训2537场，为残障人士开设培训148场，为外来务工人员开设培训989场，为妇女开设培训737场，为群文工作者开设培训983场，为亲子开设培训435场，开设其他培训2613场。

2021年，广州全市文化馆着眼群众文化需求，积极拓宽服务领域和工作思路，为不同年龄的群众提供具有针对性的公益培训。在培训内容方面，广州全市文化馆及基层公共文化阵地锐意创新，打破以往传统内容类别限制，在广泛开展社会调研的基础上，增设手机摄影、化妆技能等实用技能类培训。在志愿者和志愿团队常态化培训方面，由广州市文化和旅游志愿者总队向全市各区基层文化志愿服务团队开展巡回培训，建立起全市文化志愿服务管理网络体系，从而全面加强基层志愿者团队的规范化管理。在工作人员规范化培训方面，广州市文化馆举办了为期五天的"2021年广州市各区文化馆馆长、文化站站长培训班"，以文化馆的高质量发展为主题，在夯实理论基础、分享学习成果经验、探讨创新路径的过程中，为本行业人员搭建了共同学习、经验分享的平台。

（三）群众文艺创作

本年度，广州全市文化馆坚持以人民群众为中心发展群众文艺创作，创作出了一批有温度、接地气的原创优秀群文作品，多次获得全国、省级、市级奖项，将高质量的原创作品奉献给广大群众。

2021年，广州市馆、区馆及其下属分馆在群文创作中荣获各类市级以上（含市级）奖项共计354项，其中全国性/国家级奖项7项，省级奖项58项，市级奖项289项。从数量上看，省级及以上奖项由市文化馆引领，市级奖项则以番禺区文化馆、增城区文化馆数量最多，且获奖作品类别多样、内容丰富，涵盖音乐、舞蹈、摄影、曲艺等艺术门类。

从获奖类别上看，音乐类和舞蹈类获奖比例占55%，其次是摄影类、曲艺类获奖，占比均

2021年度广州全市文化馆市级以上（含市级）创作类获奖数量

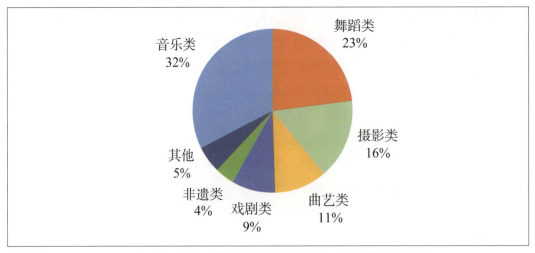

2021年度广州全市文化馆市级以上（含市级）创作类获奖类别

为10%以上。

在创作主题方面，本年度全市文化馆文艺创作呈现鲜明时代特点，贴近群众生活，体现广府特色，折射社会热点。聚焦党的百年华诞，全市文化馆以红色精品创作为重点创作主题，围绕不同的历史节点，展现不同的时代特色，并以歌舞、曲艺、小品、文学、书画等形式进行呈现，打造了一批重温红色革命故事、传播红色精神、记录时代进步的经典作品。

（四）理论研究发展

1.理论成果

（1）论文及著作

据统计，2021年，广州全市文化馆共发表论文50篇，其中广州市文化馆16篇，越秀区文化馆16篇，花都区文化馆9篇，海珠区文化馆4篇，从化区文化馆2篇，增城区文化馆2篇，南沙区文化馆1篇。出版著作数量3本，其中番禺区文化馆2本，越秀区文化馆1本。

2021年广州全市文化馆理论研究较去年有较大进步，但从整体上看仍待加强。广州市文化馆理论研究成果较为突出，馆内各部门业务人员均产出了一定的理论研究成果。广州市文化馆、越秀区文化馆共发表论文32篇，占全市文化馆论文发表数量的64%，在理论研究方面发挥了一定的引领作用。未来，全市文化馆各单位需进一步提高对理论研究工作的重视程度，积极引进学术研究人才，不断夯实理论研究根基，努力将实践经验转化为理论成果。

（2）课题及标准

在课题建设方面，2021年全市文化馆共成功立项3个研究课题。其中，广州市文化馆"全民艺术普及慕课建设规范及模式研究——以广州市为例"项目顺利通过了广东省文旅厅的"2019—2020年度广东省级公共文化和旅游公共服务体系制度设计课题"评审，并被评定为优秀项目；广州市文化馆承接的文化和旅游部全国公共文化发展中心文化馆事业高质量发展研究计划2020年度课题研究项目"新时代文化和旅游志愿服务融合发展研究——以广州市为例"课题顺利结项，并获评为优秀青年项目。

在标准建设方面，广州市文化馆在研广州市地方标准1个、广东省标准1个，越秀区文化馆拟立项广州市地方标准1个。

2. 理论建设

（1）广东省文化馆联盟理论研究委员会正式成立

2021年9月27日，广东省文化馆联盟发文《关于同意筹备成立广东省文化馆联盟理论研究委员会的批复》，同意广州市文化馆联合深圳、东莞、佛山、湛江市文化馆成立理论研究委员会。

2021年12月1日，广东省文化馆联盟理论研究委员会成立大会暨第一次工作会议在广州市广轩大厦顺利召开。会议选举产生了广东省文化馆联盟理论研究委员会第一届委员共11人。其中，主任委员1人，副主任委员2人，秘书长1人。同时，会议还审议并通过了《广东省文化馆联盟理论研究委员会章程》《广东省文化馆联盟理论研究委员会工作规划大纲（2021年12月—2025年11月）》。

广东省文化馆联盟理论研究委员会将立足全省实际情况，凝聚团结联盟各成员单位，认真梳理理论研究重点方向，积极推动理论成果的产出，逐步凸显广东优势、形成广东经验，为推动广东省文化馆事业高质量发展提供更多理论支撑和智力支持。

（2）广州市基层公共文化阵地专项调研

随着广州市镇街体制改革和事业单位改革的进行，基层公共文化服务面临新情况和新问题，为对基层公共文化服务现状进行深入了解，广州市全市文化馆在广州市文化广电旅游局的指导下，于2021年8月至9月组织开展了"广州市基层公共文化阵地专项调研"。

11个实地调研小组分赴全市176个镇街进行了实地摸查，通过信息采集、座谈走访、调查问卷等多种形式收集信息、了解情况，深入摸查了基层事业单位改革后公共文化服务的新情况及新问题，并对未来基层文化站的融合发展提出了新的建议和方向。

3. 刊物资料

馆办刊物是文化馆开展群众文化活动的重要载体和宣传方式之一，在群众文化实践中有着不可替代的作用。2021年，全市文化馆及基层公共文化阵地坚持办好地方性刊物，刊物开设多个栏目，内容涵盖小说、散文、评论、诗歌等方面，涉及美术、书法、摄影等领域。作为促进文化艺术交流学习平台，发挥了培养文化艺术人才、繁荣群众文艺事业的公益性基础作用。

从统计数据来看，2021年，全市有刊号的公开发行物共5本，其中越秀区2本，番禺区1本，白云区1本，花都区1本。全市公开资料数量共36种，其中番禺区文化馆8种，从化区文化馆7种，白云区文化馆6种，越秀区文化馆5种，广州市文化馆4种，花都区文化馆2种，天河区文化馆2种，黄埔区文化馆1种，南沙区文化馆1种。

（五）非遗保护传承

1. 非遗活动类型

2021年，广州全市文化馆及基层公共文化阵地共计开展非遗项目活动1969场次，其中非遗展览221场次，非遗展演258场次，非遗培训班1471场次。番禺区开办非遗培训班的次数远超其他区馆，共有617场次；花都区开展非遗展览和非遗展演的次数均居全市首位。

2021年度广州市全市文化馆非遗相关活动场次情况

非遗活动情况 单位名称/区名	培训班（场）	展演（场）	展览（场）
番禺区	617	53	58
白云区	181	25	20
海珠区	120	0	2
花都区	120	65	83
从化区	119	26	7
天河区	100	0	2
南沙区	76	24	4
越秀区	74	53	20
荔湾区	39	3	2
广州市文化馆	20	0	5
黄埔区	4	0	11
增城区	1	9	7

2. 非遗工作成效

2021年，全市非遗活动服务总人次达1205.41万，其中线上服务人数631.13万，线下服务人数高达1110.41万。其中，广州市文化馆非遗活动线上服务总人数达606万，居全市首位，其次是荔湾区文化馆和越秀区文化馆；线下服务人数方面，广州市文化馆仍居第一，其次分别是越秀区文化馆和荔湾区文化馆。

3. 非遗基地建设

非遗传承基地是非物质文化遗产社会传承和传播的重要平台，是实现非遗保护常态化的重要载体，传承基地的发展将推动非遗为社会经济可持续发展发挥更大作用。2021年全市传承基地数量多达100个，其中海珠区26个、荔湾区14个、天河区14个、白云区11个、黄埔区6个、番禺区6个、越秀区5个、增城区5个、花都区3个、从化区3个及广州市非遗保护中心7个，较上一批次（2018—2020年）增加54个基地，呈倍增之势。

2021年度广州全市文化馆非遗活动线上服务人数情况

单位名称/区名	总人数（万人）
广州市文化馆	606
荔湾区	5.07
越秀区	4.71
白云区	3.70
南沙区	2.27
番禺区	2
增城区	2
海珠区	2
花都区	1.27
从化区	0.86
黄埔区	0.75
天河区	0.50

2018—2020年、2021—2023年广州市非遗传承基地数量对比

单位名称 年份	2018—2020	2021—2023
越秀区	3	5
海珠区	11	26
荔湾区	9	14
天河区	4	14
白云区	5	11
黄埔区	2	6
花都区	2	3
番禺区	0	6
从化区	2	3
增城区	1	5
广州市非遗保护中心	7	7
总计	46	100

2021—2023年批次申报单位包括学校、博物馆、旅游单位、行业协会、文化公司等；其中学校68所，涵盖幼儿园、小学、中学、职业教育、大学等多个教育层次，"非遗进校园"成果斐然。

2021—2023年批次非遗建设基地覆盖面广泛，涉及粤剧、岭南古琴艺术、广绣、广彩、咏春拳、洪拳、舞狮、粤语"讲古"等50余项非遗代表性项目，涵盖了非遗名录全部十大门类，非遗在全市传承传播取得显著成效。

（六）数字文化服务

1. 数字平台建设

2021年，广州全市文化馆积极探索和创新媒体运营方式并取得卓越成绩，不断优化数字资源平台建设，借助新兴技术，加快了文化资源数字化建设进程，并取得了显著成果。

2021年，广州市公共文化云平台注册用户达5.45万人，数字文化馆平台与市公共文化云平台全面贯通，在完成从化区、越秀区试点的基础上，本年度逐步向11个区全面推广应用，2021年底陆续完成文化馆镇街分馆的全面进驻，"市—区—镇街"三级网络架构逐步完善。

2021年，广州市文化馆和各区文化馆微信公众号发布信息量2485条，网站发布信息量3755条，其他视频平台发布信息量1086条。越秀区、黄埔区、番禺区的微信公众号年发布信息量最多，分别有609条、578条、336条，占比高达61%；其中，越秀区文化馆自有线上平台"越秀区公共数字文化云"建设成果显著，截至2021年底，"越秀区公共数字文化云"累计用户达7.03万人。

2021年，全市各区文化馆网站发布信息量总计3417条（本数据不包含广州市文化馆），其中越秀区、番禺区、天河区三区网站年度信息发布量最多，分别有1508条、578条、416条，占比高达73%。

2021年，全市各区文化馆在其他视频平台信息发布量达768条（本数据不包含广州市文化馆），越秀区、从化区、白云区三区视频平台信息发布量最多，分别有541条、64条、60条，占比高达87%。

全市公共文化云平台全年注册用户量总计5.45万人，其中广州市文化馆、从化区文化馆、天河区文化馆注册用户量最多，分别为44161人、2534人和1985人，占比高达89%。

2. 数字资源建设

2021年，广州全市文化馆持续建设完善公共文化服务体系，多维度下沉公共文化资源，各类数字文化资源建设加速发展。全市文化馆着力推出线上慕课、线上讲座等多种类型的文化服务。

优质慕课资源。2021年，广州全市文化馆继续推进线上慕课资源建设工作，将其作为数字化建设的重要内容。例如，广州市文化馆有2个慕课项目成为"2021年中央支持地方公共数字文化建设补助资金项目"，另有6个慕课项目完成建设并提交全国公共文化发展中心验收。越秀区文化馆提供400门文化慕课资源，其开展的通草画慕课已形成系统性教程，数字资源时长约680分钟，且该慕课已在"学习强国"、广东省文化馆文化在线、文雅慕课、越秀文体旅游等多平台发布，累计3万人次参学。增城区文化馆推出"我们的节日·五一"专题慕课课程，该课程得到网易宣传和文化馆微信公众号宣传。黄埔区文化馆共开展各类惠民艺术培训、指导培训群众文艺团队、公益性艺术慕课（线上）约537场，惠及群众46万人次。此外，

截至2021年底广州市公共文化云平台注册用户情况

序号	单位名称	注册用户数
1	广州市文化馆	44161
2	从化区文化馆	2534
3	天河区文化馆	1985
4	花都区文化馆	1838
5	南沙区文化馆	1517
6	番禺区文化馆	1228
7	黄埔区文化馆	730
8	白云区文化馆	218
9	荔湾区文化馆	160
10	海珠区文化馆	144
11	增城区文化馆	25

说明：越秀区公共数字文化云用户数单独统计，为70314人。

广州市文化馆还携手广州市标准化协会，编制广州市地方标准《全民艺术普及慕课建设规范》，推动全市全民艺术普及慕课建设规范化发展。

直录播课程。广州全市文化馆从地方特色、重大节日与时代特点等方向着手，以直播或录播的形式，运用丰富的视听方式，开展线上公共文化服务工作，让群众足不出户即可享受文化盛宴。

（七）文旅志愿服务

1. 队伍建设

2021年，广州全市持续推进文旅志愿服务队伍建设，促进文旅志愿服务提质增效。全市依托广州时间银行、i志愿公益平台，实现全市文旅志愿服务队伍和志愿者在线注册管理，开通志愿服务活动在线发布、查询、对接等信息化功能，推动文旅志愿服务随手可为、随处可为。

2021年，全市登记注册的文旅志愿者共7.08万人，其中在时间银行、i志愿等官方平台注册志愿者有3.73万人，未在官方平台注册有3.35万人。目前，全市文旅志愿者骨干（全年服务时数超20小时）人数为6538人，累计开展9325场次活动。

2021年，面向文旅志愿者开展多次基础知识培训和专业技能培训，建立起文旅志愿服务培育机制，有效提升了志愿者团队服务能力，扩大了志愿者团队规模，逐步形成常态化的志愿服务模式。

2021年，广州全市志愿活动中，经规范登记的总服务时数为30.43万小时，是全市文化馆推动志愿服务事业高质量发展的重要支撑。以广州市海珠区为例，2021年海珠区开展了875

场文化志愿活动，文化馆志愿者骨干（全年服务时数超20小时）人数为1000人，完成志愿服务时数共5.61万小时，海珠区文旅志愿服务队被评为"广州市最佳文旅志愿服务组织"。

2021年度广州市文旅志愿者注册登记情况

区名/单位 \ 注册登记情况	注册志愿者总人数（人）	官方平台（I志愿、时间银行）注册人数（人）	未在官方平台注册，由本馆登记的志愿者人数（人）
广州市文化馆	1020	1020	/
越秀区	3133	1794	1339
海珠区	3611	11	3600
荔湾区	4716	3134	1582
天河区	2636	1254	1382
白云区	25730	18792	6938
黄埔区	359	/	359
花都区	7382	5840	1542
番禺区	11755	3179	8576
南沙区	2100	498	1602
从化区	6885	1298	5587
增城区	1500	500	1000
总计	70827	37320	33507

2021年度广州市文旅志愿者骨干人数及服务情况

区名/单位 \ 服务情况	志愿者骨干人数（人）	开展活动场次（场次）	本馆经规范登记的总服务时数（小时）
广州市文化馆	66	1560	5514.25
越秀区	306	513	98010.80
海珠区	1000	875	56058
荔湾区	249	1438	9432
天河区	457	545	5903.75
白云区	2801	2147	74716.55
黄埔区	76	675	6573
花都区	311	239	6254
番禺区	657	591	36784.30
南沙区	119	160	1446.50
从化区	446	572	3619.20
增城区	50	10	20
总计	6538	9325	304332.35

2. 规范化建设

近年来，全市文旅志愿者围绕群众文化需求，广泛开展形式多样的大型文化志愿服务活动。志愿者队伍不断发展壮大，志愿精神日益深入人心，推进志愿服务规范化建设，对于推动志愿服务持续健康发展具有重要意义。志愿服务规范化建设加强了全市志愿服务组织建设，加强了志愿者和志愿服务组织的注册管理，在一定程度上也完善了志愿服务激励机制，推进了文旅志愿服务高质量发展。

为保证志愿者招募、志愿者管理有依有据，2021年4月，《广州市文化和旅游志愿服务管理办法》起草工作小组到深圳市、汕头市、潮州市开展省内调研。除此之外，志愿服务的要求也融入到各项经济、社会政策之中，体现到市民公约、学生守则、行业规范之中，提倡和鼓励志愿服务行为，维护志愿者的正当权益，在社会形成崇尚志愿服务的氛围。

为促进文旅志愿服务规范化发展，广州市文化馆牵头编制广东省标准《文化和旅游志愿服务 管理规范》，该标准明确了文旅志愿工作中涉及服务组织、服务团队、志愿者、服务活动、评估评价等方面的做法及要求，为全省文旅志愿服务工作提供了指导和依据。

（八）总分馆制建设

现今，公共文化服务区域性愈加凸显，为加强不同层级间的资源流动和优势互补，文化馆领域逐步推进中心馆、总馆、分馆协调建设。其中，中心馆为广州市文化馆，总馆为11个下属区馆，分馆为11个区馆的下属分馆。

截至2021年底，全市共有207个分馆，含直属分馆3个、街道文化站分馆176个、社会力量合作分馆24个、其他类型的分馆4个，各区分馆总面积约为46万平方米。

2021年度全市各区总分馆类型及数量

区名＼分馆情况	分馆总数量（个）	直属分馆数量（个）	街道文化站分馆数量（个）	社会力量合作分馆数量（个）	其他分馆数量（个）	分馆总面积（平方米）
越秀区	18	0	18	0	0	26267.85
海珠区	26	1	18	6	1	37399.42
荔湾区	24	0	22	1	1	28946.09
天河区	21	0	21	0	0	55163
白云区	25	0	24	0	1	67822.96
黄埔区	30	1	17	11	1	47310
花都区	10	0	10	0	0	6174
番禺区	21	0	16	4	0	85769.63
南沙区	9	0	9	0	0	28785
从化区	16	0	8	0	0	17941
增城区	15	0	13	2	0	53973
总计	207	3	176	24	4	455551.95

三、社会影响与社会评价

（一）群众满意度

为充分了解群众文化需求，促进公共文化服务高质量发展，广州全市文化馆及基层公共文化阵地开展了2021年度公共文化服务满意度调查工作，满意度调研主要以发放线上问卷的形式展开，回收有效问卷共计2944份。

1. 受众画像及需求反馈

年龄方面。问卷填写者年龄在60岁以上的有1270人，占比为43.10%；41 ～ 60岁的有974人，占比为33.10%；18 ～ 40岁的有624人，占比为21.20%；18岁以下的有76人，占比为2.60%。2021年广州全市文化馆及基层公共文化阵地服务人群以中老年人为主，青少年所占比例较少。

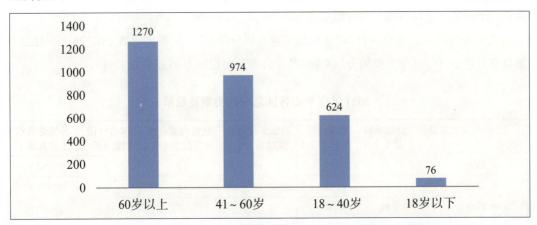

2021年度广州全市文化馆满意度调查中服务受众年龄分布情况

性别方面。女性群体占比为76%，男性群体占比为24%，服务对象依然以女性居多。

文化程度方面。学历为硕士研究生及以上的有105人，占比为3.60%；本科的有892人，占比为30.30%；专科的有1014人，占比为34.40%；高中及以下的有933人，占比为31.70%。

职业身份方面。离退休人员有1625人，占比为55.20%，超过服务受众的半数，是文化馆的主要服务受众；政府机关或事业单位人员有459人，占比为15.60%；其他职业的有283人，占比为9.60%；企业职工有246人，占比为8.40%；自由职业者有241人，占比为8.20%；在校学生有90人，占比仅为3%。

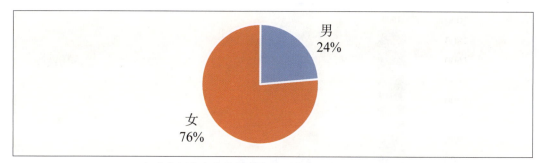

2021年度广州全市文化馆满意度调查中服务受众性别分布情况

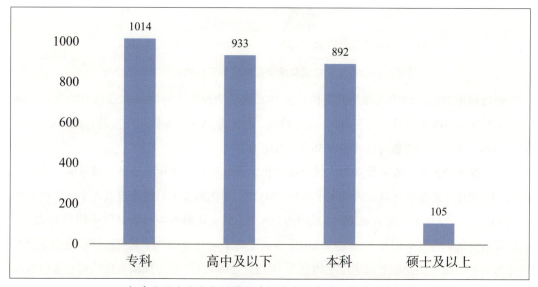

2021年度广州全市文化馆满意度调查中服务受众文化程度分布情况

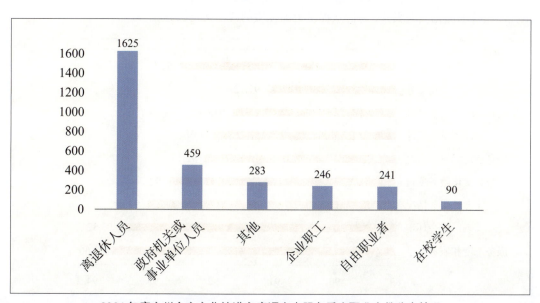

2021年度广州全市文化馆满意度调查中服务受众职业身份分布情况

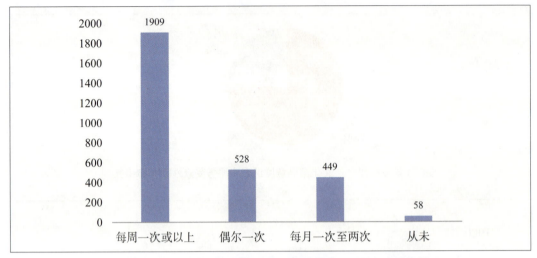

2021年度广州全市文化馆满意度调查中服务受众到馆频率分布情况

到馆频率方面。到馆或参与其组织的公共文化活动频率为每周一次或以上的共有1909人，占比为64.80%；每月一次至两次的有449人，占比为15.30%；偶尔一次的有528人，占比为17.90%；从未到馆或参与活动的有58人，占比为2%。

满意度评价方面。服务受众对广州全市文化馆及基层公共文化阵地整体满意度平均分数为92.56，其中，对馆舍环境的满意度平均分为93.53，馆内服务人员的态度及水平满意度平均分93.66，志愿服务情况满意度平均分为93.08，公共文化服务项目满意度平均分为92.74，信息资讯发布满意度平均分为92.15，设施设备满意度平均分为92.01，意见反馈渠道满意度平均分为91.69，线上文化服务满意度平均分为91.12。总体来看，各方面满意度均保持在较高水平，其中得分较低的为线上服务满意度。未来，今后各单位应着力优化线上服务质量及水平，依托新兴技术优化线上服务，为群众提供更加优质的线上文化服务。

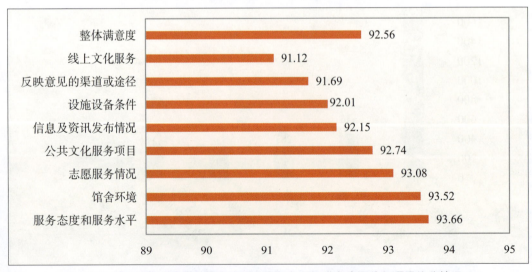

2021年度广州全市文化馆满意度调查中服务受众满意度评价细项平均分情况

2021年度广州市文化馆及11个区文化馆公共服务满意度调查得分明细

单位＼类别	馆舍环境	设施设备条件	信息及资讯发布情况	公共文化服务项目	志愿服务情况	线上文化服务	服务态度和服务水平	反映意见的渠道或途径	综合评价（整体满意度）
广州市文化馆	93.60%	91.19%	91.48%	91.44%	91.59%	88.61%	91.44%	89.22%	91.42%
越秀区文化馆	93.75%	90.93%	92.03%	93.54%	94.64%	89.90%	93.54%	91.00%	92.10%
海珠区文化馆	93.07%	91.14%	90.77%	92.13%	92.58%	89.10%	92.84%	90.41%	91.48%
荔湾区文化馆	96.30%	94.44%	94.44%	94.81%	95.00%	92.04%	96.67%	94.26%	95.00%
天河区文化馆	96.38%	95.81%	94.48%	95.43%	94.48%	94.10%	96.76%	93.90%	95.24%
白云区文化馆	94.20%	92.20%	91.20%	92.80%	93.40%	91.60%	94.20%	92.60%	92.60%
黄埔区文化馆	96.60%	96.20%	95.20%	96.00%	95.80%	94.80%	96.60%	95.40%	95.20%
花都区文化馆	91.13%	90.13%	91.13%	91.38%	91.88%	90.25%	91.25%	90.88%	91.13%
番禺区文化馆	90.88%	89.63%	91.75%	91.88%	93.00%	91.50%	93.63%	90.88%	92.38%
南沙区文化馆	95.05%	94.06%	93.27%	93.86%	93.66%	92.08%	94.46%	92.28%	93.86%
从化区文化馆	89.61%	87.21%	89.05%	89.33%	89.75%	89.40%	90.46%	88.48%	88.83%
增城区文化馆	91.71%	91.17%	90.99%	90.27%	91.17%	90.09%	92.07%	90.99%	91.53%
全市平均分	93.52%	92.01%	92.15%	92.74%	93.08%	91.12%	93.66%	91.69%	92.56%

2. 市民文化需求偏好分析

问卷调查结果显示，24%的人希望观看高质量的公益演出，21%的人希望参加文化艺术类的公益活动，20%的人希望参加艺术技能类的公益培训，13%人希望加入一支文化艺术类的团队并得到公益辅导，7%人希望观看文化艺术类的公益展览，6%人希望参加非遗类的游学或体验活动，5%人希望参加文化艺术类的亲子活动，4%人希望参加文化艺术类的夏令营或研学活动。此外，一些市民表示希望参加其他类型的文化活动，如声乐、乐器、瑜伽、太极

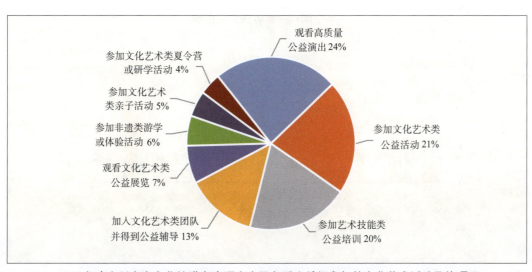

2021年度广州全市文化馆满意度调查中服务受众希望参加的文化艺术活动具体项目

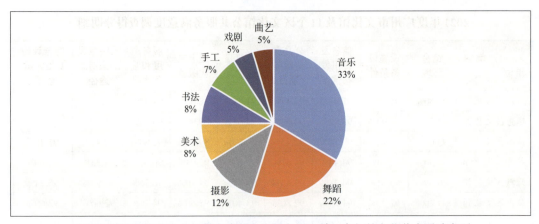

2021年度广州全市文化馆满意度调查中服务受众希望参加的文化艺术活动类别

拳、旗袍、讲座、英语、辩论、钢笔画、视频剪辑等。

　　2021年，33%的人希望参加音乐类活动，22%的人希望参加舞蹈类活动，12%的人希望参加摄影类活动，7%的人希望参加手工类活动。另外，希望参加美术类活动、书法类活动的人各占8%，希望参加戏剧类活动、曲艺类活动的人则各占5%。还有部分市民希望参加武术、太极、手机软件教学、诗词、小品、朗诵、主持、走秀、瑜伽、魔术等类型的活动。

（二）荣誉表彰

　　2021年，广州市馆、区馆及其下属分馆荣获各类市级以上（含市级）的党务、先进集体、志愿服务、理论研究等奖项共计92项，其中全国性奖项14项，省级奖项17项，市级奖项61项。

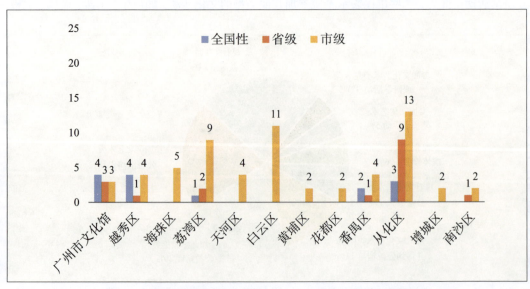

2021年度广州全市文化馆市级以上（含市级）非创作类获奖情况

获奖类型方面，含先进集体37项，志愿服务17项，先进个人14项，理论研究11项，其他类型获奖13项。

2021年度广州全市文化馆省级及以上部分非创作类获奖列表

获奖单位	奖项名称	获奖级别	获奖时间	颁奖单位
广州市文化馆	第四届"绽放杯"5G应用征集大赛（"行业虚拟专网专题赛－智慧文旅赛道"）二等奖	全国性	2021年12月	中国联通、腾讯文旅
	第四届"绽放杯"5G应用征集大赛（智慧党建专题赛项目）优秀奖	全国性	2021年10月	中国联通、腾讯文旅
	"文化馆事业高质量发展研究计划"2020年度课题研究项目获评"优秀青年项目"	全国性	2021年12月	文化和旅游部全国公共文化发展中心
	2021年中国文化馆年会征文一等奖（黄燕《全民艺术普及慕课建设、教学、推广模式研究——以广州市为例》）	全国性	2021年10月	中国文化馆协会
	"2019—2020年度广东省级公共文化和旅游公共服务体系制度设计课题"获评"优秀项目"	省级	2021年12月	广东省文化与旅游厅
	2021广东文化馆年会学术论文一等奖（专业干部赖皓贤《文旅融合背景下的志愿服务写作机制研究》）	省级	2021年11月	广东省文化馆联盟
	2021广东文化馆年会"优秀案例"（广州市文化馆专业干部《广州市文化馆：5G赋能文化馆，直达非遗微现场》）	省级	2021年11月	广东省文化馆联盟
越秀区文化馆	第三届全国文化馆理论体系构建学术研讨会征文（研究性论文）二等奖论文	全国性	2021年10月	中国文化馆协会
	第三届全国文化馆理论体系构建学术研讨会征文（研究性论文）二等奖论文	全国性	2021年10月	中国文化馆协会
	第三届全国文化馆理论体系构建学术研讨会征文（创新实践案例）优秀论文	全国性	2021年12月	中国文化馆协会
	第三届全国文化馆理论体系构建学术研讨会征文（创新实践案例）优秀论文	全国性	2021年12月	中国文化馆协会
	2021年度广东省"非遗进校园"优秀案例征集活动"非遗进校园越秀模式"	省级	2021年12月	广东省非遗工作站
荔湾区文化馆	第四十八届中国之星（潮州）"华文奖"经典非遗大汇演组织金奖（昌华文化艺术团）	全国性	2021年12月	世界非物质文化遗产联盟会、中国舞蹈家协会（香港）、中国文化艺术教育家联合会、中华民族文化艺术国际联合会、全国老龄工作委员会
	"非遗少年说"第二届广东非遗青少年演讲展示活动优秀组织奖	省级	2021年8月	广东省振兴传统工艺工作站
	"我在广东 我的新年"短视频征集活动幸运锦鲤奖和最佳组织奖	省级	2021年1月	广东省文化馆

（续上表）

获奖单位	奖项名称	获奖级别	获奖时间	颁奖单位
番禺区文化馆	在第十一届"小荷风采"全国少儿舞蹈展演获"小荷之家"荣誉称号	全国性	2021年8月	中国舞蹈家协会
	在第十一届"小荷风采"全国少儿舞蹈展演获"小荷园丁"荣誉称号（王霞）	全国性	2021年8月	中国舞蹈家协会
	"非遗少年说"第二届广东非物质文化遗产青少年演讲展示活动优秀组织奖	省级	2021年8月	广东省文化和旅游厅、广东省教育厅、共青团广东省委员会、少先队广东省工作委员会
南沙区文化馆	"非遗少年说"第二届广东非物质文化遗产青少年演讲展示活动优秀组织奖	省级	2021年8月	广东省文化和旅游厅、广东省教育厅、共青团广东省委员会、少先队广东省工作委员会
从化区文化馆	城郊分馆西和村戚锡平家庭荣获"2021年度全国最美家庭"称号	全国性	2021年12月	中央宣传部、中央文明办、全国妇联
	城郊分馆西和小镇入选第三批全国乡村旅游重点村	全国性	2021年8月	文化和旅游部
	广州市从化区吕田镇莲麻村党支部获评"全国先进基层组织"	全国性	2021年6月	中国共产党中央委员会
	"庆祝中国共产党成立100周年优秀网络短视频大赛"优秀组织奖	省级	2021年7月	广东省演出行业协会、网络表演（直播）委员会
	2021年广东文化馆年会"优秀案例"（专业干部余钿钿《广州市从化区文化馆关于广州公共文化云平台试点建设创新案例》）	省级	2021年11月	广东省文化馆联盟
	城郊分馆西和小镇获评"广东省第二批全国乡村治理示范村"	省级	2021年10月	中央农办、农业农村部、中央宣传部、民政部、司法部、国家乡村振兴局
	城郊分馆西和村获评"广东省先进基层党组织"	省级	2021年6月	中共广东省委
	江埔分馆凤二村入选第二批广东省文化和旅游特色村	省级	2021年1月	广东省文化和旅游厅
	江埔分馆凤二村入选2020年广东省乡村治理示范村	省级	2021年1月	广东省委农办、省农业农村厅、省委组织部、省委宣传部、省民政厅、省司法厅
	江埔分馆罗洞村入选2020年广东省乡村治理示范村	省级	2021年1月	广东省委农办、省农业农村厅、省委组织部、省委宣传部、省民政厅、省司法厅
	江埔分馆罗洞村入选第三批广东省文化和旅游特色村	省级	2021年12月	广东省文化和旅游厅
	江埔分馆海塱村入选2020年广东省乡村治理示范村	省级	2021年1月	广东省委农办、省农业农村厅、省委组织部、省委宣传部、省民政厅、省司法厅

四、案例选编

每年度，各区均会开展不少创新实践案例，这些案例浓缩了各区开展公共文化服务的创新智慧，具有一定的交流学习意义。2021年，广州市文化馆及11个区文化馆在非遗、数字化、精品演出、优质资源下沉、赛事等方面做出了新的尝试，运用新兴技术、跨界融合搭配、盘活优质资源等方法，创新式地为群众提供喜闻乐见的公共文化服务。

（一）广州市文化馆：5G赋能文化馆，直达非遗微现场

简介：2021年4月至6月，广州市文化馆与广东联通联合打造国内首次5G+4K超高清多地连线非遗作品创作全过程直播活动。直播活动立足于联通5G的技术优势和广州非遗的文化特征，进行了"定制化"的全新设计，一是通过5G技术将非遗传承与传播活动搬上网络，实现多位传承人跨区域互动展示，二是基于5G高清传输技术，将"指尖上"的非遗技艺及过程展现在观众面前，实现非遗传承与传播的新突破。

亮点：广州市文化馆联合广东联通打造国内首场5G+4K超高清多地连线非遗作品创作全过程直播活动，是广州非遗借助新技术"出圈"的最新尝试，也是以时代精神激活中华优秀传统文化生命力的新实践。

（二）越秀区文化馆：2021"云游庙会"——新形势下广府庙会的数字化推广

简介：广府庙会是越秀区重点打造的南方最具影响力的广府文化嘉年华品牌，随着因疫情暴发而带来的社会变化，现代信息技术和文商旅行业融合程度的不断加深，文化服务数字化建设的进程也持续加快，文化活动的改革和发展正经历着新一轮机遇和挑战。受疫情影响，本案例立足于数字化背景，研究品牌文化活动如何实现线上线下互补共进，探索如何更好地利用多种新科技、新媒体形式，将文化活动的数字化推广服务向立体纵深推进，从而进一步擦亮文化品牌IP。

亮点：本届庙会亮点突出，例如庙会主页的固定主题静态展示，同时做到多元结合，融"线上体验+线下打卡、文物古建+非遗寻踪、传统游览+VR观光"于一体，涵盖十几处线下打卡点和数个线下VR设置点。此外，内容上还涵盖了"线上猜灯谜、广府十二时辰打卡、重

走红色之旅、元宵庙会展览、庙会在线购"等多维活动设计，通过5G+VR直播技术，使群众足不出户便可进入VR实时参观广州知名文化景点和展览。2021年，广府庙会还联动腾讯知名游戏品牌"和平精英"，首次推出2021广府庙会之"线上逛庙会"×"和平精英"，实现了传统文化和潮流文化品牌的强强联合。

（三）海珠区文化馆："琴语摇竹"——2021岭南古琴音乐会

简介： "琴语摇竹"——2021岭南古琴音乐在海珠区晓港公园举行，该场音乐会由广东省非物质文化遗产保护中心、广州市文化广电旅游局指导，中共海珠区委宣传部、海珠区文化广电旅游体育局主办，广东古琴研究会、海珠区文化馆、海珠区非物质文化遗产保护中心承办，晓港公园协办。海珠区作为"古琴艺术（岭南派）"的主要传承传播区域，致力于弘扬岭南古琴文化，将岭南古琴音乐会打造成为海珠区的群众文化活动品牌，至今已成功举办了九届岭南古琴音乐会，每届均吸引了国内外众多古琴专家和爱好者们的关注。

亮点： 本届音乐会紧扣时代主题，用琴音颂党恩。以岭南古琴为主线，将传统音乐样式与舞蹈、茶艺、太极、掌画等传统艺术门类融和贯通，进行跨界演绎，突破了古琴静态聆听的艺术范式。此外，本届古琴音乐会选取了海珠区晓港公园作为实景舞台，借助公园原生态的竹林意境，打造古琴沉浸式体验。在宣传推广方面，本届音乐会引进了新媒体信息传播平台，在触电新闻APP、粤听APP进行全程直播，直播点击量达19万人次。

（四）荔湾区文化馆："茶香荔园·花好月圆"荔湾区首届迎中秋非遗展演

简介： 荔湾区文化馆主办"茶香荔园·花好月圆"——荔湾区首届迎中秋非遗展演活动，活动以茶之舞、茶之味、茶之礼、茶之器的形式回顾中国茶的兴发之路，进行点茶技艺展示、非遗作品展示、广绣和西关礼饼制作体验等环节，让观众"沉浸式"体验广式点茶技艺，展示荔湾区深厚的茶文化底蕴。

亮点： 活动主题与中秋佳节紧密结合，是荔湾区首届迎中秋非遗展演活动。本次活动充满非遗元素，以非遗项目"广式点茶（点茶技艺）"为中心，同时设有展览区，摆放荔湾区多种非遗展品供群众观赏，深受群众好评。

（五）天河区文化馆："天河呈现·酷狗酷艺术优秀剧目展演"系列演出

简介： "天河呈现·酷狗酷艺术优秀剧目展演"系列活动至2021年已连续举办三年，曾引进话剧、现代舞、音乐剧、先锋戏剧、木偶剧等形式丰富多样、在国内外屡获嘉奖的精品剧目。

2021年,该活动继续为广大市民引进广受好评的舞台作品。

亮点:2021年度"天河呈现·酷狗酷艺术优秀剧目展演"系列活动共计引进4场高水平、高质量的优秀文艺剧目,被人民日报、中国日报网、央广网等众多媒体报道和转载,社会影响面广泛,惠民效应良好。

(六)白云区文化馆:桃花雅集

简介:2018年,白云区恢复举办了品牌活动"桃花雅集",一度中断的"石马桃花雅集活动"在白云重焕新枝、再续新篇。桃花雅集经过20世纪80年代名家们的打造,已成为白云区的"一种文化记忆、一个文化符号、一张文化名片"。本年度白云区文化馆重兴桃花雅集之风,组织花城文化艺术界代表到石马村赏花,以推动传统文化的继承和弘扬,让老城区焕发新活力,老品牌书写新篇章,助力美丽白云、幸福白云建设。

亮点:受疫情影响,2021年全市传统花市停办,石马桃花销售受到冲击。为帮助花农打开市场,扩大销路,主办方在雅集活动外围组织了新春游园会,活动内容包括:"桃"新意——均禾桃花创意手工艺体验、"桃"拾趣——"桃园拾趣"趣味游园活动、"桃"乐善——石马桃花线上销售。

(七)黄埔区文化馆:大型舞剧《到那时》

简介:大型舞剧《到那时》聚焦改革开放的前沿广州市黄埔区,以当下最具创造力和科技实力的创业者为主角,反映当代高新科技浪潮大背景,展现粤港澳大湾区的蓬勃发展,用舞蹈的方式书写改革开放的伟大成就,是对改革开放史生动的诠释。该剧被列为中宣部大湾区主题创作重点剧目,入选文化和旅游部"庆祝中国共产党成立100周年舞台艺术精品创作工程"重点扶持作品"百年百部"创作计划,入选第十三届全国舞蹈展演舞剧、舞蹈诗参演作品。

亮点:大型舞剧《到那时》以改革开放四十年为时代背景,聚焦父子两代创业者,每十年一个跨度,讲述他们个人命运同大时代浪潮交织的故事。每一幕都以具有特定阶段特殊气质的群舞开始,每幕律动各异,但相承递进,营造时代浪潮那裹挟一切的巨大力量,引领每一幕的铺陈展开。独舞和双人舞运用肢体语汇塑造人物形象,在多义性和延展性上扩充人物的色彩,呈现真实的人物、质朴的身体、浪漫的想象和细腻的情感。同时,还积极响应党中央提出的实现"两个一百年"奋斗目标的号召,站在"两个一百年"的历史交汇点上,彰显黄埔文化特色。

（八）花都区文化馆：2021 中国（狮岭）盘古王民俗文化节

简介： 中国（狮岭）盘古王民俗文化节是花都区的品牌文化活动，本次活动主题为"2021 狮岭盘古王民俗文化展演暨广东盘古文化论坛"。为传承和弘扬盘古王"勇于创新、甘于奉献"的伟大精神，加强理论研究与交流，擦亮盘古文化旅游品牌，进一步提升"中国盘古王文化之乡"社会知名度，特精心举办本届盘古王民俗文化节。

亮点： 该活动巩固了花都区创建省级公共文化服务体系示范区建设成果，传承发扬了"开天辟地、敢为人先"的盘古精神，推进省级非物质文化遗产"盘古王诞"的保护传承，提升了其作为广州市"一区一品牌"的影响力和辐射力。

（九）番禺区文化馆：2021 番禺区文化馆基层文化服务配送活动

简介： 为推动公共文化服务高质量发展，进一步推进全民艺术普及，让更多市民享受优质文化艺术学习资源，番禺区文化馆针对各镇街的不同需求，对各镇街进行文化服务配送工作。本次文化服务配送按照各镇街分馆报送的课程需求进行配送，包括广场舞、形体舞蹈、书法、声乐、语言、礼仪、摄影、粤曲、心理、武术等十多个项目。

亮点： 本次配送活动主要与本地区的优质培训机构联盟合作，以向广州市公益培训联盟机构成员以及社会特色分馆购买服务的形式为各镇街提供文化配送服务，将优质公共文化资源下沉至镇街，进一步提升优质文化资源覆盖面。

（十）南沙区文化馆：2021 广州市南沙区文创大赛

简介： 2021 年，由区文广旅体局、南沙文化会联合主办的"2021 广州市南沙区首届文创大赛"以"这'礼'最南沙"为主题开展。自 2021 年 7 月启动，历时 5 个多月，共计征集得粤港澳三地文创作品 518 件。大赛作品展在南沙文化馆展出，集中展示从大赛脱颖而出的百强优秀文创作品。

亮点： 2021 广州市南沙区文创大赛以"南沙人"IP 角色形象设计、文创产品及文旅纪念品设计为主题，面向文化旅游行业、创意产业类企业、高等院校及师生、社会创意设计人士等征集文创设计作品。该活动丰富了南沙区文化创意产品研发、生产与推广，促进南沙区文创工作再上新台阶。

（十一）从化区文化馆：广州市从化区文化馆关于广州公共文化云平台
　　　　试点实践创新案例

简介：从化区文化馆围绕广州公共文化云试点单位的相关任务指标，通过线上与线下相结合的方式，探索全民艺术普及活动新路径，打造立体化的数字资源宣传推广新模式。以推动数字平台系统升级为抓手，不断完善系统功能，协助广州公共文化云平台开展各项测试等工作。目前，区文化馆及下辖各镇街8个分馆均已在数字平台入驻并发布单位信息，辖区内文化馆分馆入驻率达到100%，实现区文化馆与市文化馆、辖区内分馆互联互通，用户、资讯、活动、培训、数字资源五个模块数据上下联通、共建共享。

亮点：在此项目建设中，从化区文化馆充分挖掘文化馆数字资源特色，探索了文化馆数字资源的立体化宣传推广模式，也开辟了文化馆线上线下惠民服务新路径。从化区文化馆以推动数字资源建设为突破，推出《"艺"起成长》系列公益慕课。该案例被评为2021年广东文化馆年会"优秀案例"。

（十二）增城区文化馆：粤剧进校园

简介：粤剧进校园项目充分体现了文教融合的优势，在校园中开展弘扬粤剧文化传承及推广工作，培养小学生对粤剧文化的兴趣，同时打造"小梅花"粤剧特色学校，并创作了系列少儿粤剧精品节目，对辖区内培育青少年粤剧艺术人才、弘扬粤剧艺术文化起到了一定的推动作用。

亮点：粤剧进校园项目2021年度共计开展培训活动640场，惠及学员约1.92万人次。此外，项目组还与广州广播电视台联合制作了"粤剧娃娃过佳节"线上微视频，播放量超过10万人次。同时，还创编了《湾区少年当自强》《村道弯弯》《湛甘泉献茶童子》等粤剧精品节目。两所"小梅花"粤剧特色学校在粤剧相关比赛中斩获佳绩——在第二十五届"中国少儿戏曲小梅花荟萃"中斩获全国性奖项1个、省赛奖项2个、市赛奖项1个。

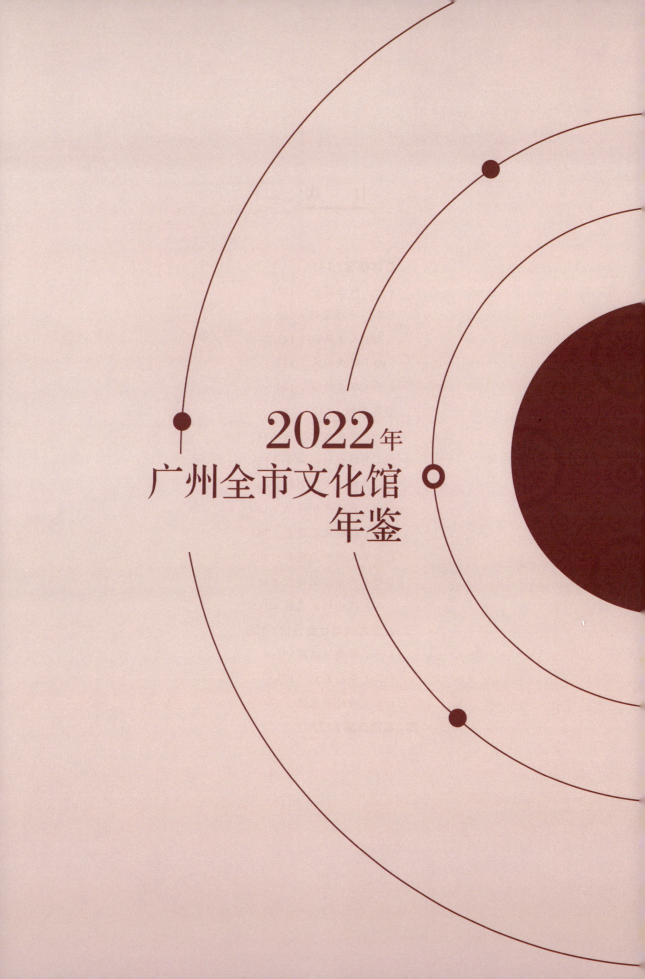

2022年
广州全市文化馆
年鉴

目　次

一、总体概况

（一）行业简介

近年来，广州全市文化馆[1] 学习贯彻习近平新时代中国特色社会主义思想，在城市公共文化发展和建设中发挥着重要作用，承担着全民艺术普及和优秀传统文化传承的重要职能。截至2022年底，广州市已形成了较为成熟的文化馆总分馆制体系，全市以广州市文化馆为中心馆，11个区文化馆为总馆，分别是越秀区文化馆、海珠区文化馆、荔湾区文化馆、天河区文化馆、白云区文化馆、黄埔区文化馆、花都区文化馆、番禺区文化馆、南沙区文化发展中心（即南沙区文化馆，下文统称为南沙区文化馆）、从化区文化馆、增城区文化馆，11个总馆下设220个分馆，馆与馆之间为业务指导关系。11个区文化馆馆舍总建筑面积为8.13万平方米，220个分馆的总面积约为35万平方米。

广州全市文化馆一直奋战在群众文化领域一线并取得多项荣誉。广州市文化馆于2008年、2011年、2015年、2021年四度被评定为"国家一级文化馆"，近四年中两度收获全国群众文化领域政府最高奖——群星奖，三度在全省群文作品评选中位居榜首；2021年，在第五次全国文化馆评估定级工作中，全市11个区文化馆均被评为国家一级文化馆。

广州文化馆行业进入了数字化转型和跨界合作的新时代，越来越多的文化馆采用数字化技术，将线下文化资源数字化，提供优质在线文化服务。同时，文化馆与其他文化产业和社会组织的合作越来越多，整个行业呈现出融合、创新发展的繁荣局面。

2022年，广州全市文化馆在公共文化服务方面取得了显著的成绩，共获奖项465项，其中包括创作类获奖392项、非创作类获奖73项。尤其在群众文艺创作方面，广州市文化馆报送的作品广东南音新唱《同心结》喜获曲艺类群星奖，这是继三年前西河大鼓书《大营救》摘得第十八届群星奖后，广州蝉联全国群众文艺领域政府最高奖。整体而言，全市获奖作品门类丰富，创作类获奖主要涵盖美术、戏剧、舞蹈、摄影、书法等领域，非创作类获奖主要涵盖理论研究、先进集体、视频制作等。

2022年10月，广州市文化馆顺利进驻新馆，标志着广州市文化馆的发展进入新时期，更为广州全市公共文化服务体系注入了新的力量。在上级领导的指导和支持下，广州全市文化

---

[1] 本节所提"广州全市文化馆"，均包括广州市文化馆、11个区文化馆及220个下属分馆。

馆积极推进群众文化活动、公益文化培训、群众文艺创作、文化志愿服务、非遗保护与传承、数字文化建设等工作，充分体现文化馆在公共文化服务领域的担当与责任。

（二）场馆设施

广州市文化馆有馆舍三处，其中新馆于2022年10月完成进驻；"公共文化学习中心"（艺苑馆）于2009年2月正式开馆使用，2022年10月暂停使用；"公共文化活动中心"（华盛馆）于2001年6月迁入使用，2022年10月暂停使用。广州市文化馆新馆位于海珠区新滘中路288号，包含公共文化中心、翰墨园、曲艺园、广府园、广绣园等多组主题园林建筑，总占地面积约为14.2万平方米，总建筑面积5.4万平方米，拥有剧场、报告厅、排练厅、培训课室、琴房、展厅等功能厅室及露天广场。

截至2022年底，11个区文化馆馆舍建筑占地总面积约为8.13万平方米。本年度，广州全市文化馆逐步扩大馆舍面积，较去年而言扩大了3184平方米，11个区文化馆馆舍建筑总面积中，天河区文化馆、黄埔区文化馆和番禺区文化馆分别位居前三位。

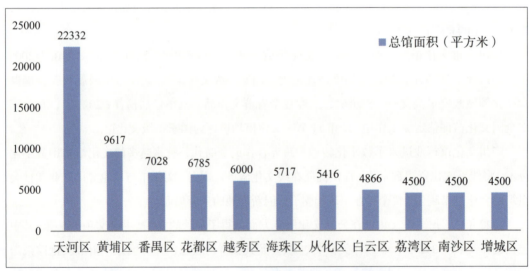

2022年度广州全市11个区文化馆馆舍建筑面积

截至2022年底，广州市11个区馆共有分馆220个，分馆总面积约34万平方米，其中番禺区文化馆下属分馆总占地面积居首。各区文化相关场馆丰富，大多设有演艺厅、排练厅、多功能室等活动场地，为基层群众文艺团队的培育、群众文化生活提供了基础保障。

2022年度广州全市各区文化馆下属分馆馆舍总建筑面积

（三）人才队伍

1. 党员队伍建设

2022年度，广州市文化馆、11个区文化馆及其下属分馆继续扎实推动基层党员队伍建设、阵地建设和制度建设。

（1）基本情况

截至2022年12月31日，广州市文化馆、11个区文化馆及其下属分馆党员总人数达690人（以下人数均含退休党员人数），其中，广州市文化馆共有党员41人，11个区文化馆共有

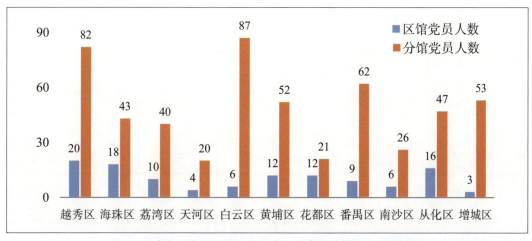

2022年度广州全市区馆及分馆党员（含退休党员）人数情况

党员116人，11个区文化馆下属分馆共有党员533人。

（2）建设情况

为进一步加强党员管理，夯实组织基础，广州全市文化馆坚决贯彻党员教育，通过系列学习着力提升党员素质。例如，广州市文化馆本年度组织了系列专题学习活动，内容涵盖党的二十大、十九届六中全会、广东省第十三次党代会等重要会议；越秀区文化馆党支部动员全体在职党员参与防疫工作，充分发挥党员的先锋模范作用；黄埔区文化馆定期召开基层党组织组织生活会、民主评议会，按期交流、汇报理论学习情况；花都区文化馆积极推进三会一课、纪律教育、谈心谈话等工作，重视党员纪律意识、集体意识的培养。整体而言，广州全市文化馆高度重视党风廉政建设及党员干部队伍建设工作，着力打造一支忠诚、廉洁、担当的党员干部队伍。

2. 人才队伍建设

（1）市馆及区馆

2022年，广州市文化馆及11个区文化馆在岗职工总人数为283人。其中，在编人员201人，编外人员82人，正高级职称6人，副高级职称48人，中级职称84人，初级职称51人。

2022年度广州市文化馆及各区馆人员情况

人员情况 单位/区名	总人数 （人）	在编人员 （人）	编外人员 （人）	正高级 （人）	副高级 （人）	中级 （人）	初级 （人）
广州市文化馆	80	51	29	5	13	19	7
越秀区	26	26	0	0	6	13	7
海珠区	18	18	0	0	8	5	3
荔湾区	21	17	4	0	3	9	4
天河区	12	4	8	0	0	6	5
白云区	13	13	0	0	3	5	3
黄埔区	15	12	3	0	3	3	4
花都区	26	15	11	1	3	8	4
番禺区	25	17	8	0	4	7	5
南沙区	11	5	6	0	2	3	3
从化区	13	11	2	0	2	3	4
增城区	23	12	11	0	1	3	3
总计	283	201	82	6	48	84	51

（2）分馆

截至2022年年底，11个区下属分馆在岗职工总人数为1225人。其中，在编人员363人，编外人员862人，副高级职称13人，中级职称41人，初级职称62人。

2022年度广州全市文化馆11个区下属分馆人员情况

区名 \ 人员情况	总人数（人）	在编人员（人）	编外人员（人）	正高级（人）	副高级（人）	中级（人）	初级（人）
越秀区	68	38	30	0	0	8	0
海珠区	206	41	165	0	1	6	4
荔湾区	73	38	35	0	0	2	6
天河区	70	27	43	0	4	1	6
白云区	154	41	113	0	1	0	3
黄埔区	100	33	67	0	0	4	4
花都区	74	16	58	0	1	1	0
番禺区	143	29	114	0	0	6	26
南沙区	71	24	47	0	1	0	0
从化区	129	52	77	0	5	13	13
增城区	137	24	113	0	0	0	0
总计	1225	363	862	0	13	41	62

（四）财政投入

在财政投入方面，广州全市文化馆严格遵守预算执行制度，科学设置指标，合理设置公共文化财政预算，提高预算执行率，以确保公共文化服务及相关工作得到充足的资金保障。

2022年，广州市文化馆年度财政总投入为11967万元。广州全市11个区文化馆及下属分

2022年度广州全市各区文化馆及下属分馆财政投入情况

区名 \ 财政情况	区馆年度财政投入（万元）	下属分馆年度财政投入（万元）	各区年度财政投入总和（万元）
越秀区	1598	339	1937
海珠区	1124	798	1922
荔湾区	782	292	1074
天河区	921	210	1131
白云区	674	2418	3092
黄埔区	842	1345	2187
花都区	1133	257	1390
番禺区	1001	3072	4073
南沙区	838	7693	8531
从化区	110	476	586
增城区	782	4383	5165
总计	9805	21283	31088

馆年度财政总投入达31088万元（11个区文化馆年度财政总投入9805万元，11个区文化馆下属分馆财政总投入21283万元）。

（五）年度概览

1. 不忘初心，担当使命

2022年，广州全市文化馆贯彻落实党的二十大精神和习近平总书记关于文化建设相关重要讲话精神，坚定文化自信，聚焦"全民艺术普及""优秀传统文化传承"核心职能，开展"礼赞二十大"系列活动，牢牢向党组织靠拢。过去一年，广州全市文化馆以展演、展览、展播等形式举办了系列红色文化活动，感党恩，颂党恩，为党的二十大献上祝福。

2. 以文兴业，以文惠民

2022年，广州全市文化馆共计服务7049万人次，含线下服务人次1078万，线上服务人次5971万。其中，广州市文化馆及11个区文化馆共计服务5920万人次，含线下服务人次313万，线上服务人次5607万；11个区馆下属分馆共计服务1129万人次，含线下服务人次765万，线上服务人次364万。

2022年，广州全市文化馆积极推动公共文化服务高质量发展，全年开展各类文艺惠民活动和公益培训共计25098场次，包括演出、展览、比赛、讲座等综合性活动13463场，各类培训辅导11635场，共斩获各类奖项465项，包含国际性奖项4项、全国性奖项28项、省级奖项61项、市级奖项372项，含创作类获奖392项、非创作类获奖73项。

3. 多彩非遗，蓬勃发展

2022年，广州全市文化馆共计开展非遗类活动2441场，包括非遗培训班1680场、非遗展演416场、非遗展览345场。非遗活动服务总人次达3779万人，其中线上服务人次3357万人，线下服务人次422万人。2022年，广州全市文化馆积极开展非遗基地建设工作，全市非遗基地数量为100个，其中海珠区26个、荔湾区14个、天河区14个、白云区11个、黄埔区6个、番禺区6个、越秀区5个、增城区5个、花都区3个、从化区3个及广州市属7个。

4. 立足需求，优化服务

2022年，广州全市文化馆不断推进数字化建设、总分馆制度及文旅志愿服务队伍建设工作。广州公共文化云数字文化馆平台注册用户量总计63903人，广州市文化馆、11个区文化馆微信公众号发布信息量2363条，网站发布信息量2631条，其他视频平台发布信息量886条。据统计，截至2022年底，广州全市文化馆共培育文旅志愿者13.30万人，组建志愿服务队伍550余支，登记注册的文旅志愿者共计71820人，全年服务时间超过20小时的文旅志愿者骨干人数为5721人，累计开展志愿服务活动10341场。

二、服务效能

（一）群众文化活动

2022年，广州全市文化馆积极开展演出、展览、比赛、讲座等多项文艺活动，全年共计开展公益性群众文化活动（不含培训）13463场。

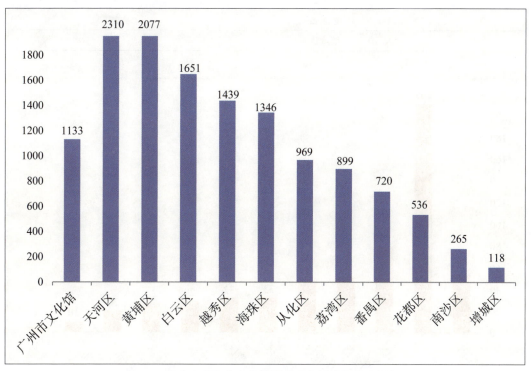

2022年度广州全市文化馆群众文化活动场次（场）

本年度，广州全市文化馆开展的群众文化活动（含演出、展览、比赛、讲座等）线上线下共服务群众达6276万人次，其中线上活动惠及群众达5622万人次，线下活动惠及群众达654万人次。

2022年度广州全市文化馆群众文化活动线上服务总人次

序号	单位/区名称	线上服务人次（万人）
1	广州市文化馆	2353
2	天河区	1569
3	番禺区	614
4	从化区	363
5	越秀区	208
6	荔湾区	189
7	黄埔区	86
8	南沙区	66
9	花都区	65
10	白云区	64
11	海珠区	35
12	增城区	10

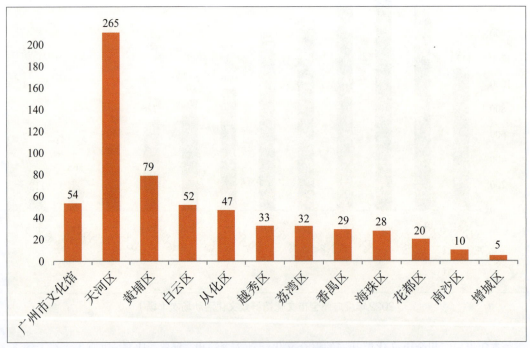

2022年度广州全市文化馆群众文化活动线下服务总人次（万人）

广州全市文化馆重视保障特殊群体的文化权益。据统计，各类群众文化活动中，服务未成年人3005场次，服务老年人群2243场次，服务残障人士315场次，服务外来务工人员842场次，服务妇女1088场次，服务群文工作者854场次，服务亲子1419场次，其余3697场次均惠及广大市民群众。

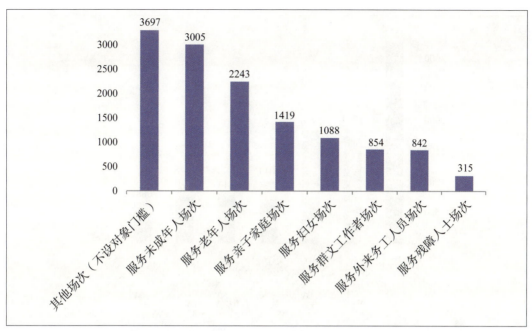

2022年度广州全市文化馆群众文化活动面向不同群体服务场次（场）

（二）群众培训辅导

2022年，广州全市文化馆培训课程内容丰富，涵盖美术、书法、舞蹈、音乐等艺术门类，全年开设各类培训辅导班总场次达11635场，线上线下培训总服务人次共计381万，其中线下

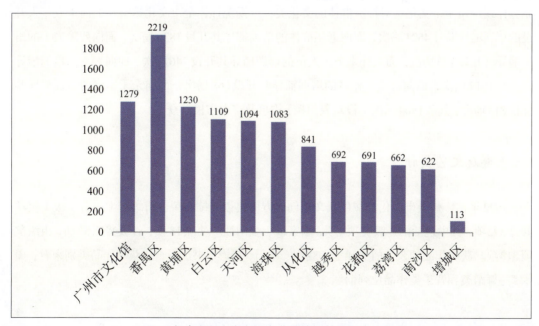

2022年度广州全市各区文化馆培训辅导场次（场）

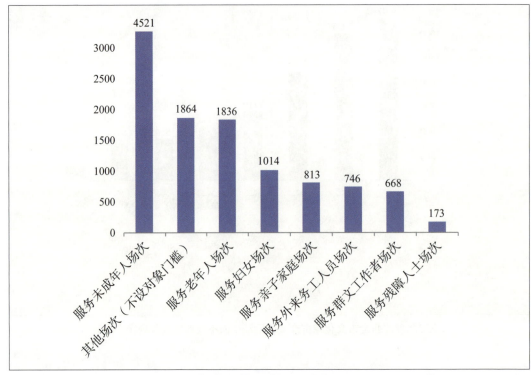

2022年度广州全市文化馆培训辅导面向不同群体服务场次（场）

培训服务总人次约为173万，占比约为45%，线上培训服务总人次约208万，占比约55%。

2022年，广州全市文化馆针对不同群体开展特色公益培训，满足不同群体的文化需求，充分体现广州全市文化馆对特殊群体的文化关怀。据统计，全市文化馆全年面向未成年人开设的培训辅导共计4521场次，面向老年群体的培训辅导共开设1836场次，面向残障人士的培训辅导共开设173场次，面向外来务工人员的培训辅导共开设746场次，面向妇女的培训辅导共开设1014场次，面向群文工作者的培训辅导共开设668场次，面向亲子家庭的培训辅导共开设813场次，其余1864场次不设对象门槛，均惠及广大市民群众。

（三）群众文艺创作

2022年，广州全市文化馆在群众文艺创作方面再创佳绩，荣获市级以上（含市级）奖项共计392项，其中包括国际级奖项4项，国家级（全国性）奖项18项，省级奖项52项，市级奖项318项。获奖作品的艺术门类涵盖了戏剧、舞蹈、摄影、书法等，从获奖作品类别来看，美术类、舞蹈类和音乐类作品位列前三。

2022年广州全市文化馆市级及以上群众文艺创作获奖作品数量（项）

2022年度广州全市文化馆省级及以上部分创作类获奖列表

序号	作品名称	类别	创作/表演单位	获奖名称	获奖级别	颁奖单位
1	《天空》《燕子》《UBI CARITAS》《GLORIA》	音乐	广州合唱团	"通往世界合唱比赛之路" 2022合唱视频大赛女声合唱组冠军	国际性	INTERKULTUR国际文化交流基金会
2	《踏莎行》《mojito》《醉在云故乡》	音乐	荔湾区文化馆	"通往世界合唱比赛之路" 2022合唱视频大赛VP6女声合唱组优秀奖（金奖）	国际性	INTERKULTUR国际文化交流基金会
3	《韵乐共流》《想你的365天》《鱼歌》	音乐	荔湾区文化馆	"通往世界合唱比赛之路" 2022合唱视频大赛VP9流行/爵士和表演合唱组优秀奖（金奖）	国际性	INTERKULTUR国际文化交流基金会
4	《走马》	音乐	荔湾区文化馆	第九届香港国际音乐节2022音乐比赛决赛金奖（第二名）	国际性	香港音乐教育学院、香港国际音乐节筹备委员会、艺韵管弦乐协会
5	《同心结》	曲艺	广州市文化馆、荔湾区文化馆、粤港澳大湾区青年戏剧协会	第十九届中国文化艺术政府奖群星奖	国家级/全国性	文化和旅游部

（续上表）

序号	作品名称	类别	创作/表演单位	获奖名称	获奖级别	颁奖单位
6	《梦想成真》	单弦说唱	广州市文化馆"一团火"曲艺创作排演基地	杨婷获第十二届中国曲艺牡丹奖新人奖	国家级/全国性	中国文学艺术界联合会、中国曲艺家协会
7	《温暖的港湾》	戏剧	越秀区文化馆	"戏剧中国"首届全国小戏小品优秀作品展演优秀剧目、优秀导演奖、潜力编剧奖	国家级/全国性	中国戏剧文学学会、中国文化馆协会
8	谁不说俺家乡好	武术	南沙区南沙街南沙社区太极协会	第五十一届全国（广州）中国之星"华文奖"经典非遗歌舞大汇演金奖	国家级/全国性	世界非物质文化遗产联盟会
9	24式太极拳	武术	南沙区南沙街南沙社区太极协会	2022第八届齐云山"张三丰"杯武术养生交流大会集体比赛第一名	国家级/全国性	中国齐云山"张三丰"杯武术养生交流大会组织委员会
10	排舞《祝福祖国》	舞蹈	南沙区南沙街艺术文化协会	"舞动中国—排舞联赛"总决赛暨全国排舞冠军赛二等奖	国家级/全国性	国家体育总局体操运动管理中心
11	《踏莎行》	音乐	荔湾区文化馆	第十六届中国国际合唱节比赛荣获成人组女声合唱金奖（一级团队）	国家级/全国性	文化和旅游部国际交流合作局、国际合唱联盟、北京市西城区人民政府、中国合唱协会等
12	《醉在云故乡》	音乐	荔湾区文化馆	第十六届中国国际合唱节比赛民谣合唱组金奖（一级团队）	国家级/全国性	文化和旅游部国际交流合作局、国际合唱联盟、北京市西城区人民政府、中国合唱协会等
13	《江山》	音乐	荔湾区文化馆	第二届《中国影视歌曲》歌手大赛全国总决赛青年组二等奖	国家级/全国性	中宣部中国电影评论学会、文旅部中国文化艺术人才管理中心、中宣部中国国家电影局中国电影报社、中国国际广播电台中华网等
14	《湾区时代》	广场舞	创作单位：番禺区文化馆 表演单位：广州市文化馆、番禺区文化馆、广州飞天艺术舞蹈培训中心	入围第十九届群星奖广场舞决赛	国家级/全国性	文化和旅游部
15				入围"舞出中国红"全国广场舞作品创编征集活动	国家级/全国性	文化和旅游部全国公共文化发展中心
16	《英歌魂》	群舞	广州市文化馆、海珠区文化馆	第十九届群星奖复赛	国家级/全国性	广东省文化和旅游厅
17	《口红》	小品	广东省文化馆、海珠区文化馆	第十九届群星奖复赛	国家级/全国性	广东省文化和旅游厅

（续上表）

序号	作品名称	类别	创作/表演单位	获奖名称	获奖级别	颁奖单位
18	《太湖美》	舞蹈	广州芳馨舞蹈艺术团 荔湾区茶滘街综合服务中心	中国之星"华文奖"国际音乐舞蹈艺术大赛金奖	国家级/全国性	中国文化艺术教育家联合会
19	折子戏《小商河》	戏剧	粤剧艺术博物馆	第二十六届中国戏剧小梅花荟萃"小梅花"称号	国家级/全国性	中国戏剧家协会
20	《穿越时光"穗"道，解码"村晚"里的艾米稻香小镇》[1]	短视频	从化区文化馆	"村晚"短视频征集活动最佳创意作品	国家级/全国性	文化和旅游部全国公共文化发展中心
21	《乡村舞台传粤韵，小小"红豆"永飘香》	短视频	从化区文化馆	"村晚"短视频征集活动最佳故事作品	国家级/全国性	文化和旅游部全国公共文化发展中心
22	《两分钟带你看遍广州从化"村晚"精彩瞬间》	短视频	从化区文化馆	"村晚"短视频征集活动优秀作品	国家级/全国性	文化和旅游部全国公共文化发展中心
23	《永立潮头》	美术	越秀区文化馆	第十六届广东省美术书法摄影作品联展美术类优秀奖	省级	广东省文化和旅游厅、广东省美术家协会、广东省书法家协会、广东省摄影家协会
24	《硕果》	美术	越秀区文化馆	第十六届广东省美术书法摄影作品联展美术类优秀奖	省级	广东省文化和旅游厅、广东省美术家协会、广东省书法家协会、广东省摄影家协会
25	《梦之境》	美术	越秀区文化馆	广东省第八届漆画作品展优秀奖	省级	广东省美术家协会
26	24式太极拳	武术	南沙区南沙街南沙社区太极协会	2022年广东省直机关中老年人太极拳邀请赛老年组特等奖	省级	广东省老年人体育协会
27	42式太极剑	武术	南沙区南沙街南沙社区太极协会	2022年广东省老年人太极拳、剑线上交流活动42式32式太极剑规定套路、各式太极器械传统套路"优胜奖"	省级	广东省老年人体育协会

[1] 从化区文化馆与广州市文化馆共同创作"村晚"系列短视频（序号20-22）并获全国性奖项，已计入从化区文化馆。

（续上表）

序号	作品名称	类别	创作/表演单位	获奖名称	获奖级别	颁奖单位
28	折子戏《小商河》	戏剧	粤剧艺术博物馆	第十三届广东省少儿戏剧小梅花荟萃活动"金花"奖	省级	广东省戏剧家协会
29	《雕龙儿》	舞蹈	黄埔区文化馆	2022广东省群众艺术花会铜奖	省级	广东省文化和旅游厅
30	《休闲生活》	摄影	白云区文化馆	第十六届广东省美术书法摄影作品联展银奖	省级	广东省文化和旅游厅、广东省美术家协会、广东省书法家协会、广东省摄影家协会
31	《舞霓裳》	摄影	白云区文化馆	第十六届广东省美术书法摄影作品联展铜奖	省级	广东省文化和旅游厅、广东省美术家协会、广东省书法家协会、广东省摄影家协会
32	《数字农田》	摄影	白云区文化馆	第十六届广东省美术书法摄影作品联展铜奖	省级	广东省文化和旅游厅、广东省美术家协会、广东省书法家协会、广东省摄影家协会
33	《鲤鱼跃龙门》	摄影	白云区文化馆	第十六届广东省美术书法摄影作品联展铜奖	省级	广东省文化和旅游厅、广东省美术家协会、广东省书法家协会、广东省摄影家协会
34	《禾楼舞》	摄影	白云区文化馆	第十六届广东省美术书法摄影作品联展优秀奖	省级	广东省文化和旅游厅、广东省美术家协会、广东省书法家协会、广东省摄影家协会
35	《湾区时代》	广场舞	广州市文化馆广场舞创排基地	"舞动新时代"2022年广东省广场舞展演播评选活动40岁以下组别最佳团队	省级	广东省文化和旅游厅
36	/	/	黄埔区文化馆艺术团	"舞动新时代"2022年广东省广场舞展演播评选活动优秀团队	省级	广东省文化和旅游厅
37	《纪念像》	歌曲	广州市文化馆	2021年度广东省群众文艺作品评选一等奖	省级	广东省文化和旅游厅
38	《追随着你》	歌曲	广州市文化馆	2021年度广东省群众文艺作品评选一等奖	省级	广东省文化和旅游厅
39	《偶像》	少儿舞蹈	广州市文化馆"小风铃"艺术团	2021年度广东省群众文艺作品评选一等奖	省级	广东省文化和旅游厅

（续上表）

序号	作品名称	类别	创作/表演单位	获奖名称	获奖级别	颁奖单位
40	《我有个我们》	小品	广州市文化馆	2021年度广东省群众文艺作品评选一等奖	省级	广东省文化和旅游厅
41	《垃圾大作战》	曲艺－群口快板	广州市文化馆	2021年度广东省群众文艺作品评选一等奖	省级	广东省文化和旅游厅
42	《血浓于水》	曲艺－粤曲	广州市文化馆	2021年度广东省群众文艺作品评选一等奖	省级	广东省文化和旅游厅
43	《灿烂的日子》	少儿群舞	广州市文化馆	2021年度广东省群众文艺作品评选二等奖	省级	广东省文化和旅游厅
44	《夜》	戏剧－小品	广州市文化馆	2021年度广东省群众文艺作品评选二等奖	省级	广东省文化和旅游厅
45	《有口皆碑》	音乐快板	广州市文化馆	2021年度广东省群众文艺作品评选二等奖	省级	广东省文化和旅游厅
46	《我是村霸》	群口相声	广州市文化馆	2021年度广东省群众文艺作品评选二等奖	省级	广东省文化和旅游厅
47	《追寻》	少儿舞蹈	广州市文化馆	2021年度广东省群众文艺作品评选三等奖	省级	广东省文化和旅游厅
48	《美好生活》	美术	广州市文化馆公益培训联盟、太和镇新时代文明实践所、广州市金钟少年宫	2022广东省群众艺术花会（少儿艺术）美术书法作品美术三等奖	省级	广东省文化和旅游厅
49	《木棉花开》	美术	广州市文化馆	2022广东省群众艺术花会（少儿艺术）美术书法作品美术三等奖	省级	广东省文化和旅游厅
50	《我与花城共成长》	美术	广州市文化馆	2022广东省群众艺术花会（少儿艺术）美术书法作品美术三等奖	省级	广东省文化和旅游厅
51	章草古诗	书法	广州市文化馆公益培训联盟、番禺区市桥德兴小学、番禺区隽延教育培训中心艺术团	2022广东省群众艺术花会（少儿艺术）美术书法作品书法三等奖	省级	广东省文化和旅游厅
52	云散兰开楷书七言联	书法	广州市文化馆公益培训联盟、番禺区市桥德兴小学、番禺区隽延教育培训中心艺术团	2022广东省群众艺术花会（少儿艺术）美术书法作品书法三等奖	省级	广东省文化和旅游厅
53	《橘颂》	书法	花都区文化馆	第十六届广东省美术书法摄影作品联展优秀奖	省级	广东省文化和旅游厅

（续上表）

序号	作品名称	类别	创作/表演单位	获奖名称	获奖级别	颁奖单位
54	行书古诗多首	书法	花都区文化馆	第十六届广东省美术书法摄影作品联展铜奖	省级	广东省文化和旅游厅
55	《春雨杂述（楷书）》	书法	花都区文化馆	第十六届广东省美术书法摄影作品联展铜奖	省级	广东省文化和旅游厅
56	行书古诗多首	书法	花都区文化馆	第十六届广东省美术书法摄影作品联展优秀奖	省级	广东省文化和旅游厅
57	《宪法在我心中》	语言类法治文艺作品	花都区秀全街	第四届广东省法治文化节，广东省2022年"寻迹.法治故事"语言类法治文艺作品评选中荣获"银奖"	省级	广东省司法厅
58	《举竹轻重》《古村盛事》《闹新春》《满面春风》	摄影	从化区文化馆	2022广东数字文化推广活动——"带你看家乡"影像活动"最佳瞬间"奖	省级	广东省文化馆联盟
59	《我要出色》	音乐	番禺区文化馆	"强国复兴有我"2022年岭南童谣征集展示活动一等奖	省级	广东省精神文明建设委员会办公室、广东省教育厅、共青团广东省委员会、广东省妇女联合会、广东省文学艺术界联合会、广东省作家协会
60	《小星星变奏曲》	戏剧	创作/表演单位：番禺区文化馆；辅导单位：番禺区市桥桥兴中学	2022广东省群众艺术花会（少儿艺术）戏剧类银奖	省级	广东省文化和旅游厅
61	《筑福》	音乐	番禺区文化馆	2021年度广东省群众文艺作品评选音乐类二等奖	省级	广东省文化和旅游厅
62	《向你们学习》	舞蹈	创作/表演单位：广州飞天艺术舞蹈培训中心；辅导单位：番禺区文化馆	2021年度广东省群众文艺作品评选舞蹈类三等奖	省级	广东省文化和旅游厅
63	《茶果》	广场舞	创作/表演单位：广州市文化馆、飞天舞蹈艺术团；辅导单位：番禺区文化馆	"舞动新时代"2022广东省广场舞展演展播线上活动最佳团队	省级	广东省文化和旅游厅

（续上表）

序号	作品名称	类别	创作/表演单位	获奖名称	获奖级别	颁奖单位
64	《非遗心，少年梦》	音乐	创作/表演单位：番禺区沙湾文化体育旅游服务中心；辅导单位：番禺区文化馆	"强国复兴有我"2022年岭南童谣征集展示活动三等奖	省级	广东省精神文明建设委员会办公室、广东省教育厅、共青团广东省委员会、广东省妇女联合会、广东省文学艺术界联合会、广东省作家协会
65	《湾区畅想》	音乐	广州市文化馆、海珠区文化馆	2022广东省群众艺术花会（少儿艺术）音乐类金奖	省级	广东省文化和旅游厅
66	《黎乡笠影》	舞蹈	海珠区文化馆	2022"桃李新苗"少儿舞蹈展演（广东站）金奖	省级	"桃李新苗"少儿舞蹈展演广东站组织委员会
67	《孟子·尽心上》五章	书法	海珠区文化馆	2022广东省群众艺术花会（少儿艺术）美术书法作品大赛一等奖	省级	广东省文化和旅游厅
68	《高剑父的秘密工场》	曲艺	海珠区文化馆	2021年度广东省群众文艺作品评选曲艺类一等奖	省级	广东省文化和旅游厅
69	《腰间上的浮木》	舞蹈	海珠区文化馆	2021年度广东省群众文艺作品评选舞蹈类二等奖	省级	广东省文化和旅游厅
70	《写给百岁爷爷的信》	戏剧	天河区文化馆	2021年度广东省群众文艺作品评选戏剧类三等奖	省级	广东省文化和旅游厅
71	《岭南赏色》	戏曲舞蹈	天河区文化馆	第十三届广东省少儿戏剧小梅花荟萃活动"优秀集体节目"称号	省级	广东省戏剧家协会
72	《山邨春韵》	美术	天河区文化馆	第十六届广东省美术书法摄影作品联展美术类铜奖	省级	广东省文化和旅游厅、广东省美术家协会、广东省书法家协会、广东省摄影家协会
73	《我的家乡那么美》	音乐	三元里街文化分馆、妙雨馨文化有限公司	广东省"农行杯"乡村音乐原创歌曲创作大赛	省级	广东省乡村振兴局

2022年度广州全市文化馆省级及以上部分辅导类获奖列表

序号	作品名称	创作类别	作者	比赛名称	获奖等级	颁奖单位	辅导单位
1	《建设生力军》	美术	倪俊、巫丽红	广东省第十六届美术书法摄影作品联展	金奖	广东省文化和旅游厅、广东省美术家协会、广东省书法家协会、广东省摄影家协会	广州市文化馆
2	《耕海牧鱼》	美术	温嫦丽	广东省第十六届美术书法摄影作品联展	银奖	广东省文化和旅游厅、广东省美术家协会、广东省书法家协会、广东省摄影家协会	广州市文化馆
3	《广东环保新时代》	美术	杨悦莹	广东省第十六届美术书法摄影作品联展	银奖	广东省文化和旅游厅、广东省美术家协会、广东省书法家协会、广东省摄影家协会	广州市文化馆
4	《我的神思·叠册之间的印记》	美术	曾昭颖	广东省第十六届美术书法摄影作品联展	银奖	广东省文化和旅游厅、广东省美术家协会、广东省书法家协会、广东省摄影家协会	广州市文化馆
5	《休闲生活》	摄影	李程光	广东省第十六届美术书法摄影作品联展	银奖	广东省文化和旅游厅、广东省美术家协会、广东省书法家协会、广东省摄影家协会	广州市文化馆
6	《山邨春韵》	美术	万测宇	广东省第十六届美术书法摄影作品联展	铜奖	广东省文化和旅游厅、广东省美术家协会、广东省书法家协会、广东省摄影家协会	广州市文化馆
7	《南方时光》	美术	吕建锋	广东省第十六届美术书法摄影作品联展	铜奖	广东省文化和旅游厅、广东省美术家协会、广东省书法家协会、广东省摄影家协会	广州市文化馆
8	《地铁先锋》	美术	曾瑜	广东省第十六届美术书法摄影作品联展	铜奖	广东省文化和旅游厅、广东省美术家协会、广东省书法家协会、广东省摄影家协会	广州市文化馆
9	《红色摇篮》	美术	牛志林	广东省第十六届美术书法摄影作品联展	铜奖	广东省文化和旅游厅、广东省美术家协会、广东省书法家协会、广东省摄影家协会	广州市文化馆
10	节录项穆书法雅言	书法	魏世远	广东省第十六届美术书法摄影作品联展	铜奖	广东省文化和旅游厅、广东省美术家协会、广东省书法家协会、广东省摄影家协会	广州市文化馆
11	春雨杂述	书法	崔先文	广东省第十六届美术书法摄影作品联展	铜奖	广东省文化和旅游厅、广东省美术家协会、广东省书法家协会、广东省摄影家协会	广州市文化馆
12	五柳先生传	书法	李佳骏	广东省第十六届美术书法摄影作品联展	铜奖	广东省文化和旅游厅、广东省美术家协会、广东省书法家协会、广东省摄影家协会	广州市文化馆
13	行书古诗多首	书法	潘永耀	广东省第十六届美术书法摄影作品联展	铜奖	广东省文化和旅游厅、广东省美术家协会、广东省书法家协会、广东省摄影家协会	广州市文化馆
14	守正怀韬联	书法	陈华清	广东省第十六届美术书法摄影作品联展	铜奖	广东省文化和旅游厅、广东省美术家协会、广东省书法家协会、广东省摄影家协会	广州市文化馆
15	刘克庄《雪溪亭记》	书法	张治本	广东省第十六届美术书法摄影作品联展	铜奖	广东省文化和旅游厅、广东省美术家协会、广东省书法家协会、广东省摄影家协会	广州市文化馆

（续上表）

序号	作品名称	创作类别	作者	比赛名称	获奖等级	颁奖单位	辅导单位
16	《舞霓裳》	摄影	李华燕	广东省第十六届美术书法摄影作品联展	铜奖	广东省文化和旅游厅、广东省美术家协会、广东省书法家协会、广东省摄影家协会	广州市文化馆
17	《数字农田》	摄影	石建华	广东省第十六届美术书法摄影作品联展	铜奖	广东省文化和旅游厅、广东省美术家协会、广东省书法家协会、广东省摄影家协会	广州市文化馆
18	《鲤鱼跃龙门》	摄影	黄宇菁	广东省第十六届美术书法摄影作品联展	铜奖	广东省文化和旅游厅、广东省美术家协会、广东省书法家协会、广东省摄影家协会	广州市文化馆
19	《待到山花烂漫时》	美术	莫淑莹	广东省第十六届美术书法摄影作品联展	优秀奖	广东省文化和旅游厅、广东省美术家协会、广东省书法家协会、广东省摄影家协会	广州市文化馆
20	《古镇春风》	美术	何伟良	广东省第十六届美术书法摄影作品联展	优秀奖	广东省文化和旅游厅、广东省美术家协会、广东省书法家协会、广东省摄影家协会	广州市文化馆
21	《和谐》	美术	丘丽华	广东省第十六届美术书法摄影作品联展	优秀奖	广东省文化和旅游厅、广东省美术家协会、广东省书法家协会、广东省摄影家协会	广州市文化馆
22	《硕果》	美术	夏天	广东省第十六届美术书法摄影作品联展	优秀奖	广东省文化和旅游厅、广东省美术家协会、广东省书法家协会、广东省摄影家协会	广州市文化馆
23	《永立潮头》	美术	张蓉	广东省第十六届美术书法摄影作品联展	优秀奖	广东省文化和旅游厅、广东省美术家协会、广东省书法家协会、广东省摄影家协会	广州市文化馆
24	《嫩蕊细细开》	美术	汤杰贞	广东省第十六届美术书法摄影作品联展	优秀奖	广东省文化和旅游厅、广东省美术家协会、广东省书法家协会、广东省摄影家协会	广州市文化馆
25	《逆行者》	美术	吕越	广东省第十六届美术书法摄影作品联展	优秀奖	广东省文化和旅游厅、广东省美术家协会、广东省书法家协会、广东省摄影家协会	广州市文化馆
26	《溪山无尽图》	美术	温健荣	广东省第十六届美术书法摄影作品联展	优秀奖	广东省文化和旅游厅、广东省美术家协会、广东省书法家协会、广东省摄影家协会	广州市文化馆
27	《晨装》	美术	黄少琼	广东省第十六届美术书法摄影作品联展	优秀奖	广东省文化和旅游厅、广东省美术家协会、广东省书法家协会、广东省摄影家协会	广州市文化馆
28	橘颂	书法	卢育生	广东省第十六届美术书法摄影作品联展	优秀奖	广东省文化和旅游厅、广东省美术家协会、广东省书法家协会、广东省摄影家协会	广州市文化馆
29	写花都诗数首	书法	林岳恩	广东省第十六届美术书法摄影作品联展	优秀奖	广东省文化和旅游厅、广东省美术家协会、广东省书法家协会、广东省摄影家协会	广州市文化馆
30	《光荣在党50年》	摄影	李和健	广东省第十六届美术书法摄影作品联展	优秀奖	广东省文化和旅游厅、广东省美术家协会、广东省书法家协会、广东省摄影家协会	广州市文化馆

（续上表）

序号	作品名称	创作类别	作者	比赛名称	获奖等级	颁奖单位	辅导单位
31	《禾楼舞》	摄影	李华燕	广东省第十六届美术书法摄影作品联展	优秀奖	广东省文化和旅游厅、广东省美术家协会、广东省书法家协会、广东省摄影家协会	广州市文化馆
32	《百岁老妪喜开颜》	摄影	谭若锋	广东省第十六届美术书法摄影作品联展	入选	广东省文化和旅游厅、广东省美术家协会、广东省书法家协会、广东省摄影家协会	番禺区文化馆
33	《映阳红妆》	摄影	曾骏浩	广东省第十六届美术书法摄影作品联展	入选	广东省文化和旅游厅、广东省美术家协会、广东省书法家协会、广东省摄影家协会	番禺区文化馆
34	《放下书包食大餐》	美术	冼壹一	2022广东省群众艺术花会（少儿艺术）美术类	一等奖	广东省文化和旅游厅	番禺区文化馆
35	章草古诗	书法	周正缘	2022广东省群众艺术花会（少儿艺术）书法类	三等奖	广东省文化和旅游厅	公益培训联盟：广州市番禺区隽延教育培训中心艺术团
36	云散兰开楷书七言联	书法	李子谦	2022广东省群众艺术花会（少儿艺术）书法类	三等奖	广东省文化和旅游厅	公益培训联盟：广州市番禺区隽延教育培训中心艺术团
37	《建设生力军》	美术	倪俊	第十六届广东省美术书法摄影作品联展	金奖	广东省文化和旅游厅	南沙区文化馆
38	《我有个我们》	小品	廖勇	2021年度广东省群众文艺作品评选	一等奖	广东省文化和旅游厅	南沙区文化馆
39					优秀奖	广州市文化广电旅游局	
40	《夜》	小品	廖勇、贵琳	2021年度广东省群众文艺作品评选	二等奖	广东省文化和旅游厅	南沙区文化馆
41					优秀奖	广州市文化广电旅游局	

（四）非遗保护传承

1.非遗活动类型

2022年，广州全市文化馆共计开展非遗类活动2369场次，其中包括1680场非遗培训班、416场非遗展演和345场非遗展览。

2.非遗工作成效

2022年，广州全市非遗类活动服务总人次达3779万，其中线上服务人数高达3357万，线下服务人数422万。

2022年度广州全市文化馆非遗活动服务总人数（万人）

单位/区名称 \ 服务人次	线上（万人）	线下（万人）	非遗类活动总服务人次（万人）
广州市文化馆	2200	1	2201
天河区	952	10	962
黄埔区	2	303	305
南沙区	11	40	51
增城区	40	7	47
荔湾区	35	11	46
越秀区	36	9	45
白云区	37	4	41
番禺区	27	13	40
从化区	10	13	23
花都区	6	10	16
海珠区	1	1	2
总计	3357	422	3779

3. 非遗基地建设

2022年度，广州全市非遗基地建设达到了100个，其中海珠区26个、荔湾区14个、天河区14个、白云区11个、黄埔区6个、番禺区6个、越秀区5个、增城区5个、花都区3个、从化区3个及广州市属7个。广州非遗基地申报单位涵盖医院、公司、小学、协会、中学等组织单位，尤其在教育领域，非遗基地建设成效突出。

（五）数字文化服务

1. 数字平台建设

2022年，广州市文化馆、11个区文化馆微信公众号全年发布信息量2363条，其中广州市文化馆微信公众号全年发布信息量为509条，11个区文化馆微信公众号全年发布信息量为1854条。

2022年，广州市文化馆、11个区文化馆全年网站信息发布总量为2631条，含广州市文化馆541条，11个区文化馆2090条；全年其他视频平台信息发布总量为886条，含广州市文化馆98条，11个区文化馆788条。

2022年，广州公共文化云数字文化馆平台注册用户量总计6.39万人，越秀区公共数字文化云用户数为7.81万人。相较2021年度，全市公共文化云平台注册用户量增长约17%，越秀区公共数字文化云用户数增长约11%。

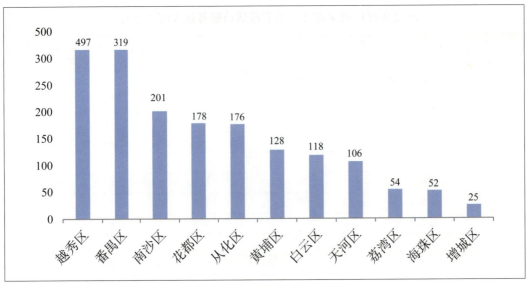

2022年度广州全市11个区文化馆微信公众号年度信息发布量（条）

2. 数字资源建设

2022年，广州全市文化馆持续建设完善公共文化服务体系，推动公共数字文化资源建设与服务的提质增效，不断提升全民艺术普及数字资源的转化率、传播率，致力于为广大人民群众提供多样化、可持续的公共文化服务。全市文化馆着力推出线上慕课、线上讲座等多种类

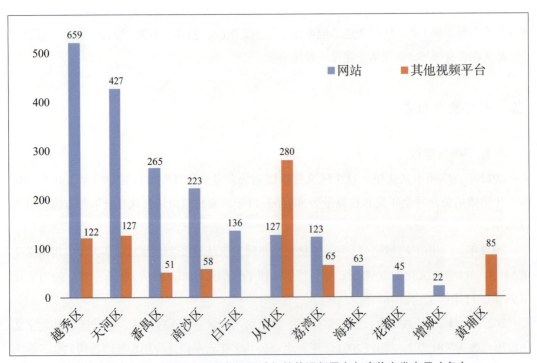

2022年度广州全市11个区文化馆网站与其他视频平台年度信息发布量（条）

型的文化服务。广州市文化馆联合11个区馆做好广州公共文化云"数字文化馆"平台的优化提升、推广使用,完成功能优化及新需求增改246项,通过数字平台发布活动1431场次、发布资讯2239条、预约场地总场次达7527场,采集入库数字文化资源1827个、总时长约500小时,云上展品1373个,群文作品4161个,完成数字平台与穗好办APP的全面贯通,实现文旅资源"一码通行"。

(六)文旅志愿服务

1. 队伍建设

2022年,广州全市持续推进文旅志愿服务队伍建设,据统计,全市文化和旅游志愿者共有13.3万人,组建队伍550余支,全年开展文化和旅游志愿服务活动1.02万场,超6.60万名志愿者积极参与,线上线下服务约607万人次。与此同时,广州市文化和旅游志愿服务持续完善,并开展了文化和旅游志愿服务省级地方标准制定、文化和旅游志愿服务培训教材编写、广州市文旅志愿服务评价体系的指标设计、2022年全市文旅志愿服务评优活动等工作,持续跟进广州公共文化云志愿服务管理系统与"志愿时"、广州公益"时间银行"的互联互通工作。

2022年,广州全市登记注册的文旅志愿者共7.18万人,其中在时间银行、i志愿等官方平台登记注册的志愿者有4.35万人,未在官方平台登记注册有2.83万人,剩余6万余名志愿者暂未登记注册。

2022年度广州全市文旅志愿者注册登记情况

注册登记情况 / 单位名称/区名	注册志愿者总人数(人)	官方平台(I志愿,时间银行)注册人数(人)	未在官方平台注册,由本馆登记的志愿者人数(人)
广州市文化馆	1125	1125	/
越秀区	6434	3110	3324
海珠区	5269	1160	4109
荔湾区	4871	3696	1175
天河区	3969	2362	1607
白云区	18313	15229	3084
黄埔区	5121	3618	1503
花都区	3754	1913	1841
番禺区	8254	7598	656
南沙区	6434	3110	3324
从化区	4452	559	3893
增城区	3824	/	3824
总计	71820	43480	28340

目前，全市文旅志愿者经规范登记的总服务小时数为43.67万小时，全市文旅志愿者骨干（全年服务时数超20小时）人数为5721人，其中白云区、黄埔区、天河区三区的人数最多，分别有1729人、1238人、1036人，三区整体占比高达70%。

2022年，广州全市累计开展10341场活动，其中海珠区、黄埔区、白云区三区开展的活动场次最多，分别有1378场、1369场、1299场，三区整体占比39%。

2022年度广州全市文旅志愿者骨干人数及服务情况

单位名称/区名 \ 服务情况	志愿者骨干人数（人）	开展活动场次（场次）	本馆经规范登记的总服务时数（小时）
广州市文化馆	48	1222	3996
越秀区	515	1145	38516
海珠区	92	1378	87015
荔湾区	150	845	16900
天河区	1036	783	24521.92
白云区	1729	1299	81343.06
黄埔区	1238	1369	43045.58
花都区	157	323	114367
番禺区	236	551	15613.08
南沙区	129	250	4140.50
从化区	141	578	6090
增城区	250	598	1196
总计	5721	10341	436744.14

2. 规范化建设

近年来，广州全市文旅志愿者围绕群众文化需求，广泛开展形式多样的大型文化志愿服务活动。随着志愿者队伍不断发展壮大，志愿精神日益深入人心，而推进志愿服务规范化建设，完善全市志愿服务激励机制，对于推动志愿服务持续健康发展具有重要的意义。

2022年，广州文化和旅游志愿服务发展进程迎来"加速阶段"，覆盖范围和受益人群更加广阔。推进文化和旅游志愿服务常态化、制度化开展，是适应新时期文化和旅游融合发展的需要。广州市文化广电旅游局联合市文明办、市民政局、团市委共同发布了《广州市文化和旅游志愿服务发展行动计划（2022—2025）》和《广州市文化和旅游志愿服务管理办法》，相关文件的出台为全市文化和旅游志愿服务工作的开展提供了指导和依据。

3. 品牌服务

2022年，广州各区文化馆文旅专业志愿服务队启动"繁星行动"文旅志愿服务品牌项目。该项目包含"启明星"文旅专业志愿服务队建设计划、"满天星"基层文旅志愿服务组织者培育计划、"北斗星"文旅志愿服务培训实践基地建设计划、十大文旅志愿服务专项等子行动。

"繁星行动"以构建全市文旅志愿服务网络、推动全市文旅志愿服务高质量发展为目标，以提升基层文旅志愿服务水平为重心，以推动文旅志愿服务与新时代文明实践中心协调发展为重点。

（七）总分馆制建设

1.总分馆体系情况

2022年，广州市全市文化馆总分馆建设体系由1个中心馆、11个总馆、220个分馆组成。其中，区馆直属分馆5个，街道文化站分馆共176个，社会力量合作分馆共35个，其他分馆共4个，整体数量较去年增加13个（区馆直属分馆增加2个，社会力量合作分馆增加11个），分馆总面积约为34万平方米。

2022年度广州全市各区总分馆数量及类型

区名	分馆总数量（个）	直属分馆数量（个）	街道文化站分馆数量（个）	社会力量合作分馆（个）	其他分馆数量（个）	分馆总面积（平方米）
越秀区	18	0	18	0	0	23453.85
海珠区	28	1	18	8	1	40399.42
荔湾区	24	0	22	1	1	28946.09
天河区	21	0	21	0	0	4601.17
白云区	24	0	24	0	0	38826.20
黄埔区	33	2	17	13	1	25972
花都区	11	1	10	0	0	5473
番禺区	23	1	16	6	0	83463.29
南沙区	9	0	9	0	0	27980
从化区	13	0	8	4	1	18387
增城区	16	0	13	3	0	43895
总计	220	5	176	35	4	341397.02

2.镇街体制改革情况

近年来，广州市深化全市各区镇街体系改革，整合基层职能部门，着力解决基层职能交叉问题，陆续将文化站撤销或与其他单位合并，基层公共文化职能转由其他机构承担。

截至2023年1月底，全市176个镇街文化站已全部完成改革。在中共广州市委机构编制委员会办公室、中共广州市委宣传部《关于加强镇街公共文化服务职能的意见》（穗编办函〔2022〕4号）出台后，广州市部分区在此前改革基础上进一步调整镇街公共文化服务职能合并情况。据最新数据统计，目前广州市基层文化站职能改革情况主要为以下模式：一是合并至综合性基层服务机构，如综合服务中心（社会事务服务中心）、综合保障中心或党群服务中心，这部分约占82%（144个）；二是由镇街政府内设机构承担相关职能，如镇街公共服务办、党建办、规划办、宣传办等，约占13%（23个）；三是与退役军人服务站合并，这部分约占4%（7个）；四是单独成立文体类机构，如文化体育旅游类服务中心等，这部分占比约为1%（2个）。

（八）理论研究发展

1. 理论成果

（1）论文及出版书籍

2022年，广州全市文化馆共在刊物上发表论文34篇，其中广州市文化馆10篇，黄埔区文化馆6篇，越秀区文化馆5篇，荔湾区文化馆4篇，番禺区文化馆4篇，从化区文化馆2篇，增城区文化馆2篇，天河区文化馆1篇。全市出版书籍数量7本，其中广州市文化馆5本，南沙区文化馆1本，越秀区文化馆1本。

为推动文化馆（站）理论研究发展，中国文化馆协会组织了2022年中国文化馆年会和第四届全国文化馆理论体系构建学术研讨会征文征集活动。经全国各省级文化（群艺）馆组织推荐、学术检测查重和专家评审，2022年中国文化馆年会征文（研究性论文）入围一等论文20篇、二等论文41篇、三等论文66篇，第四届全国文化馆理论体系构建学术研讨会征文（创新实践案例）入围优秀案例113篇。广州全市文化馆积极参与本次征文活动，共计入围6篇。其中，一等奖论文3篇，优秀案例3篇。

（2）课题研究及标准建设

课题建设方面，2022年广州全市文化馆承担或参与5个课题研究，其中广州市文化馆3个，番禺区、黄埔区文化馆各1个。

广州市文化馆承接了国家文化和旅游部全国公共文化发展中心"文化馆事业高质量发展研究计划"课题1项，"文化馆事业高质量发展研究计划"2022年度课题研究项目《基层治理视角下文化站融合发展研究——以广州市为例》立项获批。同时，广州市文化馆作为研究单位之一参与了广东省文化馆申报的重点项目《全民艺术普及文化社群高质量发展研究》课题。此外，广东省重点领域研发计划"文化和科技融合"重点专项"粤港澳大湾区文化IP智能创作与呈现关键技术研究及应用"项目在2022年度顺利开展研究，该项目预计研究时间为2021年至2024年。番禺区文化馆在研课题为《公共文化服务数字化建设探究与讨论》，该课题研究经中国管理科学研究院科研创新项目管理中心学术委员会审定，已入选国家重点课题。黄埔区文化馆开展课题《浅谈新媒体时代群众文化活动创新》研究，聚焦探讨新媒体时代群众文化活动的创新形式及内容。

此外，广州市文化馆（广州市非物质文化遗产保护中心）还积极开展非遗类课题研究，如广式家具研究课题、岭南武术视觉研究课题、非遗在社区研究课题等。

标准建设方面，广州市文化馆牵头制定标准共2项、参与修订标准1项。广州市文化馆继续推进市地方标准《全民艺术普及慕课建设规范》的标准起草、征求意见等工作，该标准将于2023年9月前正式发布。在志愿服务方面，开展了文化和旅游志愿服务省级地方标准《文化和旅游志愿服务 管理规范》的制定。此外，广州市文化馆还参与了由中国文化馆协会组织领导的《乡镇综合文化站服务标准》修订。

2. 理论建设

（1）理论研讨会

2022年，广州全市文化馆积极举办多场理论研讨会、座谈会，着力推动各类专项工作的理论研究。例如，白云区文化馆组织区内艺术家召开了2022白云区"红色文化、传统文化"主题文艺创作研讨会，为打造白云区省级非遗项目"舞火龙"题材形象原创音乐作品多次召开区内专家研讨会；从化区文化馆联合区人大、区文广旅体局赴温泉镇龙桥村、江埔街罗洞工匠小镇百匠园开展非遗专题座谈会等。

（2）专项调研

2022年，广州全市文化馆展开了数次专项调研，深度了解基层实际情况，调研真实需求，从而针对性地开展各项工作。例如，从化区文化馆深入镇街分馆开展乡村文化需求实地调研；白云区文化馆组织区内创作骨干前往三元里街文艺创作基地开展实地调研，还前往均禾街对省级非遗传承项目"舞火龙"进行文艺创作采风和调研等。

3. 刊物资料

2022年，广州全市文化馆有刊号的公开发行物共7本，其中越秀区文化馆4本，番禺区文化馆2本，花都区文化馆1本。内部公开资料数量共29种，其中从化区文化馆8种，越秀区文化馆6种，番禺区文化馆5种，广州市文化馆3种，南沙区文化馆3种，花都区文化馆2种，白云区文化馆1种，荔湾区文化馆1种。

三、社会影响与社会评价

（一）群众满意度

为深入了解群众需求，特开展了2022年度广州全市文化馆（含广州市文化馆、11个区文化馆）公共文化服务满意度问卷调查工作。本次问卷调查主要以发放线上问卷的形式展开，共回收有效问卷4578份。

1.受众画像及需求反馈

性别方面。本次调查回收的有效调查问卷中，包括3266名女性和1312名男性，分别占比为71%和29%，男女比例为1∶2.45，接受调查的对象仍以女性居多，较2021年而言，男性群体比例呈上升趋势，服务对象性别结构比例逐步优化。

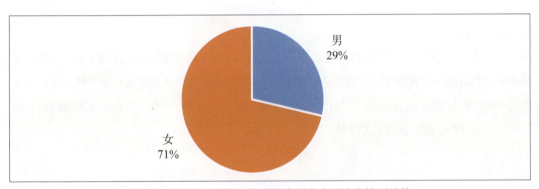

2022年度广州全市文化馆满意度调查中受访者性别结构

年龄方面。60岁以上的受访者居多，达1864人，占比41%；41～60岁的有1314人，占比29%；18～40岁的有1017人，占比为22%；18岁以下的受访者最少，仅383人，占比8%。数据分析表明，2022年问卷调查中受访者年龄结构相对固定，以中老年人为主，青少年占比较少。

文化程度方面。本次问卷调查受访者中，学历为硕士研究生及以上的有335人，占比7%；本科身份的有1273人，占比28%；高中及以下的有1448人，占比32%；专科身份的有1522人，占比33%。调查显示，各文化程度人群均有所覆盖。

职业身份方面。本次问卷调查中，2295位受访者为离退休人员，占比50%；746位受众为政府机关或事业单位人员，占比16%；555位受众为自由职业者，占比12%；434位受众为企业职工，占比10%；461位受众为在校学生，占比10%；其他职业的有87人，占比2%。

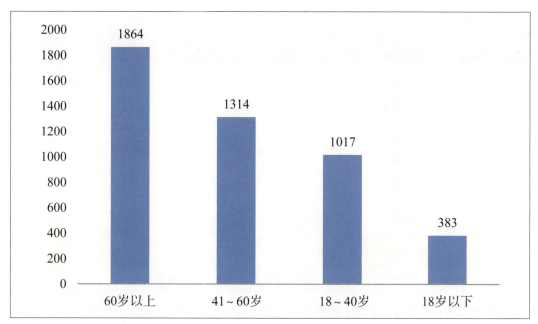

2022年度广州全市文化馆满意度调查中受访者年龄分布情况

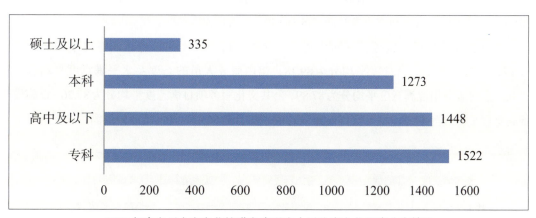

2022年度广州全市文化馆满意度调查中受访者文化程度分布情况

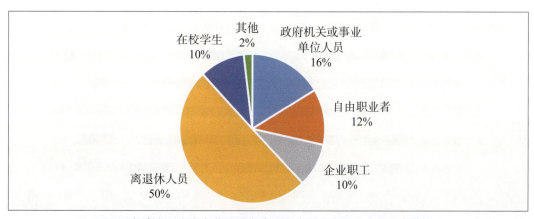

2022年度广州全市文化馆满意度调查中受访者职业身份分布情况

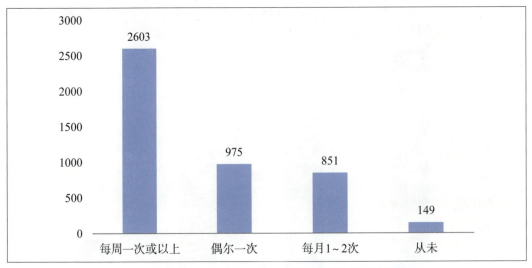

2022年度广州全市文化馆满意度调查中受访者到馆频率

到馆频率方面。接受问卷调查的受访者中到馆或参与其组织的公共文化活动频率为每周一次或以上的共有2603人，占比57%；偶尔一次的有975人，占比21%；每月一次至两次的有851人，占比19%；从未到馆或参与活动的有149人，占比3%。

满意度评价方面。服务受众对广州市文化馆、11个区文化馆整体满意度平均分数为87.87，对馆舍环境的满意度平均分为89.18，馆内服务人员的态度及水平满意度平均分为89.02，志愿服务情况满意度平均分为87.89，公共文化服务项目满意度平均分为87.26，设施设备满意度平均分为87.11，信息资讯发布满意度平均分为86.48，意见反馈渠道满意度平均分为

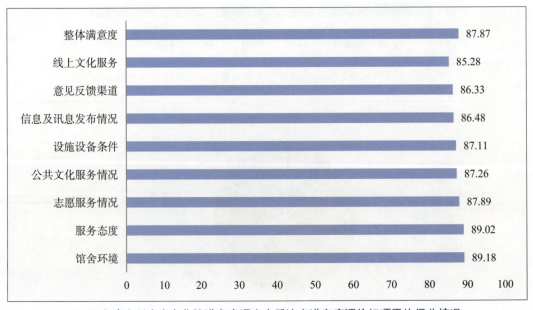

2022年度广州全市文化馆满意度调查中受访者满意度评价细项平均得分情况

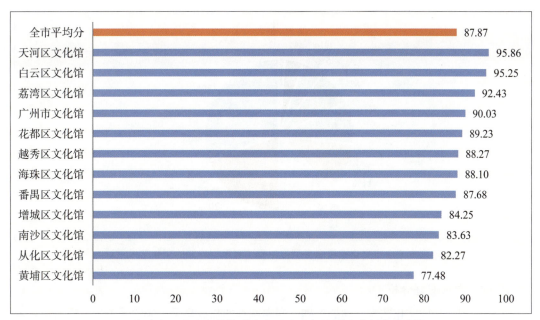

2022年度广州全市文化馆满意度调查中各馆群众满意度得分情况

86.33，线上文化服务满意度平均分为85.28。总体而言，各方面满意度均保持在较高水平，均在85分以上，这说明大多数受众对于广州市文化馆、11个区文化馆的服务具有较好的评价，其中受众对于馆舍环境的满意度最高，但对于线上文化服务、意见反馈渠道的满意度则相对较低。

2022年度广州市文化馆及11个区文化馆群众满意度各项指标得分明细

类别 单位	馆舍 环境	设施设 备条件	信息及 资讯发 布情况	公共文 化服务 项目	志愿服 务情况	线上文 化服务	服务态 度和服 务水平	反映意见 的渠道或 途径	综合评价 （整体满 意度）
广州市文化馆	92.68%	90.34%	90.08%	89.80%	90.54%	87.72%	90.96%	88.13%	90.03%
越秀区文化馆	89.66%	85.63%	85.49%	87.50%	90.95%	83.57%	89.27%	84.72%	88.27%
海珠区文化馆	90.51%	86.74%	86.39%	87.96%	88.72%	83.73%	88.99%	85.44%	88.10%
荔湾区文化馆	91.74%	92.43%	88.07%	91.97%	89.91%	88.30%	94.50%	91.28%	92.43%
天河区文化馆	95.86%	95.20%	94.04%	95.03%	94.87%	94.54%	95.86%	94.70%	95.86%
白云区文化馆	95.45%	94.83%	96.69%	96.49%	95.66%	95.87%	96.90%	95.04%	95.25%
黄埔区文化馆	79.06%	78.13%	77.52%	77.52%	76.98%	76.73%	77.95%	76.98%	77.48%
花都区文化馆	90.13%	89.47%	87.34%	88.57%	89.88%	87.99%	89.14%	88.16%	89.23%
番禺区文化馆	90.36%	86.25%	86.43%	84.82%	86.25%	81.96%	88.57%	84.82%	87.68%
南沙区文化馆	87.50%	83.80%	82.04%	83.27%	84.86%	81.51%	87.15%	83.27%	83.63%
从化区文化馆	83.14%	78.92%	80.81%	80.52%	81.25%	79.07%	83.87%	79.80%	82.27%
增城区文化馆	84.09%	83.60%	82.87%	83.69%	84.82%	82.39%	85.06%	83.60%	84.25%
全市平均分	89.18%	87.11%	86.48%	87.26%	87.89%	85.28%	89.02%	86.33%	87.87%

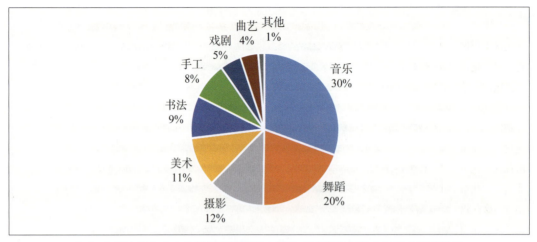

2022年度广州全市文化馆满意度调查中受访者希望参加的文化艺术活动类别

2. 群众需求偏好分析

关于希望参加的文化艺术活动的类别，问卷调查的数据显示，30%受访者希望参加音乐类活动，20%的受访者希望参加舞蹈类活动，12%的受访者希望参加摄影类活动，11%的受访者希望参加美术类活动，9%的受访者希望参加书法类活动，8%的受访者希望参加手工类活动，5%的受访者希望参加戏剧类活动，4%的受访者希望参加曲艺类活动，1%的受访者希望参加其他类型的活动，包括武术、健身操、瑜伽、魔术、走秀、主持、朗诵等。

关于希望参加的文化艺术活动的形式，问卷调查结果显示，25%的受访者希望观看高质量的公益演出，21%的受访者希望参加文化艺术类的公益活动，19%的受访者希望参加艺术技能类的公益培训，11%的受访者希望加入一支文化艺术类的团队并得到公益辅导，7%的受访者希望观看文化艺术类的公益展览，7%的受访者希望参加非遗类的研学或传习活动，5%

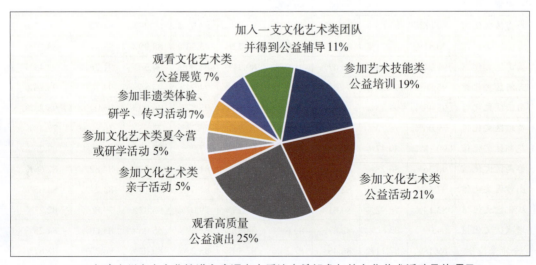

2022年度广州全市文化馆满意度调查中受访者希望参加的文化艺术活动具体项目

的受访者希望参加文化艺术类的亲子活动，5%的受访者希望参加文化艺术类夏令营或研学活动。受访者对高质量演出的需求依旧位居第一。此外，还有部分市民表示希望参加健身、养生等相关的文化艺术活动。

（二）荣誉表彰

2022年，广州市文化馆、11个区馆及下属分馆荣获各类市级以上（含市级）非创作类奖项共73项，其中国家级（或全国性）奖项10项，省级奖项9项，市级奖项54项，涵盖理论研究、志愿服务、先进集体、视频制作等类别。

2022年度广州全市文化馆省级及以上部分非创作类获奖列表

获奖单位	奖项名称	获奖级别	获奖时间	颁奖单位	获奖类别
广州市文化馆	第四届全国文化馆理论体系建构学术研讨会"优秀案例"（广州市文化馆专业干部《激活的时尚：广绣传统图案研究与转化》）	全国性	2022年9月	中国文化馆协会	理论研究
	第四届全国文化馆理论体系构建学术研讨会"优秀案例"（广州市文化馆专业干部《科技助力群文创新发展》）	全国性	2022年9月	中国文化馆协会	理论研究
	第四届全国文化馆理论体系构建学术研讨会"一等奖"论文（广州市文化馆专业干部《新时代文化和旅游志愿服务融合发展研究》）	全国性	2022年9月	中国文化馆协会	理论研究
	第四届全国文化馆理论体系构建学术研讨会"一等奖"论文（广州市文化馆专业干部《总分馆视域下区域性行业年报编制工作浅析》）	全国性	2022年9月	中国文化馆协会	理论研究
	第四届全国文化馆理论体系构建学术研讨会"一等奖"论文（广州市文化馆专业干部《文化馆项目管理推动高质量发展》）	全国性	2022年9月	中国文化馆协会	理论研究
	2022年文化和旅游志愿服务典型案例（社会力量参与志愿服务类）（"繁星行动"——广州市文旅志愿服务特色项目）	全国性	2023年1月	文化和旅游部、中央文明办	志愿服务
	2022广东文化馆年会"一等奖"论文（广州市文化馆专业干部《"非遗+城市地标"的城市公共文化治理模式探索——以广州塔"岭南之窗"为例》）	省级	2022年12月	广东省文化馆联盟	理论研究
	"带你看家乡"影像作品征集活动短视频类"最佳视角"奖（《[广州从化村晚·我们来啦]"小镇舞台"第一期：格塘南药小镇草药飘香，展现国风"村晚"》《[广州从化村晚·我们来啦]"小镇舞台"第二期：莲麻小镇赓续红色精神，"村晚"舞台响彻奋进之音》）	省级	2022年4月	广东省文化馆联盟	视频制作
	2022年文化和旅游志愿服务典型案例（社会力量参与志愿服务类）（"繁星行动"——广州市文旅志愿服务特色项目）	省级	2023年1月	广东省文化和旅游厅	志愿服务

（续上表）

获奖单位	奖项名称	获奖级别	获奖时间	颁奖单位	获奖类别
广州市文化馆	2021年度广东省学雷锋志愿服务先进典型——最佳志愿服务组织（广州市文化馆文化志愿服务团队）	省级	2022年3月	广东省精神文明建设委员会	志愿服务
越秀区文化馆	入选2022广东文化和旅游领域数字化应用十大"典型案例"（越秀区文化馆）	省级	2022年7月	广东省文化和旅游厅、广东省工业和信息化厅	理论研究
海珠区文化馆	2022年广东省"非遗少年学"优秀案例征集活动"优秀传承单位"（海珠区文化馆）	省级	2023年1月	广东省非物质文化遗产保护中心、广东省学生体育艺术联合会	先进集体
天河区文化馆	2022年中国文化馆年会和第四届全国文化馆理论体系构建学术研讨会征文研究性论文三等奖（天河区文化馆专业干部《浅谈数字文化馆内容生产与传播管理的关系》）	全国性	2022年8月	中国文化馆协会	理论研究
	国家公共文化云"学才艺"认证U课（天河区培训联盟授课教师录制的公益魔术课程）	全国性	2022年3月	国家公共文化云（文化和旅游部全国公共文化发展中心）	视频制作
花都区文化馆	"广东好人"荣誉称号（花都区专业干部）	省级	2022年6月	广东省文明办	个人获奖
番禺区文化馆	最佳团队奖（"舞动新时代"2022广东省广场舞展演展播线上活动）	省级	2022年12月	广东省文化和旅游厅	先进集体
	2022年广东省乡镇（街道）社会体育指导员服务站评估为AA等级（钟村分馆）	省级	2023年1月	广东省体育局	先进集体
从化区文化馆	2022年中国文化馆年会和第四届全国文化馆理论体系构建学术研讨会"优秀案例"（从化区专业干部）	全国性	2022年9月	中国文化馆年会	理论研究
	第二届学雷锋文艺志愿服务最美文艺志愿服务社区（村）（江埔街锦二村）	全国性	2022年9月	中国文艺志愿者协会	志愿服务

（三）跨地区交流

2022年，广州全市文化馆积极与省内外文化相关单位开展文化艺术交流、合作，省外主要与江西、福建、新疆等省区开展文化交流，区馆主要以省内周边城市为主要合作区域。因疫情原因，本年度全市文化馆的跨地区交流频率相对降低。

从合作对象的组织性质看，与政府机构、学校等单位的合作是目前较为紧密的合作方式。从内容形式来看，广州全市文化馆跨地区交流与合作形式丰富，主要采用展览、比赛和培训等交流方式。

2022 年度广州全市文化馆省际跨区域交流列表

交流单位	主题/工作内容	交流地点	交流时间	情况简介
广州市文化馆	最美岭南风——广州精品书画交流巡回展（赣州站）	赣州市	2022年7月15日	由广州市文化馆、江西省赣州市章贡区南外街道办事处、赣州市文化馆、赣州市美术家协会、赣州市书法家协会联合主办的"最美岭南风——广州精品书画交流巡回展（赣州站）"在赣州市红杉里艺术馆顺利开幕。
	最美岭南风·山水黔南情——广州、黔南州精品书画交流巡回展	黔南州	2022年8月16日	由广州市文化广电旅游局、黔南州文化广电和旅游局（州体育局）指导，广州市文化馆、黔南州文化馆主办，黔南州图书馆、黔南州博物馆协办的"最美岭南风·山水黔南情——广州、黔南州精品书画交流巡回展"在黔南州图书馆举行。
番禺区文化馆	最美岭南风——广州精品书画交流巡回展	江西省赣州市、贵州省黔南州	2022年7月15日至31日	番禺区文化馆组织推送5名书画家作品5幅，参加"最美岭南风——广州精品书画交流巡回展"活动，先后在江西省赣州市、贵州省黔南州展出，并把作品赠予黔南州文化馆收藏。

2022 年度广州全市文化馆省内跨区域交流列表

交流单位	主题/工作内容	交流地点	交流时间	情况简介
广州市文化馆	2022年广州市文化和旅游志愿服务骨干线上培训班	线上	2022年12月16日	邀请来自中山市和汕头市文化馆项目负责人为全市的文旅志愿服务骨干分享优秀志愿服务项目："山与海的对唱"——乌蒙山的文化慕课、"歌声中的党史"志愿服务项目和"携手绣未来"文化志愿服务项目。
海珠区文化馆	"喜迎二十大永远跟党走奋进新征程"广东街舞青年、新文艺自由职业群体基层调研	揭阳市	2022年8月11至12日	与揭阳的街舞文化工作者、新青年进行调研交流活动。此次调研活动旨在了解广东街舞青年、新阶层青年文艺群体的生存现状及其所面临的问题和困难，引导他们更好地发挥积极性，帮助该群体健康发展。
	街舞数字化发展赋能研讨会	深圳市	2022年5月25日	与广东地区街舞文化工作者探讨未来街舞数字化发展方向以及方针。
天河区文化馆	庆七一颂党恩——湾区潮剧潮曲专场	天河区文化艺术中心小音乐厅	2022年6月30日	本次活动是由广东省潮人海外联谊会指导，广东省潮人海外联谊会潮乐社、广州市天河区文化馆、佛山市潮文化传承中心主办，李肇星戏剧文化工作室承办，广东省农垦局曲艺团、湛江潮汕商会潮剧社、广州市芳韵艺术团、佛山市潮人曲艺社协办。
	原创大型歌舞剧《戴爱莲》在天河区文化艺术中心上演	天河区文化艺术中心大剧院	2022年8月10日	8月10日，由中共江门市委宣传部、中共江门市蓬江区委宣传部指导，江门市蓬江区文化馆、广州市天河区文化馆主办的原创大型歌舞剧《戴爱莲》在天河区文化艺术中心大剧院精彩上演。
番禺区文化馆	"再乡村"中山·旗溪乡村儿童艺术双年展	中山市	2022年12月17日至2023年2月7日	"蒲公英行动"番禺外来工子女油画班应邀参展"再乡村"中山·旗溪乡村儿童艺术双年展，展出26幅油画作品。

（续上表）

交流单位	主题/工作内容	交流地点	交流时间	情况简介
从化区文化馆	《从化水族舞的传承》	佛山民间艺术研究社	2022年6月29	2022年6月29日，从化水族舞传承人黎建中先生受邀到佛山民间艺术研究社参观学习交流，主要是针对从化水族舞道具编织的改良、舞蹈的创新进行交流，同时学习佛山文艺团队先进的经验。

四、案例选编 ///

（一）越秀区文化馆：老城焕新促发展

简介：2022年6月12日，广州非遗街区（北京路）正式开街，该街区依托北京路作为广州市两千多年不变的城市发展原点，深入挖掘历史文化记忆和文旅资源，对中山四路骑楼建筑进行整体活化利用，建设出一个集展贸展演、传承体验等于一体的非遗空间。以北京路骑楼为原型搭建出的虚拟公共文化空间——元宇宙非遗街区于当天同步上线，通过数字技术为历史文化街区、景区赋能，并结合传统节庆、品牌文化活动进行多场景复用，成为岭南非遗的重要展示窗口和广州展现"老城市新活力"的鲜活典范。

亮点：广州非遗街区（北京路）以"绣花""织补"等微改造方式，既保持骑楼建筑现有的格局肌理和景观特征，同时引入广州"千年商都""海丝文化"的在地性文化优势，用一条涌动的"花路"横贯多个橱窗，集中展示国家级非遗项目与越秀区本土非遗项目。元宇宙非遗街区中的非遗集市以古色古香的屏风相间，每个主题摊位集中展示一项非遗技艺，通过挑选具有代表性的精品进行3D数字建模，并结合5G云计算、AR/VR等技术，高精度全方位地展示产品细节，供市民游客领略非遗工艺的精妙之处。

（二）海珠区文化馆：潮流文化燃广州

简介：2022年元旦期间，第十届"Reallife——我们的生活"中国（广州）潮流文化周在海珠万达广场举行。自2012年起，潮流文化周每年举行一次，是集竞技赛事、舞剧演艺、极限运动、慈善公益、艺术互动、潮流购物等于一身的综合活动平台。潮流文化周除了街舞赛事的核心板块内容，更云集了各类型精彩纷呈的潮流文化活动，市民游客皆可参与体验，充分体现出活动的多样性，为市民游客展现"真我"的生活提供综合性平台。

亮点：潮流文化周涵盖DJ、说唱、街舞、涂鸦四大街头文化元素，并融合跑酷、滑板及街头篮球等街头运动文化项目，旨在打造全国最大型的街头文化产业综合活动平台，且因其具有较高的大众互动性、娱乐观赏性、目标黏度，不仅极大地丰富市民的生活，而且给全国乃至全世界热爱街舞的年轻人带来不一样的潮流文化体验。其中，为期三天的潮流文化周街舞赛事，影响力辐射至粤港澳大湾区乃至全国，首届Real Dance Competition-Fight for City粤港澳大湾区城际街舞对抗赛联动大湾区共16个城市的顶尖街舞团队，在广州以舞会友，大大促进粤港澳大湾区青年舞者们的街舞技术交流，将街舞文化推向更高层次和水准。

（三）荔湾区文化馆：沙面文化青年讲

简介：沙面建筑群，是广州市著名古建筑群之一，一百多年来，东西方文化在此交融，汇聚成独特的沙面历史文化。"沙面少年说"导赏志愿活动是广州市2022年重点志愿服务项目"繁星行动"的培育项目之一，于2022年9月10日在荔湾区沙面党群服务驿站拉开序幕。该项目通过选拔和培育优秀青少年成为导赏员，向市民游客介绍沙面，使青少年导赏员成为社区文化推广的主体，传播沙面的人文历史风情。

亮点：在"沙面少年说"导赏志愿活动举办前，青少年导赏员会接受礼仪培训，从多方面学习导赏员的礼仪知识。培训老师通过手语歌、互动游戏等方式寓教于乐，教导青少年导赏员在日常生活中成为懂礼仪、守规范的新时代青年，在志愿活动中彰显新时代优秀志愿导赏员的风范。在沙面实地讲解的过程中，既能够增强青少年对传统文化的认识和了解，引领青少年重视对传统文化的传承和弘扬，为传统文化的发展注入新动力，同时又充分发扬志愿服务精神，培养青少年服务社会、回报社会的意识和能力。

（四）天河区文化馆：乞巧文化展瑰宝

简介：为庆祝七夕佳节，"2022·广州乞巧文化节"于7月31日正式启动。活动以"七夕 天河 绽放广州"为主题，以"非遗"天河乞巧习俗为文化内核，以"传"为活动线索，以见人、见物、见生活的理念传播乞巧文化传统，推动国家级非物质文化遗产瑰宝——"七夕节（天河乞巧习俗）"绽放迷人光彩。在活动的启动仪式上，首次发布元宇宙数字乞巧文化博物馆。利用元宇宙概念，通过720度全方位拍摄、全景合成、H5虚拟现实等高科技技术，全方位展示乞巧文化博物馆艺术展项，实现馆内1∶1三维数字孪生，构建元宇宙中的乞巧文化博物馆，观众足不出户即可沉浸式体验乞巧文化的魅力。

亮点："2022·广州乞巧文化节"活动主场馆设在素有"中国乞巧第一村"美誉的天河珠村。2011年，以珠村乞巧为代表的天河乞巧习俗入选国家级第三批非物质文化遗产名录，珠村也被文化和旅游部授予"中国民间文化艺术之乡"称号。作为"2022·广州乞巧文化节"的主会场，珠村潘氏宗祠内通过制作传统乞巧供案，集中展示民间精巧的乞巧工艺；珠村明德堂也按照传统习俗进行"祈福""迎仙""拜七娘""对月乞巧"等活动，供市民游客欣赏体验。此外活动还设立华南国家植物园、广州塔、花城广场、正佳广场、合利天德广场等9个分会场，通过"非遗+文创""非遗+旅游""非遗+研学"等多业态创新融合，激发乞巧文化"破圈"

活力,进一步促进非遗和文商旅的深度融合发展。

(五)白云区文化馆:守住指尖的艺术

简介: 钩针编织简称钩织,是以螺纹棉花线钩成的蕾丝钩针编织,是创造织物的一种方式。一支钩针、一双巧手,即可将一条线编织成一片织物,进而将织物组合成为衣着或家饰品等。2020年12月,"手工钩针编织"被评为广州市白云区第七批区级非遗代表性项目。2022年,白云区文化馆开展了非遗钩针编织公益线上课堂、"非遗进社区"之"非遗印记·指尖芭蕾"手工钩针编织三八节专题公益课堂和"魅力女神·中港有约"等非遗手工钩针编织课程,钩针技艺非遗传承人王娟作为课堂老师,为群众们传授手工钩针编织技艺。白云区文化馆通过线上线下多渠道推广传统手工技艺,推动该项非遗技能的传承发展,同时也加强对非物质文化遗产知识的普及,推动非遗传承保护工作深入开展,让更多人了解非遗、喜爱非遗。

亮点: 王娟女士作为广州市白云区第四批区级非物质文化遗产代表性项目代表性传承人,已多次主持"手工钩针编织"课程。钩针编织有30多种基本编织方法,基本针法又能幻化出成千上百种不同花样,变成式样丰富制品。这不仅能展示传统的中国式审美,而且能满足人们对精神享受的追求。王娟女士在钩针编织技艺的创新性发展中融入了时代元素,让传统手艺以更契合时下审美的形式呈现。为了扩大手工钩针编织的队伍,王娟女士将这门技艺带进校园、带进课堂、送教下乡,让青少年了解学习传统艺术,给村民们提供新的经济来源,以此为家庭增收。此非遗项目丰富了群众的生活,提升了群众的技能水平,推动群众们走进钩针编织的世界,用双手勾勒出心中的美好生活。

(六)黄埔区文化馆:"十古"遗存绽光彩

简介: "十古"遗存是广州市黄埔区丰富的历史遗存之一,目前全区有古树、古村、古屋、古庙、古巷、古道、古塔、古井、古桥、古码头等十类古遗存共701处。2022年,黄埔区进行全面深入的整改工作,对辖内十类古遗存的文化历史信息进行系统梳理、挖掘,用讲故事、展画卷、树舞台等多种群众喜闻乐见的形式对古遗存加以活化利用。2022年6月11日,为庆祝全国第17个文化和自然遗产日,广州市黄埔区"非遗传承·黄埔十古——2022年文化和自然遗产日文艺展演"活动在线上播出。不同形式的舞台艺术展现了黄埔区灿烂且悠久的历史文化,呈现黄埔区保护历史文化遗产、参与非遗传承传播的成果。

亮点: "十古"非遗元素与文艺展演融合,使每个节目从不同层面展示历史文化故事、传递优秀传统文化。展演分为"春之韵""夏之梦""秋之恋""冬之忆"四个篇章共计12个特色节目,与波罗诞、扒龙舟、貔貅舞等非遗代表性项目结合,体现了中国传统元素的当代化演绎。展演以"黄埔十古"——古庙为创作背景的节目《祈·南海神庙》开场，通过民俗舞蹈再现古代国家祭祀海神、祈求国泰民安的情景。女声合唱《梦里的珠江缓缓流》用歌声描绘出南海神庙古码头遗址旁承载着依恋与乡愁的珠江水缓缓流淌的画面。节目将沉浸体验与文化浸润完美融合，让"传统"深入人心，充分彰显黄埔历史文化的魅力，展现非遗之美。

（七）花都区文化馆："遇见非遗"新形式

简介： 2022年5月19日，花都非遗展厅正式开放，2022年"遇见非遗"系列专题展在花都区美术馆顺利举行。本次展览涵盖国家、省、市、区级30个非遗项目，代表性传承人38人。开幕式上展示的非遗项目包括广州北胜蔡李佛拳、广东醒狮"狮武"结合、钉金绣裙褂项目等；现场还设有非遗墟市供市民群众"潮玩"。整个展览有"沉浸式非遗展"和"非遗项目综合展"两个展区，集赏、品、玩、观于一体。从2022年5月19日的"遇见非遗"之多彩非遗专题展开始，直至2022年12月，花都区文化馆定期更换主题，为大众呈现静态观展与互动体验相结合的活态展示场地，带领大众沉浸式体验非遗项目，共享非遗之美。

亮点： 为积极推动非物质文化遗产更好地融入时代、融入生活，花都区非遗VR云展厅在展览开幕当天正式上线，以"手绘+非遗""VR+非遗""数字+非遗"的时尚化、信息化、科技化手段向观众生动还原、讲述和解构花都区纷繁多彩的非遗体系。花都区文化馆坚持"守正"与"创新"并举、"传承"与"发展"并重，推出全市首个VR手绘非遗云展览，通过语音讲解、图文展示、视频介绍等多种手段，集中呈现30项非遗项目的制作过程、项目特点、传承方式，实现"360度观展"，打造融艺术性、知识性、趣味性、互动性于一体的多维度数字智慧展厅、线上集聚展示基地和"活态传承"虚拟空间，呈现出彰显花都区非遗魅力的文化盛宴。

（八）番禺区文化馆："乡村网红"助振兴

简介： 千年古邑番禺是岭南文化的重要发源地，历史悠久，人文荟萃，文化底蕴深厚，拥有丰富的非物质文化遗产，目前已经建立了国家、省、市、区四级非遗保护传承体系。2022年6月17日晚，"'禺'你相约"番禺区"乡村网红"大赛决赛在沙头街前后仓国际珠宝基地举行，16位镇街"乡村网红"通过网络直播平台向网友推荐自己家乡的文化特色。在网红主播们介绍番禺的飘色、乞巧、龙舟、龙狮、曲艺等民间文化艺术时，各有相应的传承人登台代言。作为番禺文明的宣传者之一，"乡村网红"熟知网络的传播规律、拥有较好的内容生产能力和传播能力，具备丰富的传播经验，能够精准把握网友的兴趣偏向，以独特的方式传播番禺历史和文化。

亮点：大赛以各镇街文化馆为依托，通过海选、导师辅导、网友互动、微综艺PK晋级等创新方式，发掘培育出一批优秀"乡村网红"人才，同时给"网红"们提供了展示才华的舞台，与公众相约在线上感知番禺之美。"乡村网红"将番禺的全域旅游线路、特色美食和民俗民风推广出去，让网友们对番禺乡村的旅游、非遗、美食、文化艺术等方面都有了进一步的了解，并吸引网友购买姜埋奶、红薯、珠宝饰品、猪脚姜等本土特色产品。这是番禺首次利用网络直播来展现近年来番禺区乡村振兴的建设成果，既发挥了镇街乡村网红力量助推乡村振兴和国家全域旅游示范区建设，又提高了文化与现代生活融合的程度。

（九）南沙区文化馆：再现这"礼"最南沙

简介：为加强文明传承、文化延续，抓好历史文化保护传承，深入推动文旅融合发展，南沙区文广旅体局、广州市南沙文化会联合主办2022年南沙区第二届文创大赛。这既是推动文化创意产业成为南沙发展新动力源的需要，也是促进粤港澳文创人才交流互鉴的有力抓手。大赛继续发挥南沙这个大湾区中心的优势，以"文化创新"为切入点，加快探索粤港澳三地"文商旅"融合发展新模式，循序渐进打造"拿得出、叫得响"的南沙文化品牌IP，实现"文商旅"产业链的有效延伸，加快推动人文湾区建设。

亮点：第二届文创大赛传承首届文创大赛的主题，吸收其经验，在此基础上进行了创新和优化，围绕着"这'礼'最南沙"的大赛主题，继续深化打造南沙人IP形象。设计师从南沙风土人情出发，梳理南沙历史变迁，展现南沙新貌，围绕"文化、旅游、创意"等主线方向，打造南沙区城市礼物，提升南沙区文旅形象，助力南沙区走向更高、更好的城市发展舞台。本次大赛共收到来自IP组276份、产品组278份，合计554份参赛作品，作品整体质量大幅度提高，极具南沙地域性文化，且设计创意新颖，风格多样。

（十）从化区文化馆：5G小镇展风采

简介：科技农业的盛景徐徐展开，红色小镇的故事代代相传，童趣十足的稻草公园寓教于乐，绿水青山的中医药园区讲述着传承与创新……春节前夕，"5G直达最美小镇"——广州从化云上"村晚"系列展演活动在广州举行，作为2022年全国"村晚"示范点展示活动之一，广州从化云上"村晚"系列展演活动以"欢乐过大年·喜迎冬奥会——我们的美好生活"为主题，以5G联动的方式在广州市从化区艾米稻香小镇、莲麻小镇、格塘南药小镇、西塘童话小镇这四个特色小镇一同举行，在展示传统文化、非遗民俗、现代艺术等不同特色的节目的同时，生动呈现出广州地区农村人居环境的惊艳蜕变以及乡村振兴结出的丰硕成果。

亮点：广州从化云上"村晚"系列展演活动，是当地首次采用5G联动、四地同步的方式开展的群众文化活动。"村晚"现场全程采用5G+超高清视频采集和回传技术，实现4个会场的实时高清视频互动，再辅以无人机航拍等方式，给观众带来精彩的视觉体验。视频于2022年1月25日至春节期间在国家公共文化云、央视频、广州日报、南方卫视等媒体平台播出，各媒体平台观看总人次合计282.48万，让更多人于云上感受到"村晚"的盛况，是一次科技助力乡村文旅、文化彰显科技魅力的有益尝试。

（十一）增城区文化馆：最美舞姿献给党

简介：为庆祝中国共产党成立101周年，继承和发扬党的光荣传统和优良作风，并进一步激发社会各界人士的创作热情，提高群众参与度，增城区文化馆经过精心制作和编排，于"七一"建党节推出舞蹈MV《七月》。节目用最美好的舞姿表达了"永远跟党走、奋进新时代"的决心和情怀，充分运用文艺作品展示了增城区青年一代凝心聚力、奋发图强的精神风貌，抒发了人民对党、对祖国的美好祝福。

亮点：舞蹈MV《七月》由增城区文化馆原创拍摄，参与录制演员均为增城区文艺骨干，包括党员、青年舞者等，他们希望通过这支舞蹈表达增城人民无畏疫情、坚强奋斗、蓬勃向上的朝气。MV的录制点选取了增城比较有代表性的场地，包括东门桥、凤凰山公园、增江一河两岸等，通过镜头，不仅让市民群众看到增城具有浓厚人文特色的景观，也充分感受到传统文化与现代气息碰撞融合出来的独特新面貌。

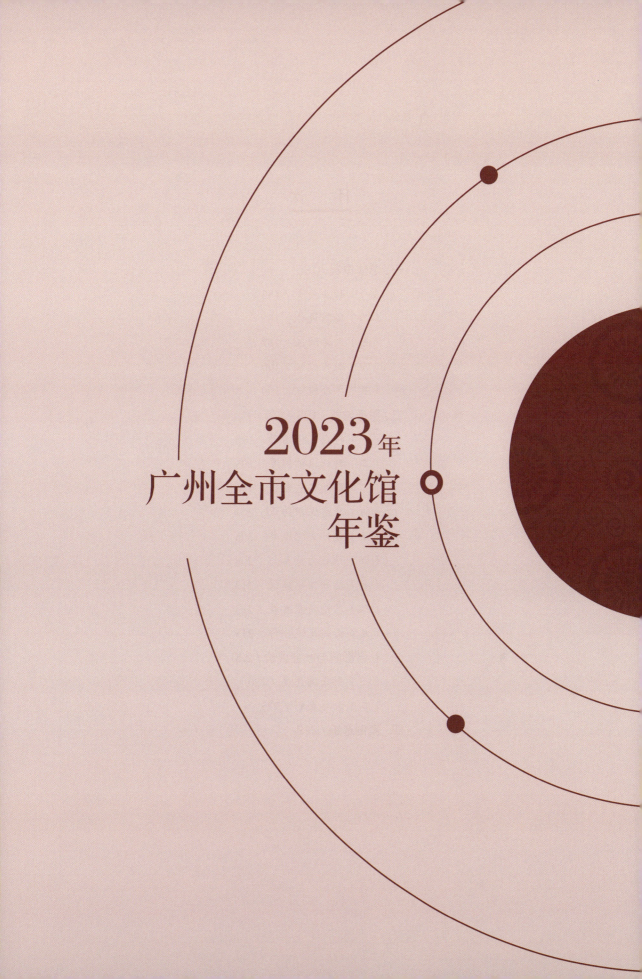

2023年
广州全市文化馆
年鉴

目　次

一、总体概况

（一）行业简介

近年来，广州全市文化馆[1]学习贯彻习近平新时代中国特色社会主义思想，秉持全民艺术普及和优秀传统文化传承两大核心职能，以高质量发展为引领，在"筑品牌、搭平台、强机制、拓资源"方面下功夫，继续打造群众品质文化生活的新空间、岭南文化传播展示的新窗口、辐射粤港澳大湾区的文化新高地。截至2023年底，广州市进一步推进总分馆制体系建设，以广州市文化馆为中心馆，11个区文化馆为总馆，分别是越秀区文化馆、海珠区文化馆、荔湾区文化馆、天河区文化馆、白云区文化馆、黄埔区文化馆、花都区文化馆、番禺区文化馆、南沙区文化发展中心（即南沙区文化馆，下文统称为南沙区文化馆）、从化区文化馆和增城区文化馆，11个总馆下设235个分馆。11个区文化馆馆舍总建筑面积约为8万平方米，235个分馆的总建筑面积约为42万平方米。

广州全市文化馆始终奋战在文化领域一线，并取得了多项荣誉。广州市文化馆自2008年起四次被评定为"国家一级文化馆"，2019年、2022年两度收获全国群众文化领域政府最高奖——群星奖，2023年被评为"广东省文化馆联盟先进集体"。在第五次全国文化馆评估定级工作中，全市11个区文化馆均被评为"国家一级文化馆"。2023年全市文化馆共收获奖项526项，其中包括创作类获奖423项、非创作类获奖103项。在群文创作方面，广州连续四年在全省群文作品评选中位居榜首；在2023年的"广东省群众艺术花会"（音乐舞蹈）中，获奖总数和金奖数均为全省第一。在理论研究方面，全市文化馆共同编制的《2022年广州全市文化馆行业年报》在全国文化馆2022年度年报征集展示工作中被评为"十佳年报"，这是全国唯一入选的总分馆体系年报。

本年度，全市文化馆在推动文旅深度融合、数字文化建设、社会力量多元参与等方面取得了突破性的进展。一是文旅融合方面。2023年7月，广州市文化馆成功创建为"国家AAA级旅游景区"，成为集艺术普及、非遗保护和休闲旅游于一体的文旅融合新地标。二是数字文化建设方面。广州全市文化馆持续推进数字化转型升级，各级文化馆采用数字化技术，打造精品数字资源，提供优质线上服务，优化场馆数字文化体验。三是社会力量参与公共文化设施

---

[1] 本节所提"广州全市文化馆"，均包括广州市文化馆、11个区文化馆及235个下属分馆。

运营方面。全市文化馆依托总分馆体系，引入社会力量参与公共文化服务，深入推进资源融合，社会力量分馆数量（含其他分馆数量）较2022年同比增长约51%，公共文化服务供给体系更开放多元。

作为湾区公共文化服务体系的重要组成部分，本年度，广州全市文化馆在全民艺术普及、非遗保护传承、文旅志愿服务、青少年美育、新型文化空间建设、沉浸式文化体验、民间艺术交流、公共文化设施和社会力量参与等方面开展了卓有成效的探索和实践。广州市文化馆新馆的开放，更为湾区文化事业发展注入新动能。未来，广州全市文化馆将继续秉持新发展理念，转变服务方式，总结"广州经验"，肩负起时代赋予文化馆的责任与使命。

（二）场馆设施

1. 中心馆

广州市文化馆新馆位于海珠区新滘中路288号，占地面积约14.2万平方米，建筑面积5.4万平方米，拥有大剧场、报告厅、排练厅、培训课室、琴房和展厅等功能厅室及露天广场。

曾有馆舍"艺苑馆"（公共文化学习中心），位于海珠区艺苑路47号1～2层，总面积为6017平方米，2009年2月正式开馆使用，2022年10月暂停使用。

曾有馆舍"华盛馆"（公共文化活动中心），位于广州市先烈中路102号之二华盛大厦北塔3～5楼，面积为2286.66平方米，2001年6月迁入使用，2022年10月暂停使用。

2. 总馆

截至2023年底，11个区文化馆馆舍总建筑面积约为8万平方米。与2022年相比，总体略

2023年度广州市11个区文化馆馆舍建筑面积

有减少，其中番禺区文化馆总建筑面积扩大了1720平方米，是本年度场馆总建筑面积增长最大的区文化馆；而从化区文化馆、花都区文化馆和增城区文化馆因规划调整、场馆改建等原因，馆舍建筑面积较2022年有所减少。

3. 分馆

截至2023年底，广州市11个区馆共有分馆235个，分馆总面积约42万平方米。其中，番禺区文化馆下属分馆总建筑面积位居首位，天河区和黄埔区下属分馆总建筑面积本年度涨幅较大，分别较去年增长约4.4万平方米和3.4万平方米。下属分馆类型丰富，大多设有各类活动厅室，多年来通过开展文化服务、培育群文团队，为基层群众的文化艺术学习、日常排练和活动展演等提供了基础场地保障。

2023年度广州全市各区文化馆下属分馆馆舍总建筑面积

（三）人才队伍

1. 党员队伍建设

2023年度，广州市文化馆、11个区文化馆及其下属分馆扎实推动基层党员队伍建设，持续壮大党员队伍规模，不断锤炼队伍实力。

（1）基本情况

截至2023年12月底，广州市文化馆、11个区文化馆及其下属分馆党员总人数达1000人（以下人数均含退休党员人数）。其中，广州市文化馆共有党员41人，11个区文化馆共有党员105人，11个区文化馆下属分馆共有党员854人。

2023年度广州全市区馆及分馆党员（含退休党员）人数情况

（2）建设情况

2023年是全面贯彻落实党的二十大精神的开局之年。为进一步加强党员管理，夯实组织基础，广州全市文化馆深入学习贯彻习近平新时代中国特色社会主义思想和习近平总书记视察广东重要指示精神，认真开展主题教育学习活动。例如，广州市文化馆与省委党校、市委党校开启共建模式，挂牌市委党校教学基地，协助举办广东省红色讲解员大赛，弘扬红色故事文化精神；越秀区文化馆党支部通过组织开展"我为群众办实事"实践活动、参观红色革命场馆等活动，提高党员思想认识；黄埔区文化馆始终把思想政治建设摆在首位，举办"音乐党课"，让党性教育"声"入人心；白云区文化馆紧扣党的二十大精神，结合自身实际，多次组织开展政治思想学习，举办红色文化话剧创作展演。

2. 人才队伍建设

（1）市馆及区馆

2023年，广州市文化馆及11个区文化馆在岗职工总人数为269人。其中，在编人员198人，编外人员71人，正高级职称5人，副高级职称51人，中级职称79人，初级职称43人。

2023年度广州市文化馆及11个区馆人员情况

人员情况 单位名称/区名	总人数 （人）	在编人员 （人）	编外人员 （人）	正高级 （人）	副高级 （人）	中级 （人）	初级 （人）
广州市文化馆	83	54	29	4	14	21	7
越秀区	23	23	0	0	6	12	5
海珠区	18	18	0	0	8	5	2
荔湾区	15	13	2	0	3	7	1
天河区	13	4	9	0	1	6	5
白云区	11	11	0	0	3	3	3
黄埔区	19	15	4	0	6	3	5
花都区	24	14	10	1	3	6	2
番禺区	21	15	6	0	2	8	5
南沙区	11	5	6	0	2	3	2
从化区	13	11	2	0	2	3	3
增城区	18	15	3	0	1	2	3
总计	269	198	71	5	51	79	43

（2）分馆

截至2023年底，11个区下属分馆在岗职工总人数为1985人。其中，在编人员578人，编外人员1407人，正高级职称5人，副高级职称16人，中级职称74人，初级职称182人，专职人员1035人，兼职人员618人。

2023年度广州11个区下属分馆人员情况

人员情况 区名	总人数 （人）	在编人员（人）	编外人员（人）	正高级（人）	副高级（人）	中级（人）	初级（人）	专职（人）	兼职（人）
越秀区	84	48	36	0	0	11	10	58	10
海珠区	449	244	205	5	8	35	55	301	148
荔湾区	95	53	42	0	0	3	13	51	32
天河区	88	34	54	0	3	3	7	72	16
白云区	169	39	130	0	2	5	28	91	69
黄埔区	221	39	182	0	0	4	10	114	70
花都区	65	15	50	0	0	2	2	44	21
番禺区	149	35	114	0	0	4	37	119	42
南沙区	73	27	46	0	1	1	7	24	10
从化区	485	22	463	0	2	5	5	101	153
增城区	107	22	85	0	0	1	8	60	47
总计	1985	578	1407	5	16	74	182	1035	618

（四）财政投入

在财政投入方面，广州全市文化馆严格遵守预算执行制度，科学设置预算指标，加强公共文化服务经费支出及监督管理，保障免费开放和基本公共文化服务。

2023年，广州市文化馆年度财政总投入为12174万元，广州全市11个区文化馆及下属分馆年度财政总投入达29053万元。其中，11个区文化馆年度财政总投入9672万元，11个区文化馆下属分馆财政总投入19381万元。

2023年度广州全市各区文化馆及下属分馆年度财政投入情况（万元）

财政情况 区名	区馆年度财政投入 （万元）	下属分馆年度财政投入 （万元）	各区年度财政投入总和 （万元）
越秀区	1565	3143	4708
海珠区	1348	796	2144
荔湾区	939	1281	2220
天河区	476	731	1207
白云区	612	2573	3185
黄埔区	1713	2191	3904
花都区	1119	444	1563
番禺区	991	4872	5863
南沙区	572	1650	2222
从化区	110	345	455
增城区	227	1355	1582
总计	9672	19381	29053

（五）年度概览

1. 党建引领，凝心聚力

2023年，广州全市文化馆共有党员1000人（含退休党员人数）。其中，广州市文化馆共有党员41人，11个区文化馆共有党员105人，11个区文化馆下属分馆共有党员854人。

广州全市文化馆各党支部以党建引领为抓手，以加强思想政治引领为目标，凸显党员先锋模范作用，着力建设德才兼备的高素质干部队伍。通过开展主题教育活动，加强学习实践和调查研究，切实把主题教育成果转化为推动高质量发展的新成效，如开展了广州全市基层文化站融合发展的调研工作，聚焦基层文化站改革发展实际情况，摸清目前基层文化站融合发展后存在的问题，扎根基层、关注基层，践行从群众中来、到群众中去的工作原则。

2. 文化惠民，提升效能

2023 年，广州全市文化馆共计服务 20500 万人次，含线下服务人次 3200 万，线上服务人次 17300 万。其中，广州市文化馆及 11 个区文化馆共计服务 17500 万人次，含线下服务人次 1600 万，线上服务人次 15900 万；11 个区馆下属分馆共计服务 3000 万人次，含线下服务人次 1600 万，线上服务人次 1400 万。

在全民艺术普及方面，广州全市文化馆全年开展各类文艺惠民活动和公益培训共计 38158 场次，包括演出、展览、比赛、讲座等综合性活动 21379 场及各类培训辅导 16779 场，共斩获各类奖项 526 项，包含国际性奖项 1 项、全国性 / 国家级奖项 50 项、省级奖项 151 项、市级奖项 324 项，含创作类获奖 423 项、非创作类获奖 103 项。

3. 非遗传承，绽放光彩

2023 年，广州全市文化馆在非遗保护、传播及推广方面取得显著成果。截至 2023 年底，全市围绕非遗传播推广共举办了 2664 个培训班、1168 场演出和 797 场展览，设有非遗传承基地 100 个，线下服务人次 968 万，线上服务人次 4755 万。《新时代广州非物质文化遗产保护发展报告》正式出版，该书采用非物质文化遗产专家学者、传承人、基层管理者分工合作的编撰模式，既体现了广州全市非遗保护的全局面貌，也体现了各区非遗保护发展的特点，还关注到广州市非遗保护发展工作中的热点和焦点话题。广州市文化馆（广州非遗保护中心）推出"花城百花开"——广州非遗常设展，首次以常设展的形式全面介绍市级以上非遗项目。

4. 数字赋能，优化服务

2023 年，广州全市文化馆不断推进数字化建设，强化数字化平台及资源建设，夯实自有媒体运营基础，持续推动数字化标准化研究，注重打造数字化、智能化文化体验场馆，切实为群众精准提供生动、有趣、便捷的数字文化体验。截至 2023 年底，广州市的数字文化馆相关平台注册用户约 25 万人，共发布活动 3652 场、资讯 2917 条，累计预约场地 12907 场。同时，广州市文化馆以及 11 个区文化馆的微信公众号合计发布信息达 3948 条，网站发布信息为 4866 条，其他视频平台发布信息为 5217 条。2023 年 4 月，广州市文化馆开通小红书官方账号，成为全市文化馆领域首个开设小红书官方账号的单位。2023 年 7 月，文化馆领域首个慕课方面的推荐性地方标准《全民艺术普及慕课建设规范》正式发布。2023 年 11 月，广州市文化馆在场馆内推出数字文化体验厅。

5. 文旅融合，志愿前行

2023 年，广州全市文化馆持续推动文旅志愿服务专业化、体系化、制度化发展，鼓励、培育和孵化了一批具备专业技能、经验丰富的文旅志愿队伍。截至 2023 年底，广州全市文化馆共培育文旅志愿者 15.8 万人，组建志愿服务队伍 550 余支，登记注册的文旅志愿者共 99519 人。全年服务时间超过 20 小时的文旅志愿者骨干人数为 11491 人，累计开展志愿服务活动 16498

场。广州市文化馆正式挂牌成立"广州市文旅志愿服务培训基地"，并作为广州文旅志愿者总队办公室持续推进省级地方标准《文化和旅游志愿服务 管理规范》制定工作。同时，不断完善广州公共文化云志愿服务系统的建设，以"繁星行动"为主线，赋能全市文化和旅游志愿服务体系建设和提升，充分发挥专业型志愿服务队伍力量开展基层社会服务，汇聚社会力量打造青少年文旅志愿服务品牌。

6. 多元主体，焕发活力

2023年，广州全市文化馆继续深化总分馆制建设，以总分馆制建设为抓手推动优质公共文化资源下沉基层，吸纳社会力量参与公共文化服务，不断建设社会力量合作分馆，持续扩大全市文化馆总分馆建设范围。截至年底，已在广州范围内建成1个中心馆（广州市文化馆）、11个总馆及235个分馆（176个街道文化站分馆和59个社会力量合作分馆）。其中，社会力量合作分馆数量（含其他分馆数量）较去年同比增长51%，创新构建多元社会主体参与下的公共文化服务供给格局。依托总分馆体系，在广州11个区、全市176个街镇开展"向美而行"2023年广州市公共文化产品配送活动，全年完成配送逾千场次。

2022年12月，《广州市公共文化设施社会化运营指导意见》（试行）出台，试行一年，该指导意见鼓励社会力量参与公共文化服务体系建设，发挥不同供给主体优势。广州市文化馆积极响应文件精神，依托新馆开展社会化运营探索，分区域推进公共文化辅助性服务与普惠性非基本公共文化服务。在基层，白云区金沙洲街、荔湾区桥中街初步实现了政府监管、企业运作的文化场馆社会化托管模式，取得了良好的社会效益。

二、服务效能

（一）群众文化活动

2023年，广州全市文化馆积极开展演出、展览、比赛、讲座等多项文艺活动，全年共计开展公益性群众文化活动（不含培训）21379场。其中，天河区文化馆和黄埔区文化馆开展活动较多，分别为3568场和3131场。

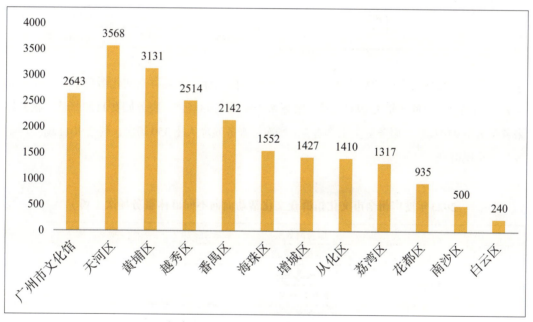

2023年度广州全市文化馆群众文化活动场次（场）

本年度，广州全市文化馆开展的群众文化活动（含演出、展览、比赛、讲座等）线上线下服务人次为19163万，线下服务人次为2259万，线上服务人次为16904万。

2023年度广州全市文化馆群众文化活动服务人次情况（万人）

序号	单位名称/区名	线下服务人次（万人）	线上服务人次（万人）
1	广州市文化馆	376	9606
2	越秀区	858	446
3	海珠区	95	160
4	荔湾区	36	678
5	天河区	268	3621
6	白云区	13	1028
7	黄埔区	138	76
8	花都区	84	135
9	番禺区	122	869
10	南沙区	75	48
11	从化区	121	164
12	增城区	73	73
	总计	2259	16904

广州全市文化馆重视特殊群体文化权益保障。据统计，各类群众文化活动中，服务未成年人4284场次，服务老年人2902场次，服务亲子家庭1793场次，服务妇女1129场次，服务外来务工人员970场次，服务群文工作者940场次，服务残障人士350场次，其余9011场次均惠及广大市民群众。

2023年度广州全市文化馆群众文化活动面向不同群体服务场次（场）

序号	服务对象	场次（场）
1	其他（不设对象门槛）	9011
2	服务未成年人	4284
3	服务老年人	2902
4	服务亲子家庭	1793
5	服务妇女	1129
6	服务外来务工人员	970
7	服务群文工作者	940
8	服务残障人士	350
	总计	21379

（二）群众培训辅导

2023年，广州全市文化馆举办了门类丰富、内容精彩的文化艺术普及课程，涵盖音乐、舞蹈、戏剧、曲艺、美术、书法、摄影等多个艺术领域，为群众提供了多元化的选择。全年开设各类培训辅导班总场次达16779场，线上线下培训总服务人次共计577万，其中线下服务人次为241万，线上服务人次为336万。

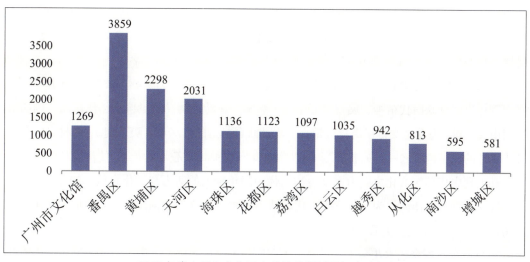

2023年度广州全市各区文化馆培训辅导场次（场）

这些培训课程充分考虑服务人群的年龄、生活背景，以及重要节庆等因素，并针对不同群体开设特色公益培训项目，全方位满足广大市民的文化需求，彰显文化馆的文化关怀。据统计，全年面向未成年人开设的培训辅导共计5505场次，面向老年群体共开设3242场次，面向

2023年度广州全市文化馆培训辅导服务不同群体场次（场）

序号	服务对象	场次（场）
1	服务未成年人	5505
2	其他（不设对象门槛）	3359
3	服务老年人	3242
4	服务妇女	1421
5	服务亲子家庭	1250
6	服务群文工作者	970
7	服务外来务工人员	847
8	服务残障人士	185
	总计	16779

残障人士共开设185场次，面向外来务工人员共开设847场次，面向妇女共开设1421场次，面向群文工作者共开设970场次，面向亲子家庭共开设1250场次，其余3359场次不设对象门槛，均惠及广大市民群众。

（三）群众文艺创作

2023年，广州全市文化馆在群众文艺创作中共荣获市级以上（含市级）奖项共计423项，其中包括国际级奖项1项，全国性/国家级奖项35项，省级奖项124项，市级奖项263项（本小节列表中仅展示部分省级及以上重要创作类集体获奖）。与2022年相比，省级及以上获奖数量增加约116%。在广东省群众文艺作品评选中，广州连续4年总分排名第一。

本年度，广州群文工作者不忘初心、砥砺前行，坚持以人民为中心，做好群文创作工作，努力创作更多反映时代精神、展现美好生活、彰显广东特色的高质量群文创作作品。例如由广州市文化馆、海珠区文化馆街舞分馆嘉禾舞社联合打造的广场舞《英歌魂》，取材自广东最具代表性的民间舞蹈之一"英歌舞"，创造性地将英歌和街舞完美地融合，使传统与现代相碰撞，既展现中华传统文化之魅力，又表达当代中国年轻人的活力与文化自信。2023年11月，广场舞《英歌魂》团队作为广东省唯一代表队，亮相"2023年全国广场舞大会成果展示——广场舞之夜"，并荣获"优秀团队"称号。

2023广东省群众艺术花会（音乐舞蹈）在广州举办，鼓舞了全市群众文艺创作，优秀的音乐舞蹈作品不断涌现，广州市参赛作品收获5金、7银、4铜共计16个奖项，获奖总数和金奖数均为全省第一。

此外，少儿艺术创作也成绩斐然。在广东省第七届少儿舞蹈大赛中，广州市文化馆联合广州尚雅荟少儿舞蹈艺术团创作的《攀登攀登》、联合南方歌舞团有限公司创作的《折扇戏狮》、联合荔湾区青少年宫创作的《荡悠悠》获创作奖、表演金奖，联合荔湾区青少年宫创作的《幸福稻田》获表演金奖；越秀区文化馆联合广东歌舞剧院培训中心创作的《行花街》也获得表演金奖。

2023年7月27日至8月1日，第十二届"小荷风采"全国少儿舞蹈展演在宁波文化广场大剧院进行为期6天的"全方位"展演。广州市文化馆选送的三个少儿舞蹈作品《攀登攀登》《渔舟悠悠》《折扇戏狮》喜获展演最高奖"小荷之星"称号。从2020年起，广州市文化馆连续3届参加小荷风采比赛，陆续推出《传接棒》《追梦节拍》《树林童话》等作品均荣获"小荷之星"称号，广州市文化馆获得"小荷之家"称号，相关指导老师获得"小荷园丁"称号。

2023年度广州全市文化馆省级及以上部分创作类集体获奖列表

序号	作品名称	类别	创作/表演单位	获奖名称	获奖级别	颁奖单位
1	《爱丽丝秘密花园》	魔术	天河魔术实验剧团	第十五届泰国国际魔术节最具创意节目奖	全球性/国际级	第十五届泰国国际魔术节组委会
2	《英歌魂》	广场舞	广州市文化馆、海珠区文化馆街舞分馆嘉禾舞社、海珠区文化馆	2023年"全国广场舞大会成果展示——广场舞之夜"优秀团队称号	全国性/国家级	文化和旅游部公共服务司
3	《激情速道》	舞蹈	广州市文化馆	大地情深全国优秀群众文艺作品汇演参演证书	全国性/国家级	文化和旅游部公共服务司
4	《升降软钢丝》《环——滚动的天空》	杂技	广州市文化馆	第十一届全国杂技展演优秀节目奖	全国性/国家级	文化和旅游部
5	《攀登攀登》	少儿舞蹈	广州市文化馆、尚雅荟少儿舞蹈艺术团	第十二届"小荷风采"全国少儿舞蹈展演"小荷之星"称号	全国性/国家级	中国舞蹈家协会
6	《渔舟悠悠》	少儿舞蹈	广州市文化馆、荔湾区青少年宫	第十二届"小荷风采"全国少儿舞蹈展演"小荷之星"称号	全国性/国家级	中国舞蹈家协会
7	《荡悠悠》					
8	《折扇戏狮》	少儿舞蹈	广州市文化馆、南方歌舞团	第十二届"小荷风采"全国少儿舞蹈展演"小荷之星"称号	全国性/国家级	中国舞蹈家协会
9	《湾区时代》	舞蹈	广州市文化馆、番禺区文化馆、广州飞天艺术舞蹈团	第三届"戴爱莲杯"人人跳全国舞蹈展演"魅力之星"称号	全国性/国家级	中国舞蹈家协会、广东省舞蹈家协会
10	《湾区时代》	舞蹈	广州市文化馆、番禺区文化馆、广州飞天艺术舞蹈团	第三届"戴爱莲杯"人人跳全国舞蹈展演"星级组织"称号、"魅力编导"称号、"魅力教师"称号	全国性/国家级	中国舞蹈家协会、广东省舞蹈家协会
11	《攀登攀登》《渔舟悠悠》《折扇戏狮》	少儿舞蹈	广州市文化馆	第十二届"小荷风采"全国少儿舞蹈展演"小荷园丁"称号	全国性/国家级	中国舞蹈家协会
12	《爱丽丝秘密花园》	魔术	天河魔术实验剧团	第十五届泰国国际魔术节最具创意节目奖	全国性/国家级	第十五届泰国国际魔术节组委会
13	《行花街》	舞蹈	广东歌舞剧院培训中心、越秀区文化馆	第十二届"小荷风采"全国少儿舞蹈展演"小荷新秀"奖	全国性/国家级	中国舞蹈家协会
14	《夜深沉》	京胡独奏	荔湾区文化馆	2022年全国群众性民族器乐交流展示活动优秀才艺奖	全国性/国家级	中央民族乐团、文化和旅游部全国公共文化发展中心
15	《一盅两件》	广场舞	荔湾区文化馆	"舞动巾帼风采 悦享健康生活"2023年全国妇女广场舞（健身操舞）大赛（广东站）常青组大集体自选项目一等奖	全国性/国家级	国家体育总局群体司、中华全国妇女联合会宣传部、国家体育总局体操运动管理中心、中国蹦床与技巧协会、广东省体育局、广东省妇女联合会

（续上表）

序号	作品名称	类别	创作/表演单位	获奖名称	获奖级别	颁奖单位
16	《天天向上》	舞蹈	当兔艺术教育、天河区文化馆	第十二届"小荷风采"全国少儿舞蹈展演"小荷之星""小荷园丁""小荷之家"称号	全国性/国家级	中国舞蹈家协会
17	《马缨花》《运动集结号》	广场舞	天河舞蹈团	"舞动巾帼风采 悦享健康生活"2023年全国妇女广场舞（健身操舞）大赛（广东站）团体奖第一名	全国性/国家级	国家体育总局群体司、中华全国妇女联合会宣传部、国家体育总局体操运动管理中心、中国蹦床与技巧协会、广东省体育局、广东省妇女联合会
18	《忆》	粤曲	黄埔区文化馆	"全球微粤曲大赛第五届作品创作赛"金奖	全国性/国家级	南方生活广播、广州市振兴粤剧基金会、珠江经济台、广东省曲艺家协会、广东省流行音乐协会、香港电台第五台、澳门广播电视股份有限公司、明报
19	《再现花木兰》	舞蹈	飞天艺术舞蹈培训中心、番禺区文化馆	第十二届"小荷风采"全国少儿舞蹈展演"小荷之星"称号	全国性/国家级	中国舞蹈家协会
20	碧峰苍龙	盆景	增城区文化馆	2023（中国如皋）第三届中国鼎——中国盆景国家大展入展	全国性/国家级	中国盆景艺术家协会
21	笑迎天下松	盆景	增城区文化馆	2023（中国如皋）第三届中国鼎——中国盆景国家大展入展	全国性/国家级	中国盆景艺术家协会
22	《中国，你是我心中永远的歌》《夜》	合唱	广州市文化馆广州合唱团	"奋进新征程 高歌向未来"——广东省第十五届"百歌颂中华"歌咏活动合唱比赛金奖	省级	广东省文化和旅游厅
23	《向海潮升》	歌曲	广州市文化馆	2022年度广东省群众文艺作品评选一等奖	省级	广东省文化和旅游厅
24	《桥上一家人》	群舞	广州市文化馆	2022年度广东省群众文艺作品评选一等奖	省级	广东省文化和旅游厅
25	《追梦节拍》	少儿舞蹈	广州市文化馆	2022年度广东省群众文艺作品评选一等奖	省级	广东省文化和旅游厅
26	《腾飞吧，大湾区》	曲艺联唱	广州市文化馆	2022年度广东省群众文艺作品评选一等奖	省级	广东省文化和旅游厅
27	《单车不单》	竹板联唱	广州市文化馆	2022年度广东省群众文艺作品评选一等奖	省级	广东省文化和旅游厅
28	《湾区畅想》	少儿器乐合奏	广州市文化馆、海珠区文化馆、海珠区少年宫小天使交响乐团	2022广东省群众艺术花会（少儿艺术）金奖	省级	广东省文化和旅游厅

（续上表）

序号	作品名称	类别	创作/表演单位	获奖名称	获奖级别	颁奖单位
29	《英歌少年》	少儿群舞	广州市文化馆、番禺区星海青少年宫	2022广东省群众艺术花会（少儿艺术）金奖	省级	广东省文化和旅游厅
30	《小小英姿唱今朝》	曲艺表演唱	广州市文化馆、荔湾区青少年宫	2022广东省群众艺术花会（少儿艺术）金奖	省级	广东省文化和旅游厅
31	《鱼儿小船荡悠悠》	少儿群舞	广州市文化馆、荔湾区青少年宫	2022广东省群众艺术花会（少儿艺术）银奖	省级	广东省文化和旅游厅
32	《童年》	少儿群舞	广州市文化馆、广州市小风铃艺术团	2022广东省群众艺术花会（少儿艺术）银奖	省级	广东省文化和旅游厅
33	《旗帜》	情景剧	广州市文化馆、广州市文化馆少儿语言艺术团、越秀区东风东路小学	2022广东省群众艺术花会（少儿艺术）铜奖	省级	广东省文化和旅游厅
34	《今宵别梦寒》	粤曲平喉独唱	广州市文化馆	2022年度广东省群众文艺作品评选一等奖	省级	广东省文化和旅游厅
35	《有口皆碑》	群口快板	广州市文化馆	第十一届广东省鲁迅文学艺术奖（艺术类）	省级	广东省文学艺术界联合会
36	《树林童话》	少儿舞蹈	广州市文化馆	2022年度广东省群众文艺作品评选二等奖	省级	广东省文化和旅游厅
37	《我在湾里》	表演唱	广州市文化馆、番禺区文化馆	2023广东省群众艺术花会（音乐舞蹈）金奖	省级	广东省文化和旅游厅
38	《龙·腾》	群舞	广州市文化馆、海珠区文化馆、海珠区文化馆街舞分馆嘉禾舞社	2023广东省群众艺术花会（音乐舞蹈）金奖	省级	广东省文化和旅游厅
39	《岸》	表演唱	广州市文化馆	2023广东省群众艺术花会（音乐舞蹈）银奖	省级	广东省文化和旅游厅
40	《同心结》	广东南音新唱	广州市文化馆、广东音乐曲艺团、荔湾区文化馆	第五届广东省曲艺大赛职业组节目奖一等奖	省级	广东省文学艺术界联合会、广东省曲艺家协会
41	《一家亲》	单弦表演唱	广州市文化馆"一团火"曲艺创作基地	第五届广东省曲艺大赛职业组节目奖一等奖	省级	广东省文学艺术界联合会、广东省曲艺家协会
42	《夜深沉》	民乐重奏	广州市文化馆、荔湾区文化馆、广州西关民族乐团	第六届"我最OK"广东全民才艺大比拼金奖	省级	广东省文化馆、广东省文化馆联盟
43	《乐秀新韵》	器乐合奏	广州市文化馆、越秀区文化馆、乐秀组合	第六届"我最OK"广东全民才艺大比拼金奖	省级	广东省文化馆、广东省文化馆联盟
44	《攀登攀登》	少儿舞蹈	广州市文化馆、尚雅荟少儿舞蹈艺术团	广东省第七届少儿舞蹈大赛创作奖、表演金奖	省级	广东省舞蹈家协会
45	《折扇戏狮》	少儿舞蹈	南方歌舞团有限公司、广州市文化馆	广东省第七届少儿舞蹈大赛创作奖、表演金奖	省级	广东省舞蹈家协会
46	《荡悠悠》	少儿舞蹈	广州市文化馆、荔湾区青少年宫	广东省第七届少儿舞蹈大赛创作奖、表演金奖	省级	广东省舞蹈家协会

（续上表）

序号	作品名称	类别	创作/表演单位	获奖名称	获奖级别	颁奖单位
47	《幸福稻田》	少儿舞蹈	广州市文化馆、荔湾区青少年宫	广东省第七届少儿舞蹈大赛表演金奖	省级	广东省舞蹈家协会
48	《挂绿之夏》	歌曲	广州市文化馆、增城区文化馆	2023粤港澳流行音乐唱作大会一等奖	省级	广东省文化和旅游厅
49	《爷爷们》	舞蹈	越秀区文化馆、广州校友艺术团	广东省第七届中老年舞蹈大赛最佳表演奖	省级	广东省舞蹈家协会
50	《茉莉花开》	舞蹈	越秀区文化馆、广铁火凤凰艺术团	广东省第七届中老年舞蹈大赛学习作品组表演金奖	省级	广东省舞蹈家协会
51	《行花街》	舞蹈	广东歌舞剧院培训中心、越秀区文化馆	广东省第七届少儿舞蹈大赛表演金奖、创作奖	省级	广东省舞蹈家协会
52	《傩声》	舞蹈	越秀区文化馆	2022广东省群众艺术花会（少儿艺术）银奖	省级	广东省文化和旅游厅
53	《五羊新愿》	曲艺	越秀区文化馆	2022广东省群众艺术花会（少儿艺术）银奖	省级	广东省文化和旅游厅
54	《我可以》	舞蹈	越秀区文化馆	广东省第七届少儿舞蹈大赛表演银奖	省级	广东省舞蹈家协会
55	《雨屐随响》	舞蹈	越秀区文化馆、张白羽国际舞蹈学院	广东省第七届少儿舞蹈大赛表演银奖	省级	广东省舞蹈家协会
56	《以"你"为荣》	舞蹈	广州市东方天鹅舞蹈艺术中心、越秀区文化馆	广东省第七届少儿舞蹈大赛表演银奖	省级	广东省舞蹈家协会
57	《花城春早》	音乐	越秀区文化馆	2022年度广东省群众文艺作品评选二等奖	省级	广东省文化和旅游厅
58	《杨鲍安清廉显风骨》	曲艺	越秀区文化馆	2022广东省群众艺术花会（少儿艺术）铜奖	省级	广东省文化和旅游厅
59	《超级奶爸》	舞蹈	越秀区文化馆	广东省第七届少儿舞蹈大赛表演铜奖	省级	广东省舞蹈家协会
60	《五羊新愿》	曲艺	越秀区文化馆	2023粤港澳大湾区第六届少儿曲艺粤剧作品展演优秀节目奖、优秀表演奖、优秀园丁奖	省级	广州市振兴粤剧基金会、广州市曲艺家协会
61	《英歌魂》	街舞	广州市文化馆、海珠区文化馆	第十一届广东省鲁迅文学艺术奖（艺术类）	省级	广东省委宣传部、广东省文联、广东省作协
62	《笠·夏》	舞蹈	广州市文化馆、海珠区文化馆	2023广东省群众艺术花会（音乐舞蹈）金奖	省级	广东省文化和旅游厅
63	《笠·夏》	舞蹈	广州市文化馆、海珠区文化馆	广东省第八届岭南舞蹈大赛表演金奖、编导金奖、作品金奖	省级	广东省文联、广东省舞蹈家协会
64	《童年的柚子灯》	舞蹈	海珠区文化馆	第八届"阳光下成长"全国艺术教育示范城市展演金奖	省级	广东省美育教育研究院

（续上表）

序号	作品名称	类别	创作/表演单位	获奖名称	获奖级别	颁奖单位
65	《我是一颗跳跳糖》	舞蹈	海珠区文化馆	第八届"阳光下成长"全国艺术教育示范城市展演金奖	省级	广东省美育教育研究院
66	《梨园梦》	舞蹈	海珠区文化馆	广东省第七届中老年舞蹈大赛银奖	省级	广东省文联、广东省舞蹈家协会
67	《瑶寨长鼓舞起来》	舞蹈	海珠区文化馆	广东省第七届中老年舞蹈大赛银奖	省级	广东省文联、广东省舞蹈家协会
68	《月满滨江》	歌曲	海珠区文化馆	2023广东省群众艺术花会（音乐舞蹈）铜奖	省级	广东省文化和旅游厅
69	《茶香醉岭南》	舞蹈	海珠区文化馆	2023广东省群众艺术花会（音乐舞蹈）铜奖	省级	广东省文化和旅游厅
70	《亲密的朋友》	舞蹈	海珠区文化馆	广东省第七届少儿舞蹈大赛铜奖	省级	广东省舞蹈家协会
71	《送人参》	戏剧	海珠区文化馆	2022年度广东省群众文艺作品评选戏剧类三等奖	省级	广东省文化和旅游厅
72	《英歌魂》	舞蹈	广州市文化馆、海珠区文化馆	"引领新风尚 欢跃新时代"2023年广东省广场舞大会十佳团队	省级	广东省文化和旅游厅
73	《一盅两件》	舞蹈	荔湾区文化馆	2023年广东省健身广场舞联赛（清远站）常青组特等奖	省级	广东省体育局
74	《寻宝》	曲艺	荔湾区文化馆	2022广东省群众文艺作品评选二等奖	省级	广东省文化和旅游厅
75	《逐梦》	音乐	荔湾区文化馆	2023广东省群众艺术花会（音乐舞蹈）铜奖	省级	广东省文化和旅游厅
76	《越跳越快》	舞蹈	天河区文化馆	广东省第七届少儿舞蹈大赛表演金奖、作品金奖	省级	广东省舞蹈家协会
77	《假如我飞上蓝天》	舞蹈	天河区文化馆	广东省第七届少儿舞蹈大赛金奖	省级	广东省舞蹈家协会
78	《激情速道》	舞蹈	天河区文化馆	广东省第七届少儿舞蹈大赛金奖	省级	广东省舞蹈家协会
79	《智能力量》	舞蹈	天河区文化馆	2023广东省群众艺术花会（音乐舞蹈）银奖	省级	广东省文化和旅游厅
80	《单指琴缘》	器乐	天河区文化馆	2023广东省群众艺术花会（音乐舞蹈）银奖	省级	广东省文化和旅游厅
81	《阿妈靓汤》	音乐	天河区文化馆	2023广东省群众艺术花会（音乐舞蹈）银奖	省级	广东省文化和旅游厅
82	《粤乐悠悠》	舞蹈	天河区文化馆	2023广东省群众艺术花会（音乐舞蹈）银奖	省级	广东省文化和旅游厅

（续上表）

序号	作品名称	类别	创作/表演单位	获奖名称	获奖级别	颁奖单位
83	《piano》	音乐	白云区文化馆	"奋进新征程 高歌向未来"——广东省第十五届"百歌颂中华"歌咏活动歌手（组合）类铜奖	省级	广东省文化馆
84	《白鹭思高举》	美术	白云区文化馆	第五届广东岭南美术大展优秀奖	省级	广东省美术家协会
85	《国画常识与长卷》	美术	白云区文化馆	山歌——第二届"许钦松乡村美术教育奖"成果展银奖	省级	广东省美术家协会
86	《战台风》	音乐	广州艺跃成名艺术发展股份有限公司、白云区云城街文化站	2023粤港澳大湾区青少年民乐大赛金奖	省级	粤港澳大湾区青少年音乐周组委会、广东省粤港澳合作促进会、粤港澳大湾区音乐艺术联盟、广州市音乐家协会
87	《凤艇谣》	舞蹈	黄埔区文化馆	广东省第七届中老年舞蹈展演金奖	省级	广东省文联、深圳市文联、广东省舞蹈家协会
88	《欢乐的禾楼舞》	舞蹈	黄埔区文化馆	广东省第七届中老年舞蹈展演金奖	省级	广东省文联、深圳市文联、广东省舞蹈家协会
89	《雕龙儿》	舞蹈	黄埔区文化馆	广东省第七届少儿舞蹈大赛银奖	省级	广东省舞蹈家协会
90	《客家山歌同心同德紧跟党》	歌舞	黄埔区联和街客家山歌团队	2023年首届"世界听我唱合唱节"全国牡丹金奖、全国演出优秀创作奖	省级	海南省合唱协会、福建省合唱协会、湖南省合唱协会、四川省合唱协会、陕西省合唱协会、山东省合唱协会、安徽省合唱协会、河南省合唱协会、广西合唱协会、宁夏合唱协会、河北省音乐协会
91	《幸福新时代》	舞蹈	黄埔区联和街道办事处	2023广东省群众艺术花会（音乐舞蹈）铜奖	省级	广东省文化和旅游厅
92	《穆桂英之北征过海》	粤剧	广东省少儿喜剧传承基地（黄埔）、黄埔区人民政府九佛街道办事处、黄埔区九龙第一小学	第十四届广东省少儿戏剧小梅花荟萃活动银花集体节目	省级	广东省戏剧家协会
93	《烟火青春》	音乐	花都区文化馆	2023广东省群众艺术花会（音乐舞蹈）金奖	省级	广东省文化和旅游厅
94	《送快递的老齐》	音乐	花都区文化馆	2022年度广东省群众文艺作品评选三等奖	省级	广东省文化和旅游厅
95	《故乡的情》	舞蹈	花都区文化馆	广东省第八届岭南舞蹈大赛获群舞非职业组表演银奖、编导银奖、作品银奖	省级	广东省舞蹈家协会

（续上表）

序号	作品名称	类别	创作/表演单位	获奖名称	获奖级别	颁奖单位
96	《梨花香·远山远》	舞蹈	花都区文化馆	广东省第八届岭南舞蹈大赛获群舞院校非专业组表演优秀奖、花都区文化馆获组织奖	省级	广东省舞蹈家协会
97	《仙鹤图》	美术	花都区文化馆	第十届珠三角"工美金匠杯"工艺美术创新金奖	省级	第十届珠三角工艺美术作品邀请展组委会、珠三角工艺美术精品评审委员会
98	《孔雀衔皇－有凤来仪》	美术	花都区文化馆	第十届珠三角"工美金匠杯"工艺美术创新金奖	省级	第十届珠三角工艺美术作品邀请展组委会、珠三角工艺美术精品评审委员会
99	《金遇宝蓝》	美术	花都区文化馆	第十届珠三角"工美金匠杯"工艺美术创新银奖	省级	第十届珠三角工艺美术作品邀请展组委会、珠三角工艺美术精品评审委员会
100	《再现花木兰》	舞蹈	飞天艺术舞蹈培训中心、番禺区文化馆	广东省第七届少儿舞蹈大赛表演金奖、创作奖	省级	广东省舞蹈家协会
101	《壮志雄狮》	曲艺	番禺区文化馆	2022年度广东省群众文艺作品评选曲艺类一等奖	省级	广东省文化和旅游厅
102	《网红姑娘唱新歌》	音乐	南沙区文化馆	2023广东省群众艺术花会（音乐舞蹈）银奖	省级	广东省文化和旅游厅
103	《龙船饭香又甜》	音乐	南沙区文化馆、南沙区榄核镇星海小学少儿合唱团	2022年度广东省群众文艺作品评选二等奖	省级	广东省文化和旅游厅
104	《咸水歌唱颂党恩》	曲艺	南沙区文化馆、南沙区东涌镇咸水歌会	广东省第四届民歌会优秀奖	省级	广东省民间文艺家协会、凤岗镇人民政府
105	《中华少年郎》	音乐类	增城区文化馆	2022广东省群众艺术花会（少儿艺术）银奖	省级	广东省文化和旅游厅
106	《存在》	音乐类	增城区文化馆	2022广东省群众艺术花会（少儿艺术）铜奖	省级	广东省文化和旅游厅
107	《希望》	音乐类	增城区文化馆	2022广东省群众艺术花会（少儿艺术）铜奖	省级	广东省文化和旅游厅
108	《启航》	美术类	增城区文化馆	"岭南潮声"——2023粤港澳大湾区美术作品展览入选	省级	广东省文化和旅游厅、广东省文学艺术界联合会、中山市人民政府
109	《木棉杜鹃》	音乐类	增城区文化馆	2022年度广东省群众文艺作品评选金奖	省级	广东省文化和旅游厅
110	《暖阳》	美术类	增城区文化馆	第十五届广东省艺术节美术书法作品评选入围	省级	广东省文化和旅游厅

说明：本列表仅展示部分省级及以上重要创作类获奖，部分2022年度的活动或比赛若在2023年期间举办或颁奖，则纳入2023年获奖统计范畴。

（四）非遗保护传承

1. 名录建设

2023年6月，广州市文化广电旅游局公布"第八批市级非物质文化遗产代表性传承人名单"（共70人）。至此，我市市级以上非遗代表性传承人总计达到295人。

2. 宣传推广

2023年，"广州非遗"微信公众号共发布186条推文，总阅读量为132028人次，单篇最高阅读量为2242人次；"广州非遗"视频号发布41条短视频，总观看量为38527人次，单条最高观看量为6165人次；"广州非遗"抖音号发布30条短视频，总观看量为453725人次，单条最高观看量为96000人次。

3. 活动与展览

2023年，广州全市文化馆（含广州市文化馆、11个区文化馆及下属分馆）共计开展非遗类活动4629场次，其中包括2664场非遗培训班、1168场非遗展演和797场非遗展览。

4. 保存与研究

2023年，广州市文化馆开展了全市非遗综合档案整理工作。根据《档案管理制度》和《档案工作指引》的相关要求，结合非遗档案的实际保存情况开展整理。历时240多个工作日，完成了2007—2021年度非遗档案的整理入库及数字化工作。成果数据如下：整理文书档案1354件，整理业务档案1343卷，整理项目专题档案419卷，整理声像档案106卷，整理实物档案631件套。

2023年，广州市文化馆同步开展了《广州传统工艺分类保护研究项目》《广州市"非遗在社区"研究项目》《岭南武术视觉设计研究》3个研究课题；推进《中国广绣图案研究》《花城百花开——广州非物质文化遗产展图录》两本专著的编辑出版工作。

5. 工作成效

2023年，广州全市非遗类活动服务总人次达5723万，其中线上服务人次4755万，线下服务人次968万。

6. 非遗传承基地

2023年，广州全市共有100个非遗传承基地（2021—2023年度），其中海珠区26个、荔湾区14个、天河区14个、白云区11个、黄埔区6个、番禺区6个、越秀区5个、增城区5个、花都区3个、从化区3个及广州市属7个。广州非遗基地申报单位涵盖医院、公司、协会、中学、小学等组织单位，尤其在教育领域，非遗传承基地建设成效突出。

2023年度广州全市文化馆（含广州市文化馆、11个区文化馆及下属分馆）开展非遗活动场次（场）

序号	单位名称/区名	培训班（场）	展演（场）	展览（场）
1	广州市文化馆	26	23	14
2	越秀区	110	18	19
3	海珠区	200	2	5
4	荔湾区	215	166	37
5	天河区	768	110	415
6	白云区	228	160	42
7	黄埔区	280	162	55
8	花都区	84	32	18
9	番禺区	455	65	46
10	南沙区	88	32	71
11	从化区	197	38	71
12	增城区	13	360	4
	总计	2664	1168	797

2023年度广州全市文化馆（含广州市文化馆、11个区文化馆及下属分馆）非遗活动服务总人数（万人）

单位名称/区名 \ 服务人次	线上（万人）	线下（万人）	非遗类活动总服务人次（万人）
广州市文化馆	1000	150	1150
越秀区	4	463	467
海珠区	10	10	20
荔湾区	21	8	29
天河区	3171	99	3270
白云区	29	51	80
黄埔区	4	12	16
花都区	6	25	31
番禺区	398	43	441
南沙区	10	80	90
从化区	57	12	69
增城区	45	15	60
总计	4755	968	5723

（五）数字文化服务

广州全市文化馆持续夯实数字化平台基础，优化数字资源建设，强化与广州公共文化云平台的共建共享；创新全民艺术普及数字应用场景，提升场馆数字服务水平，以群众所喜闻乐见的形式，组织开展丰富多样的数字文化活动，促进公共数字文化服务高质量发展。

1. 数字平台服务

2023年，全市文化馆持续推进数字化平台向基层延伸，已完成176个镇街分馆、超过200支群文团队的进驻，全市各级文化馆（站）通过平台发布活动场次3652场，发布资讯2917条，预约场地总场次达12907场；广州市的数字文化馆相关平台注册用户约25万人，其中，数字文化馆平台注册用户量总计164383人，越秀区公共数字文化云注册用户量为86409人。相较于2022年度，全市公共文化云平台注册用户量增长约77%，越秀区公共数字文化云用户数增长约11%。

微信公众号、网站、微博、小红书及其他视频平台（抖音号、微信视频号、B站）等是各馆开展宣传推广工作的重要渠道。据统计，广州市文化馆、11个区文化馆微信公众号全年发布信息3948条，其中，广州市文化馆微信公众号全年发布信息为950条，11个区文化馆微信公众号全年发布信息为2998条；广州市文化馆、11个区文化馆全年网站信息发布总量为4866条，含广州市文化馆2589条、11个区文化馆2277条；全年其他视频平台信息发布总量为5217条，含广州市文化馆400条、11个区文化馆4817条。

整体而言，广州市文化馆、11个区文化馆的新媒体活跃程度逐步攀升，各平台在粉丝规模、关注度、阅读量上取得增长，广州市文化馆开通了全市文化馆领域首个小红书官方账号，

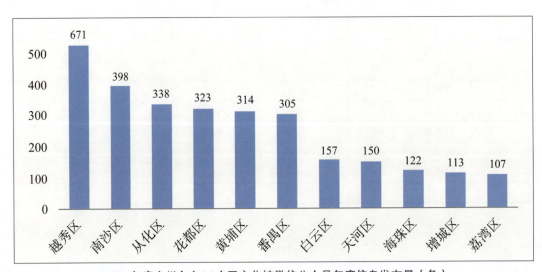

2023年度广州全市11个区文化馆微信公众号年度信息发布量（条）

2023年度广州全市11个区文化馆网站与其他视频平台年度信息发布量（条）

各单位的平台在内容创作上紧扣时代主题和文化馆使命，弘扬主旋律、传播正能量。

2. 数字资源建设

数字资源建设是公共数字文化服务的基础性工作，广州全市文化馆积极打造供需对接、开放多元、充满活力的数字文化资源平台。全市文化馆推出直录播、线上慕课、线上讲座等多种类型的数字文化服务，积极建设数字资源，其中纳入全市数字化平台的演艺资源629个、群文作品589个。广州市文化馆申报的慕课《从岭南油画感受油画的魅力》被立项为2023年中央支持地方公共数字文化建设补助项目；天河区文化馆推出精品慕课《公益魔术课程》《马氏通备八极小架》《创意岭南押花》；黄埔区文化馆结合辖区内市民群众文化需求偏好，精心制作了《云舞坊》等公益文化艺术课程。

同时，广州市文化馆还积极探索数字文化相关标准化研究，牵头制定的全国首个文化馆领域的慕课推荐性地方标准——《全民艺术普及慕课建设规范》（DB4401/T 221—2023）于2023年7月正式发布，为全市文化馆建设"全民艺术普及慕课"提供规范性参考。

3. 数字场景创新

随着数字时代的到来，创新数字应用场景已成为公共数字文化服务转型提升的重要抓手。广州全市文化馆以数字化建设整合优秀文化资源，满足群众高质量文化需求，实现公共文化服务线上线下融合创新发展。例如，广州市文化馆积极探索数字文化空间建设，利用3D建模、动作捕捉、激光影像等多种数字化手段，与广府非遗项目深度融合，在新馆的非遗展示馆中打造了"广东音乐五架头音乐科技装置""广府饮茶习俗互动游戏"，以及"不时不食"电子餐桌等9个数字化体验新场景，增强了广州非遗展览的互动性、体验性，为传统非遗展览注入新的"数字活力"。此外，还联合科技企业打造"数字文化体验厅"，吸引社会力量参与共建文化+科技新空间。从化区文化馆结合乡村振兴、"特色小镇"项目，在场馆内设置"数字文化墙"，文化墙分四大板块，分别是文艺作品"码"上赏、团队风采"码"上展、公益慕课"码"上学以及特色小镇"码"上游，群众可通过扫描二维码，获取相关的数字文化资源，创新打造文化馆数字文化建设新亮点。越秀区继续推出"广府庙会元宇宙"，整合非遗、美食、商贸、动漫、展演、展览等元素，打造集文化、场景、游览、观演、消费于一体的线上活动平台，让广大市民云间畅享精彩纷呈的广府文化系列活动，领略充满特色的广府民俗。

（六）社会力量参与

进入高质量发展阶段以来，广州大力推行公共文化改革创新，在全国率先提出"公共文化服务共同体"理念，出台《广州市公共文化设施社会化运营指导意见（试行）》，鼓励社会力量参与公共文化服务体系建设，2023年在社会力量参与公共文化建设方面探索出了一系列高质量发展的创新经验。

1. 公共文化共同体

2023年，广州市文化广电旅游局印发《关于在全市开展"公共文化共同体"建设的实施意见》，围绕构建"公共文化共同体"目标，着力推动广州市各级各类公共文化机构、联盟、体系和联合体深度合作、协同发展，重点打造一批解决社会治理关键问题、发挥文化赋能作用的公共文化标杆项目，如试点实施"基层公共文化治理项目库""广州乡村文化振兴讲习所""花城市民文化空间""群星工程""繁星行动""向美而行"等，推动公共文化服务转型升级，助力文化旅游高质量发展。广州全市文化馆积极参与和推动了多项"公共文化共同体"项目的建设。

（1）成立全民艺术普及联盟

2023年8月3日下午，广州市全民艺术普及联盟成立大会在广州市文化馆举行，市、区文化馆及49个社会机构成为联盟首批成员。广州市文化馆依托全市总分馆体系，以新馆为核心，联合各区文化馆、镇街文化站、社会培训机构、群众文艺团队和志愿服务组织，成立了"全民文化艺术普及联盟"。作为"公共文化共同体"建设的标杆性项目之一，全民艺术普及联盟在原公益培训联盟基础上升级而成，由全市文化馆共同发起，联动社会力量，聚焦市民多样化的文化需求，构建多元开放的公共文化服务供给格局。

全民艺术普及联盟贯彻"公共文化共同体"的工作理念，激活公共文化服务体系的活力，构建广州公共文化服务高质量发展的新格局。在成立全市联盟的基础上，天河区、从化区也先后成立区级全民艺术普及联盟。其中，全民艺术普及联盟2023年完成公益活动超过600场次，惠及群众超过17万人次。

（2）推进"群星工程"群众文艺建设项目

广州市文化广电旅游局于2022年启动为期四年的"群星工程——广州市群众文艺团队建设项目"（以下简称"群星工程"项目）。2023年作为"群星工程"项目的关键开局之年，以规范全市群众文艺团队管理、推动全市群众文艺团队高质量发展为目标，广州全市文化馆以引导、扶持、推广群众文艺团队为中心，以培育优秀群众文艺团队和促进社会力量参与公共文化服务为重点，通过组织开展"创演之星""群艺之星""传承之星"三项计划，培育扶持优秀群众文艺团队101支，打造"羊城之夏基层社区文化节"，开展群众文化活动400余场。

（3）提升"向美而行"文化配送工作品质

作为广州市"公共文化共同体"建设的标杆项目，2023年"向美而行"全年实现了"线上点单"，共配送文化活动1002场次，其中，深入乡村社区212场，不同群体的专场配送272场，常规配送518场；线上线下惠及406.2余万人次，全年新增供给方102家，同比增长92.7%；新增产品143个，同比增长67%；全年共有218家供给方通过审核上平台，共上传产品302个，群众综合满意度为97%。特别是在乡村地区，文化配送服务受到群众和基层工作者的广泛好评。

此外，在基层公共文化共同体、花城市民文化空间、广州乡村文化振兴讲习所等项目建设中，广州全市文化馆，尤其是区文化馆和镇街分馆都发挥巨大作用，有效推动了项目的落地实施。同时，各级文化馆也以此为契机，充分调动了市、区、镇街、社区各级设施资源及服务力量，形成了一套新型公共文化服务模式的"组合拳"，共同推进广州公共文化服务的创新与发展。

2. 文化志愿服务

（1）队伍建设

2023年，广州全市持续推进文旅志愿服务队伍建设。据统计，全市文化和旅游志愿者共有15.8万人，组建队伍550余支，全年开展文化和旅游志愿服务活动2.2万场，超25.19万名志愿者积极参与，线上线下服务约5606万人次。2023年，广州市文化和旅游志愿服务持续完善，在广州市文化馆成立了"广州市文旅志愿服务培训基地"，完成了《广州市文化馆文化和旅游志愿者章程》《广州市文化馆志愿服务管理办法》的修订工作，持续推进省级地方标准制定工作，继续跟进广州公共文化云志愿服务系统完善建设工作，逐步推进与"志愿时"平台实现互联互通。

2023年，广州全市登记注册的文旅志愿者共98489人，其中在时间银行、i志愿等官方平台登记注册的志愿者有76158人，由本馆登记注册的志愿者有22331人，剩余近6万名志愿者暂未登记注册。

目前，全市文旅志愿者经规范登记的总服务小时数为87万小时，全市文旅志愿者骨干（全年服务时数超20小时）人数为11491人，其中白云区、番禺区、天河区三区的人数最多，分别有4298人、2311人、1236人，三区整体占比高达68%。

2023年度广州全市文旅志愿者注册登记情况

单位名称 \ 注册登记情况	注册志愿者总人数（人）	官方平台（i志愿，时间银行）注册人数（人）	未在官方平台注册，由本馆登记的志愿者人数（人）
广州市文化馆	1535	1535	0
越秀区	3724	2813	911
海珠区	5633	1163	4470
荔湾区	5490	3796	1694
天河区	7797	6913	884
白云区	33948	32330	1618
黄埔区	5694	4253	1441
花都区	3414	2557	857
番禺区	12153	8688	3465
南沙区	5666	4971	695
从化区	5107	878	4229
增城区	8328	6261	2067
总计	98489	76158	22331

2023年度广州全市文旅志愿者骨干人数及服务情况

单位名称 \ 服务情况	志愿者骨干人数（人）	开展活动场次（场次）	本馆经规范登记的总服务时数（小时）
广州市文化馆	117	1626	14796
越秀区	775	1820	41511.5
海珠区	500	680	41740
荔湾区	489	959	24919
天河区	1236	1452	95267.6
白云区	4298	2704	161994.17
黄埔区	376	3032	180205.7
花都区	238	303	2196
番禺区	2311	1602	239383.25
南沙区	267	1063	10740.47
从化区	89	618	16440
增城区	795	639	44240
总计	11491	16498	873433.69

2023年，广州全市文化馆累计开展16498场志愿服务活动，其中黄埔区、白云区、越秀区三区开展的志愿活动场次最多，分别有3032场、2704场、1820场，三区整体占比达46%。

（2）规范化建设

2023年，广州文化和旅游志愿服务处于规范化、制度化发展阶段。为了完善文旅志愿服务，广州市文化馆根据《广州市文化和旅游志愿服务管理办法》，结合新馆实际情况，完成了《广州市文化馆文化和旅游志愿者章程》《广州市文化馆志愿服务管理办法》修订工作，细化了志愿者组织管理、招募注册、培训考核、服务规范、激励提升方面的要求，进一步理顺了馆内各业务部门开展志愿服务工作的职责；并持续推进省级地方标准《文化和旅游志愿服务 管理规范》制定工作，完成标准审定，拟于2024年完成标准报批工作，从制度建设、标准建设等方面夯实文旅志愿服务发展基础。

（3）品牌服务

2023年为广州市文化和旅游志愿者总队启动为期四年的"繁星行动文旅志愿服务品牌项目"的第二年。"繁星行动文旅志愿服务品牌项目"作为广州市"公共文化共同体"标杆项目之一，通过发展壮大文旅专业志愿服务队伍、培育基层文旅志愿服务组织者、建设文旅志愿服务培训实践基地、扶持十大文旅特色志愿服务专项等措施，在全市建立起包含基层组织者、示范队伍、特色项目在内的"三个100"基层文旅志愿服务网络体系，推动文化和旅游志愿服务规范化、专业化、品牌化发展。

"繁星行动"包含"满天星"基层文旅志愿服务组织者培育计划、"启明星"文旅专业志愿服务队建设计划、"北斗星"文旅志愿服务培训实践基地建设计划、"繁星行动"广州市基层文旅志愿服务项目扶持计划等四项计划。

"繁星行动文旅志愿服务品牌项目"聚焦于文旅志愿服务中"个人、项目、团队"三位一体的培育和扶持，促进"文化能人"与"治理能人"的有机结合，以行动赋能基层社会治理，助力每一个基层文旅志愿服务项目成长。

3. 社会力量参与公共文化设施运营

2022年12月30日，为鼓励和引导社会力量参与全市公共文化服务建设，广州市文化广电旅游局联合市发改委、市财政局出台《广州市公共文化设施社会化运营指导意见（试行）》，该意见试行期为一年。在接下来的一年里，广州市文化馆及部分镇街积极开展社会化运营探索，发挥不同供给主体的优势，丰富公共文化服务供给，构建公共文化服务多元主体参与格局，在探索公共文化设施社会化运营方面取得初步成效。

广州市文化馆积极引入社会力量，探索公共文化设施的社会化运营，提供多项普惠性非基本公共文化服务和公共文化辅助性服务。以规范化管理为手段加强社会化运营制度建设，先后制定了《广州市文化馆社会化运营管理和服务规范》《广州市文化馆新馆社会化运营考核办法》等相关制度，通过引入第三方，建立起较为完善的社会力量参与公共文化设施社会化运营的监督考核机制。同时，围绕全民艺术普及和优秀传统文化传承，探索社会力量参与的多种模式。

近年来，各区文化馆和基层镇街也呈现出公共文化服务多元参与的趋势。黄埔区建成多家文化馆社会力量分馆，形成了"政府资源补给＋企业自主运营＋社会力量参与"总分馆制建设"黄埔模式"；越秀区引入社会力量进入公共文化场馆和文物建筑活化利用，实现文、商、旅融合发展；白云区金沙洲街、荔湾区桥中街初步实现了政府监管、企业运作的文化场馆社会化托管模式，取得良好的社会效益。

（七）总分馆制建设

1. 总分馆体系

2023年，广州市全市文化馆总分馆体系由1个中心馆、11个总馆、235个分馆组成。其中，街道文化站分馆共176个；社会力量合作分馆（含其他分馆）共59个，较去年增加20个；分馆总面积为41.56万平方米，较去年增长约7.42万平方米。

2023年度广州全市各区总分馆数量及类型

区名	分馆总数量（个）	街道文化站分馆数量（个）	社会力量合作分馆（含其他分馆）（个）	分馆总面积（平方米）
越秀区	19	18	1	21031.65
海珠区	29	18	11	44233.98
荔湾区	24	22	2	28946.09
天河区	27	21	6	48773.2
白云区	24	24	0	41442.1
黄埔区	33	17	16	60152.87
花都区	10	10	0	5473
番禺区	25	16	9	84915.75
南沙区	10	9	1	20703
从化区	18	8	10	16068
增城区	16	13	3	43895
总计	235	176	59	415634.64

2. 镇街体制改革情况

近年来，广州市深化全市各区镇街体系改革，整合基层职能部门，着力解决基层职能交叉问题，陆续将文化站撤销或与其他单位合并，基层公共文化职能转由其他机构承担。

2023年，全市176个镇街已全部完成改革，仅有番禺区两个镇街保留独立文体类中心（沙

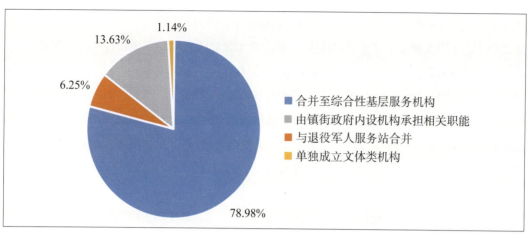

2023年广州全市基层文化站职能改革情况

湾街、新造镇）。全市基层文化站职能改革情况主要可归纳为以下模式：一是合并至综合性基层服务机构，如综合服务中心（社会事务服务中心）、综合保障中心或党群服务中心，占比为78.98%；二是与退役军人服务站合并，占比为6.25%；三是由镇街政府内设机构承担相关职能，如镇街公共服务办、党建办、规划办、宣传办等，占比为13.63%；四是单独成立文体类机构，拥有独立建制，如文化体育旅游类服务中心等，占比为1.14%。

（八）理论研究发展

1. 理论成果

（1）论文及出版书籍

2023年，广州全市文化馆共在刊物上发表论文39篇，其中广州市文化馆8篇，白云区文化馆14篇，天河区文化馆7篇，番禺区文化馆4篇，越秀区文化馆2篇，黄埔区文化馆2篇，从化区文化馆1篇，增城区文化馆1篇。全市文化馆出版书籍数量4本，其中广州市文化馆1本，番禺区文化馆1本，黄埔区文化馆1本，增城区文化馆1本。

2023年，在中国文化馆协会组织的中国文化馆年会和第四届全国文化馆理论体系构建学术研讨会征文征集活动中，广州入围1篇二等奖论文、1篇三等奖论文和1个创新实践案例。

（2）课题研究及标准建设

课题建设方面，本年度主要开展了5项课题研究，其中文化和旅游部全国公共文化发展中心"文化馆事业高质量发展研究计划"课题2项，广州市文化馆主持的《基层治理视角下文化站融合发展研究——以广州市为例》课题顺利通过结项，广州市文化馆参与的广东省文化馆《文化馆文化社群高质量发展研究》课题结项获评"优秀"等级；广州市文化馆与武汉大学国家文化发展研究院共建"国家公共文化政策研究·新型文化综合体实验基地"，牵头组建研究团队，深入推进新型文化综合体指标体系构建课题研究；此外，广州市文化馆（广州市非遗保护中心）牵头开展了"非遗在社区""岭南武术视觉研究和IP形象设计"两项课题。

标准建设方面，本年度全市文化馆参与4项标准制定，其中广州市文化馆与广州市标准化协会共同编制的广州市地方标准《全民艺术普及慕课建设规范》于2023年7月正式发布，该标准是目前全国唯一一个文化馆行业慕课方面的推荐性地方标准；同时，广州市文化馆与其他单位联合编制的广州市地方标准《茶文化服务规范》《公共文化场馆物业服务规范》、广东省地方标准《文化和旅游志愿服务管理规范》拟于2024年完成报批发布。

（3）刊物资料

2023年，广州全市文化馆有刊号的公开发行物共2本，其中白云区文化馆1本，番禺区文化馆1本。内部公开资料数量共15种，其中番禺区文化馆5种，广州市文化馆3种，从化区文化馆3种，天河区文化馆2种，越秀区文化馆1种，白云区文化馆1种。

2.理论建设

（1）理论培训及研讨

2023年，广州全市文化馆积极举办多场理论培训、研讨会、座谈会等，着力推动各类专项工作的理论研究。

广州市文化馆作为广东省文化馆联盟理论研究委员会秘书处，承办了首届"广东文化馆系统理论素养提升培训班"，邀请行业内知名专家、高校学者、理论研究骨干等参加，以专题讲座、案例分享、座谈研讨等形式开展，授课内容围绕文化馆高质量发展主题，聚焦文化工作者学术素养提升、学术研究方法应用、写作规范等方面，搭建全省群文工作者理论研究学习、交流平台。

广州市文化馆组织了面向全市文化馆（站）文化工作者的多项专业培训和研讨活动，如"理论研究骨干培训及研讨活动""群众文艺创作沙龙""公共文化工作培训"等，围绕理论研究基本能力、文化馆发展前沿热点、群众文艺创作的理论与实践、总分馆制建设、社会力量参与等主题开展培训，并组织了开放式、互动式研讨活动。

此外，广州市非遗保护中心联合广东省法律援助基金会在广州市文化馆共同举办了"传统守望：非物质文化遗产法律保护经验交流研讨会"。在交流研讨会上，来自非遗界和法律界的人士针对非遗领域研究热点展开深入交流。另外，由广州市非物质文化遗产保护中心与中山大学人类学系共同主办的2023年广州市"非遗在社区"研讨会在中山大学人类学系楼马丁堂顺利召开，项目组成员、专家和非遗传承人针对该研究项目展开深入讨论。

（2）专项调研

2023年，广州全市文化馆展开了数次专项调研，深度了解基层实际情况，调研真实需求，从而有针对性地开展各项工作。例如，广州市文化馆牵头开展2023年度全市基层公共文化阵地运行情况专项调查，组织调研小组对全市11个区部分具有代表性的镇街开展实地调研工作，在前期线上摸查、基本情况收集整理的前提下，结合线下实地调研工作，全面掌握镇街体制改革后基层公共文化阵地运行情况。

此外，广州市文化馆依托"非遗在社区"研究项目，对岭南派古琴、米机王咏春拳、沙湾"非遗小镇"与粤剧进行了深入调研，为后期研究报告的撰写奠定了扎实的调研基础。

（九）文化交流合作

2023 年，广州全市文化馆积极与省内外文化相关单位开展文化艺术交流与合作。本年度，全市文化馆省内外跨地区交流共计 58 次，其中省外共计 41 次，主要与江苏、广西、湖北、四川、西藏、新疆、内蒙古、重庆等省、自治区、直辖市开展文化交流；省内共计 17 次，主要以周边城市为主。

在湾区文化交流领域，广州市文化馆作出了积极探索。一是在文艺活动交流方面，依托"国际民间艺术节组织理事会中国委员会湾区文化艺术交流（广州）中心"的阵地优势，举办"大地情深"全国优秀群众文艺作品示范性巡演和"缘之会"穗港曲艺交流展演等活动，大力推进湾区文化艺术交流与合作；二是在粤港澳青年文化交流方面，为粤港澳青年定制了非遗研学活动和特色文化体验系列活动，如"珠水同舟"——粤港澳青年非遗研学系列活动，增强湾区青年文化认同感；三是在国际文化交流方面，与比利时王国驻广州总领事馆共同举办了"从一张纸到元宇宙——蓝精灵 65 周年特展"、参与中美青年交流计划等，推进文明交流互鉴。

总体而言，广州全市文化馆的跨地区文化艺术交流频率较 2022 年大幅提高，湾区文化交流特点凸显，极大地推动了广州与全国各地文化单位的交流合作，促进多地文化艺术交流繁荣和发展。

2023 年广州全市文化馆部分文化交流活动展示

序号	主题/工作内容	交流单位	交流地点	交流时间	简介
1	广州市群众文化管理与群文创作培训班	广州市文化馆、各区文化馆	江苏省南京市	2023年4月16日至4月21日	广州市群众文化管理与群文创作培训班在南京大学鼓楼校区开班，来自广州全市文化馆和相关部门的学员参加了培训，培训围绕群文管理和创作等主题，显示了广州市对群众文化创作人才培育的重视。
2	全国非遗曲艺周	广州市文化馆、部分区文化馆	湖北省武汉市	2023年6月9日至15日	2023年非遗曲艺周以"曲艺荟江城 说唱新时代"为主题，在湖北省武汉市举办，地域有别、风情各异的曲艺节目集中亮相，"五进"展演活动为观众呈现了一百余场精彩的曲艺盛宴，其中广州市文化馆群星奖节目《同心结》参与了本次演出活动。

（续上表）

序号	主题/工作内容	交流单位	交流地点	交流时间	简介
3	"粤藏两地情·文化一家亲"2023广州·林芝（波密）文化惠民志愿者交流团赴林芝和波密开展文化惠民活动	广州市文化馆、部分区文化馆	西藏自治区林芝市	2023年9月21日至27日	"粤藏两地情·文化一家亲"2023广州·林芝两地文化交流、惠民演出活动在西藏林芝举行，广州市全国群星奖获得者、牡丹奖获得者，非遗传承人、艺术家和文化志愿者们，与两地的文化艺术工作者一起为林芝当地市民群众演绎岭南文化与藏地文化交融发展的新成果，受到广泛好评。
4	2023年广东省群众文艺创作骨干高级研修班	广州市文化馆、部分区文化馆	重庆市	2023年5月29日至6月2日	2023年广东省群众文艺创作骨干高级研修班在重庆举行，该活动由中央文化和旅游管理干部学院、广东省文化馆承办，重庆文化艺术职业学院协办，广州市文化馆、部分区文化馆选派相关业务骨干参加本次培训。研修班的举办有效加强了广东省群众文艺创作干部队伍建设，为基层群众文艺创作骨干搭建了一个相互切磋、相互交流的学习平台。
5	2023年广东省文化馆系统公共数字文化建设培训班	广州市文化馆、部分区文化馆	四川省成都市	2023年9月10日至16日	广州市文化馆、部分区文化馆数字化方面的文化骨干赴成都参加了此次培训活动。本次培训从政治理论、公共文化服务高质量发展、城乡公共文化空间、成都街头艺人、数字文创、文化社群等方面学习交流川蜀地区以及广东其他省市的文化新业态、新技术、新场景。
6	第二届广东文化馆年会	广州市文化馆、部分区文化馆	广东省韶关市	2023年11月15日至17日	第二届广东文化馆年会在韶关市举行，以"面向未来的文化馆：开放·品质·效能"为主题，聚焦行业高质量发展热点话题。年会充分展示了本年度全省文化馆人积极投身群文事业、用心用情服务群众的崭新面貌。
7	"广东曲艺结对交流扶持"共建活动	广州市文化馆	广东省佛山市	2023年2月24日	为贯彻落实广东省高质量发展大会精神，推动广东省曲艺事业高质量发展，由广东省曲艺家协会、广州市文化馆组织，与中国曲艺之乡——佛山开展"广东曲艺结对交流扶持"共建活动，共同为广东曲艺发展做贡献。
8	2023年"春雨工程"内蒙古自治区呼伦贝尔市文化志愿者广东行（广州站）	广州市文化馆	内蒙古自治区呼伦贝尔市	2023年3月26日	本次文化交流以"大舞台，大展台"活动形式开展，为广东人民带来具有呼伦贝尔厚重民族文化特色的精品文艺节目和摄影作品。来自呼伦贝尔市多个旗市区文化馆和乌兰牧骑的46名演员精心准备了舞蹈、声乐、器乐、服饰表演等13个精彩节目，以文化活动的形式展开两地文化交流。
9	"文化湾区 活力广佛"——2023荔南人才文化融合创新沙龙	广州市文化馆	广东省佛山市	2023年4月23日	为进一步推动广佛人才合作交流，促进广佛全域同城化迈上新台阶，荔南两区（广州市荔湾区、佛山市南海区）高才会以高质量发展态势，引领荔南两地文化人才，探讨文化传承创新发展，共同发起"文化湾区 活力广佛"——2023荔南人才文化融合创新沙龙活动。
10	木石新征程——海派·南派雕刻工艺美术交流展	广州市文化馆	上海市	2023年7月15日至8月15日	"木石新征程——海派·南派雕刻工艺美术作品交流展"由上海工艺美术职业学院与广州市文化馆共同主办，在广州市文化馆中心阁特展厅启幕。展览以上海、广东两地工艺美术交流为主题，共展出两地雕刻类工艺美术精品240余件。

（续上表）

序号	主题/工作内容	交流单位	交流地点	交流时间	简介
11	传统守望 法律护航——2023非物质文化遗产法律保护经验交流研讨会	广州市文化馆	广东省佛山、东莞等市	2023年9月9日	本次活动是对广东省"非遗+法律"多年实践成果的集中总结和呈现，多个地市单位及企业参与。活动设置了非遗文创集市、非遗法律援助成果展览、非遗法援实践研讨讲座、法律咨询、法援签约仪式、非遗文艺展演等环节。
12	"山河万里·粤喀同心"感恩广东援疆文艺交流演出	广州市文化馆	新疆维吾尔自治区喀什市	2023年12月7日、8日	在广州援疆工作队与广州市文化广电旅游局的支持下，"山河万里·粤喀同心"喀什地区感恩广东援疆文艺交流演出在广州市文化馆上演。此次演出以"感恩援疆"为主线，全方位反映了近年来广东省对喀什地区各方面的援助和取得的成果，表演融入了非遗、乐器弹唱、民族歌舞等内容。
13	"粤港澳大湾区——广州 澳门"文化艺术交流活动	广州市文化馆	澳门特别行政区	2023年12月13日	交流活动增进了双方友谊，促进了粤港澳大湾区少儿舞蹈素质教育及文化艺术交流，一同携手搭建文化艺术平台，促进穗澳两地青少年互相了解，彼此深入学习交流，以优秀艺术作品涵养粤澳人民的精神风貌，共同推动大湾区文化事业繁荣发展。
14	"艺心向党谱新章"高明·海珠2023书画联展	海珠区文化馆	广东省佛山市	2023年11月26日至12月7日	联展通过书画作品搭建了广州海珠区与佛山高明区两地的文化交流平台，展出了120多位书画家的120多幅作品，充分展示了两地的书画艺术成就，加强了书画艺术和文化的学习交流。联展有助于提升两地红色文化、岭南文化、创新文化品牌的影响力，增强文化自信。
15	"赴山的邀约 听海的声音"——荔湾区文广旅体局组织名画家走进福建龙岩武平采风写生	荔湾区文化馆	福建省龙岩市	2023年3月24日至3月28日	荔湾区文化广电旅游体育局主办的"赴山的邀约 听海的声音"写生活动在福建武平举行，为期5天。10位广州知名画家参与，包括广州美术学院、广州市美术家协会和西关画院的成员。他们通过艺术捕捉武平风光，将自然美景和地方风情绘于画纸，展现了对艺术的执着追求和对美的深刻理解。
16	2023南海区艺术四季启动仪式暨"中国曲艺之乡"系列活动之"岭南曲艺大舞台"2023年度首演活动	荔湾区文化馆	广东省佛山市	2023年5月7日	"2023南海区艺术四季启动仪式暨'中国曲艺之乡'系列活动"在桂城街道千灯湖环宇城北广场举行，促进了多地曲艺文化的交流和繁荣发展，增强当地曲艺文化的影响力和美誉度。
17	"大地欢歌"2023年全国夏季乡村村晚鄂尔多斯市示范点活动	荔湾区文化馆	内蒙古自治区鄂尔多斯市	2023年7月21日至26日	荔湾区非遗中心参加了由国家文化和旅游部主办的"大地欢歌"2023年全国夏季乡村村晚鄂尔多斯示范点活动，同时还出席广州与鄂尔多斯文旅局非遗交流合作框架协议签署仪式。此外，本次外出交流还调研考察了包头市青山区非遗保护中心，实地考察当地文化馆非遗展厅和非遗传习所，深入了解当地文化。
18	"月满大湾区"——2023粤港澳大湾区曲艺艺术周	荔湾区文化馆	广东省佛山市	2023年9月12日	"月满大湾区"——2023粤港澳大湾区曲艺艺术周由广东省人民政府主办，中国曲艺家协会等单位协办，在佛山市顺德区举行。作为第三届粤港澳大湾区文化艺术节的重要组成部分，该活动旨在促进粤港澳大湾区曲艺艺术的交流与发展，是该地区曲艺界的一次重要盛事。

（续上表）

序号	主题/工作内容	交流单位	交流地点	交流时间	简介
19	"两湾联动·筑梦未来"第十五届广西"魅力北部湾"暨2023年桂—粤港澳群众文化活动周	荔湾区文化馆	广西壮族自治区南宁市	2023年11月19日至11月21日	"两湾联动·筑梦未来"第十五届广西"魅力北部湾"暨2023年桂—粤港澳群众文化活动周由广西南宁市主办，荔湾区文化馆参与本次交流展示活动，共同推动"两湾"群众文化交流发展。
20	天河区文化馆赴珠海与中国人民武装警察部队海警总队广东支队进行文化交流	天河区文化馆	广东省珠海市	2023年5月9日至11日	天河区文化馆赴珠海万山岛为官兵开展群文创作指导及红色讲解员授课辅导交流活动，进一步加深了广州市天河文化部门与广东海警局的交流共建关系，推进了公共文化服务进警营，更丰富了海警执法员们的精神文化生活。
21	"文化润疆"主题非遗交流活动	白云区文化馆	新疆维吾尔自治区	2023年8月29日至9月6日	白云区非遗代表性项目通草画（白云）传承人受邀作为广州市文广旅局文化小分队一员，远赴新疆参加交流活动，深入新疆疏附县宣传普及通草画（白云）的文化内涵和技艺特点。
22	"慧定峨眉·武动世界"第九届世界传统武术锦标赛	白云区文化馆	四川省乐山市	2023年8月25日	"慧定峨眉·武动世界"第九届世界传统武术锦标赛在四川峨眉山举行，来自53个国家和地区、国内28个省市自治区、422支代表队的6649名武术精英齐聚峨眉山下。白云区白眉拳、洪拳、咏春拳传承人刘智强、冯亦慧、赵飞作为广州武术代表在该赛事中脱颖而出，荣获佳绩。
23	舞蹈节目《步步高》排演及交流	黄埔区文化馆	西藏自治区林芝市	2023年9月21日、22日、9月25日至27日	为结合广州市援藏工作实际，打造具有广州共建特色的系列文化品牌，广州市文化馆在西藏林芝开展"粤藏两地情·文化一家亲"2023广州·林芝两地文化交流、惠民演出活动，黄埔区文化馆受邀参加舞蹈节目《步步高》的排演及外出交流活动。
24	为创作和演绎军旅红色文化题材的音乐作品储备素材、寻找灵感	黄埔区文化馆	广东省湛江市	2023年10月20日至21日	黄埔区音乐协会组织音乐协会成员前往湛江，深入中国人民解放军91526部队（南海舰队）体验海军生活，为创作和演绎军旅红色文化题材的音乐作品储备素材、寻找灵感。其间，还到南海舰队登航、登舰参观学习，了解海军战士工作生活，进行互动表演文艺节目。
25	参加第六届"我最OK"广东全民才艺大比拼活动总决赛	黄埔区文化馆	广东省肇庆市	2023年11月29日至12月1日	该活动通过深挖基层群众的舞台表演才艺和背后故事，充分展现广东省基层群众奋发的新气象、自信向上的新面貌和阳光美好的新风尚，通过群文才艺展示活动广泛践行社会主义核心价值观，提高社会文明程度和群众文化艺术素养，进一步讲好广东故事、传播好广东声音、展示好广东形象。
26	赴湖北武汉黄埔军校武汉分校旧址考察交流	黄埔区文化馆	湖北省武汉市	2023年12月20日至22日	受中国歌剧舞剧院邀请，黄埔区文化馆前往武汉黄埔军校武汉分校旧址进行地方调研和采风，为歌剧《黄埔》挖掘创作素材。
27	赴清远连南、连山开展文化交流对口帮扶工作	花都区文化馆	广东省清远市	2023年10月11日至12日	花都区文化馆一行赴清远连南、连山进行实地走访调研，以党建引领，开展三地非遗合作。其间组织花都区级非遗项目钉金绣裙褂制作技艺传承人唐志茹、邓启荣与当地瑶绣、壮族刺绣非遗传承人进行深入交流，深挖非遗文化、加强合作，并联合创作非遗刺绣作品《大力神》，进一步促进区域文化交流。

（续上表）

序号	主题/工作内容	交流单位	交流地点	交流时间	简介
28	赴五华县华城镇开展文化对口帮扶工作和调研活动	番禺区文化馆	广东省梅州市	2023年10月25日至26日	为加强文化交流合作，番禺区赴梅州市五华县调研非遗传承、文旅设施和群众文化风貌，番禺区文化馆部分业务骨干在华城镇举办乡村振兴专题文化讲座，促进文化帮扶与文化交流。
29	筹办粤闽贵非遗大展演活动，开展前期调研对接的工作（贵州毕节）	番禺区文化馆	贵州省毕节市	2023年12月11日至13日	番禺区文化馆前往贵州调研威宁、赫章、金沙文化馆及当地非遗传承发展情况，同时借此机会做好粤闽贵非遗大展演活动的相关对接工作。
30	筹办粤闽贵非遗大展演活动，开展前期调研对接的工作（广东肇庆）	番禺区文化馆	广东省肇庆市	2023年12月12日至13日	番禺区文化馆前往了解非遗传承发展情况，做好粤闽贵非遗大展演活动的相关对接工作。
31	"再乡村"中山·旗溪乡村儿童艺术双年展	番禺区文化馆	广东省中山市	2022年12月17日至2023年2月7日	"蒲公英行动"番禺外来工子女油画班应邀参加"再乡村"中山·旗溪乡村儿童艺术双年展，该展览在中山市举办，共计展出26幅油画作品。
32	2023年封开县·番禺区首届农文旅产业文化节	番禺区文化馆	广东省肇庆市	2023年12月31日	封开县与番禺区联合举办首届农文旅产业文化节，该活动为公众提供了一个全新的文化体验平台。番禺区文化馆组织了乐队和歌手参加，演艺部长孙霏霏与LY乐队共同演绎了经典歌曲《冬天里的一把火》和《海阔天空》。
33	从化区文化馆到潮州市文化馆开展交流学习	从化区文化馆	广东省潮州市	2023年4月13日至14日	从化区文化馆于4月13日至14日赴潮州调研，进行了"文化走亲"活动，旨在学习潮州丰富的非遗文化，如木雕和潮绣。两地文化馆人员进行了工作座谈，深入探讨了品牌建设、非遗传承、文旅融合和文化志愿服务等议题。
34	赴清远市飞来峡镇西坑村开展交流学习	从化区文化馆	广东省清远市	2023年12月14日	从化区文化馆到清远市飞来峡镇西坑村开展交流学习，西坑村文化馆内的历史照片、珍贵文物和文献资料生动展现了革命烈士的坚定意志、牺牲精神和信仰力量，革命先辈的斗争纪实和英勇场景深深感染了参观者，传递了强烈的历史情感，具有深刻的教育意义。

　　从合作对象的组织性质看，与政府机构、学校等单位的合作是目前较为紧密的合作方式。从合作内容来看，广州全市文化馆跨地区交流与合作形式丰富，主要采用培训、座谈会、展览和比赛等交流方式。

三、社会影响与社会评价 ///

（一）群众满意度

为深入了解群众需求，广州市文化馆特组织开展了2023年度全市文化馆（含广州市文化馆、广州市11个区文化馆）公共文化服务满意度问卷调查工作，以期调整服务策略、转变服务方式、提升服务效能。本年度，根据场馆运营特点，分别为广州市文化馆、11个区文化馆单独设置了专用调查问卷，其中广州市文化馆使用的是《2023年广州市文化馆公共文化服务群众满意度调查问卷》，11个区文化馆使用的是《2023年广州全市文化馆公共文化服务满意度调查问卷》，两套问卷均涵盖群众需求偏好、细项满意度等各方面的调查。广州市文化馆主要采用的是线下与线上相结合的调查方式，11个区文化馆主要采用的是线上问卷调查方式。经统计，本年度累计回收有效问卷4929份，其中面向广州市文化馆开展问卷调查的有效问卷数为2559份，面向11个区文化馆开展问卷调查的有效问卷数为2370份。

1. 受众画像及需求反馈

性别结构。本次调查回收的有效调查问卷包括2940名女性和1989名男性，分别占比约为60%和40%，男女比例约为1∶1.5，接受调查的对象以女性居多，较去年而言，男性群体比例呈上升趋势，服务对象性别结构比例逐步优化。

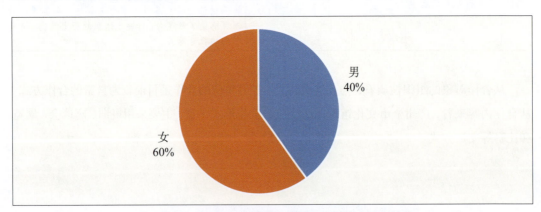

2023年度广州全市文化馆满意度调查中受访者性别结构

年龄分布。18～40岁受访者居多，达2454人，占比约为50%；60岁以上的有1171人，占比约为24%；41～60岁的有1156人，占比约为23%；18岁以下的受访者最少，仅148人，

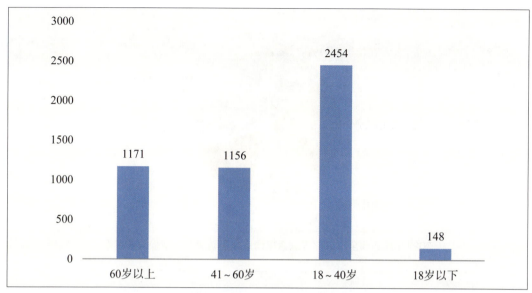

2023年度广州全市文化馆满意度调查中受访者年龄分布情况

占比约为3%。数据分析表明，广州全市文化馆服务对象主要以青壮年群体、老年人群体为主，18岁以下的青少年占比较少。

文化程度。 本次问卷调查受访者中，各文化程度人群均有所覆盖。其中，以本科学历人群居多，达2248人，占比约为46%；其次为专科学历人群，达1295人，占比约为26%；高中及以下学历人群有1034人，占比约为21%；硕士及以上学历人群有352人，占比约为7%。

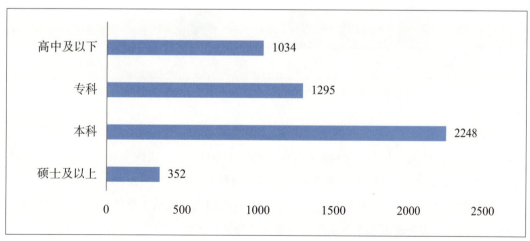

2023年度广州全市文化馆满意度调查中受访者文化程度分布情况

职业身份。 在本次问卷调查中，1473位受访者为离退休人员，占比约为30%；1214位受众为企业职工，占比约为25%；790位受众为政府机关或事业单位人员，占比约为16%；804位受众为自由职业者，占比约为16%；568位受众为在校学生，占比约为11%；其他职业的有80人，占比约为2%。

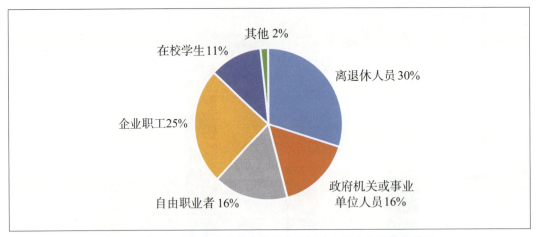

2023年度广州全市文化馆满意度调查中受访者职业身份分布情况

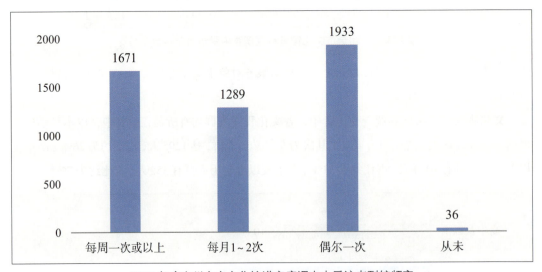

2023年度广州全市文化馆满意度调查中受访者到馆频率

到馆频率。在接受问卷调查的受访者中，到馆游览或参与公共文化活动频率为每周一次或以上的共有1671人，占比约为34%；偶尔一次的有1933人，占比约为39%；每月一至两次的有1289人，占比约为26%；从未到馆或参与活动的有36人，占比约为1%。

满意度评价。服务受众对11个区文化馆（不含广州市文化馆）整体满意度平均分数为94.02，馆内人员服务态度和服务水平满意度平均分为94.63，志愿服务情况满意度平均分为94.35，馆舍环境的满意度平均分为94.21，公共文化服务项目满意度平均分为93.99，信息及资讯发布满意度平均分为93.65，设施设备满意度平均分为93.47，意见反馈渠道满意度平均分为93.27，线上文化服务满意度平均分为92.96。总体而言，各方面满意度相比往年均有所提高，得分均在92分以上，尤其是意见反馈渠道、线上文化服务满意度较去年均有较大提升，这说明大多数受众对于11个区文化馆具有较好的评价。

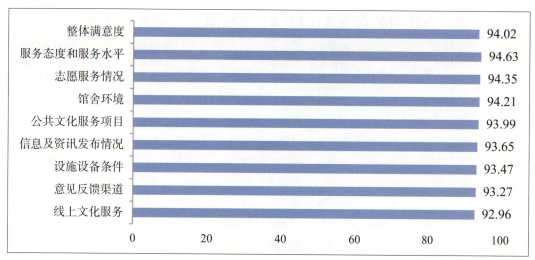

2023年度广州全市文化馆满意度调查中受访者满意度评价细项得分情况

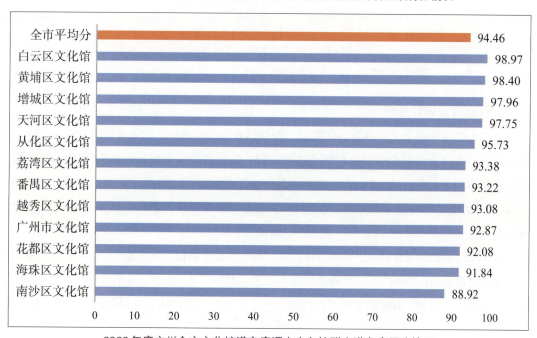

2023年度广州全市文化馆满意度调查中各馆群众满意度得分情况

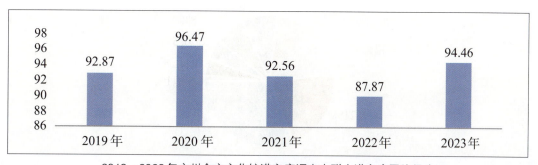

2019—2023年广州全市文化馆满意度调查中群众满意度平均得分

2023年度广州市文化馆及11个区文化馆群众满意度各项指标得分明细

类别 单位名称	馆舍环境	设施设备条件	信息及资讯发布情况	公共文化服务项目	志愿服务情况	线上文化服务	服务态度和服务水平	意见反馈渠道	综合评价（整体满意度）
广州市文化馆	86.95%	87.68%	86.04%	86.84%	88.09%	86.38%	87.46%	86.11%	92.87%
越秀区文化馆	94.36%	92.53%	92.32%	93.17%	94.36%	90.81%	93.52%	91.28%	93.08%
海珠区文化馆	92.69%	91.35%	90.67%	92.08%	91.79%	88.93%	92.69%	89.45%	91.84%
荔湾区文化馆	95.86%	94.48%	93.79%	93.79%	93.52%	92.83%	93.93%	92.55%	93.38%
天河区文化馆	97.75%	97.88%	97.88%	98.25%	97.75%	96.50%	97.88%	96.75%	97.75%
白云区文化馆	99.15%	98.12%	99.32%	99.32%	99.15%	98.97%	99.32%	99.15%	98.97%
黄埔区文化馆	98%	98%	98.20%	97.80%	97.40%	98%	99%	98%	98.40%
花都区文化馆	92.81%	91.88%	92.08%	91.98%	92.71%	91.46%	93.02%	92.19%	92.08%
番禺区文化馆	92.03%	90.34%	92.71%	92.54%	94.07%	92.03%	95.25%	92.71%	93.22%
南沙区文化馆	88.31%	88%	88.15%	88%	89.54%	87.85%	89.23%	88%	88.92%
从化区文化馆	94.70%	94.02%	95.21%	95.73%	96.24%	95.04%	96.07%	95.21%	95.73%
增城区文化馆	97.96%	97.41%	97.41%	98.33%	97.59%	96.67%	98.15%	97.78%	97.96%
全市平均分	94.21%	93.47%	93.65%	93.99%	94.35%	92.96%	94.63%	93.27%	94.46%

2. 群众需求偏好分析

关于希望参加的文化艺术活动的类别，问卷调查的数据显示，31%受访者希望参加音乐类活动，21%的受访者希望参加舞蹈类活动，12%的受访者希望参加摄影类活动，9%的受访者希望参加美术类活动，9%的受访者希望参加书法类活动，8%的受访者希望参加手工类活动，5%的受访者希望参加戏剧类活动，4%的受访者希望参加曲艺类活动，1%的受访者希望参加其他类型的活动，如武术、健身操、瑜伽、魔术、走秀、主持、朗诵等文化活动。

关于希望参加的文化艺术活动的具体形式，问卷调查的数据显示，26%的受访者希望观看高质量的公益演出，22%的受访者希望参加文化艺术类的公益活动，18%的受访者希望参加艺术技能类的公益培训，10%的受访者希望加入一支文化艺术类的团队并得到公益辅导，8%的

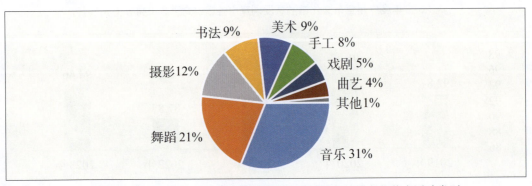

2023年度广州全市文化馆满意度调查中受访者希望参加的文化艺术活动类别

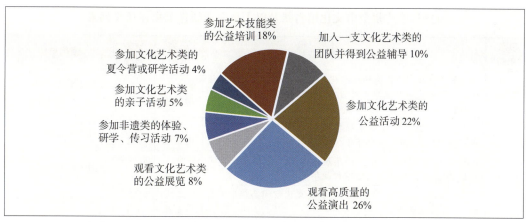

2023年度广州全市文化馆满意度调查中受访者希望参加的文化艺术活动具体项目

受访者希望观看文化艺术类的公益展览，7%的受访者希望参加非遗类的研学或传习活动，5%的受访者希望参加文化艺术类的亲子活动，4%的受访者希望参加文化艺术类夏令营或研学活动。受访者对高质量演出的需求依旧位居第一。此外，还有部分市民表示希望参加小品、摄影等相关的文化艺术活动。

（二）荣誉表彰

《2022年广州全市文化馆行业年报》入选全国文化馆2022年度年报征集展示工作"十佳年报"

广州市文化馆获"首届中国群众文化品牌发展大会公共文化空间品牌入选案例"

2023年，广州市文化馆、11个区馆及下属分馆荣获非创作类奖项共103项。其中，全国性/国家级奖项15项、省级奖项27项、市级奖项61项，奖项涵盖理论研究、组织、展览、公共文化空间建设等类别。

越秀区文化馆"《广府庙会》元宇宙"在2023数字赋能中华文化国际传播创新应用案例征集活动中获"创新引领奖"

越秀区文化馆"《广州非遗街区》元宇宙"在2023数字赋能中华文化国际传播创新应用案例征集活动中获"最佳元宇宙应用场景奖"

花都区文化馆《广州花都非遗VR案例》荣获"第三只眼看中国·粤港澳大湾区"国际全媒体大赛二等奖

2023年度广州全市文化馆省级及以上部分非创作类集体获奖列表

获奖单位	奖项名称	获奖级别	获奖时间	颁奖单位
广州市文化馆	2023年"弘扬中华优秀传统文化、培育社会主义核心价值观"主题展览推介名单（展览《"一带一路"背景下的广作华章——从外贸商品到非遗保护》）	全国性/国家级	2023年5月	国家文物局、中央文明办、中央网信办
	全国文化馆2022年度年报征集展示工作"优秀年报"名单（《2022年广州市文化馆年报》）	全国性/国家级	2023年9月	中国文化馆协会
	全国文化馆2022年度年报征集展示工作"十佳年报"名单（《2022年广州全市文化馆行业年报》）	全国性/国家级	2023年9月	中国文化馆协会
	首届中国群众文化品牌发展大会公共文化空间品牌案例名单（广州市文化馆）	全国性/国家级	2023年9月	中国群众文化学会
	2023年中国文化馆年会优秀创新实践案例（杨春旭、董帅《激活的时尚：广绣传统图案研究与转化》）	全国性/国家级	2023年9月	中国文化馆协会
	2023年中国文化馆年会优秀创新实践案例（杨春旭、董帅、周雯蕙《在社区，发现非遗之美》）	全国性/国家级	2023年9月	中国文化馆协会
	2023年中国文化馆年会征文活动三等奖（沈楚君《事业单位绩效考核存在的问题与优化策略——以项目管理在文化馆绩效考核中的应用为例》）	全国性/国家级	2023年9月	中国文化馆协会
	2023非遗与旅游融合特色活动典型案例（广州市文化馆"沉浸式"非遗体验系列活动）	全国性/国家级	2023年12月	中国报业协会、中国旅游报社、中国社会科学院新闻与传播研究所
	"全民艺术普及专项基金2023年全国青少年美育示范基地"推荐名单（广州"非遗在校园"美育示范基地）	全国性/国家级	2023年12月	中国宋庆龄基金会
	2023年"弘扬中华优秀传统文化、培育社会主义核心价值观"主题展览推介项目（展览《"一带一路"背景下的广作华章——从外贸商品到非遗保护》）	省级	2023年5月	广东省文物局
	2022广东省文化馆联盟年会学术论文一等奖（董帅《"非遗＋城市地标"的城市公共文化治理模式探索——以广州塔"岭南之窗"为例》）	省级	2023年8月	广东省文化馆联盟
	2022年广东省公共文化服务优秀案例（杨春旭、董帅《激活的时尚：广绣传统图案研究与转化》）	省级	2023年8月	广东省文化和旅游厅
	2022广东文化馆联盟年会学术论文二等奖（范旨祺《信息裹挟时代下融媒技术赋能数字文化馆建设》）	省级	2023年8月	广东省文化馆联盟
	2023年度广东省文化馆联盟先进集体（广州市文化馆）	省级	2023年11月	广东省文化馆联盟
	2023年中国文化馆年会案例榜（案例《在社区，发现非遗之美》）	省级	2023年11月	广东省文化馆、广东省文化馆联盟
	第二届广东文化馆年会研究性论文二等奖（吴嘉琪《文化馆编制发展规划的思路及方向——以广州市文化馆为例》）	省级	2023年11月	广东省文化馆联盟
	第二届广东文化馆年会研究性论文二等奖（梁艺露《浅析高质量发展背景下文化馆思想政治教育使命和阵地建设思考》）	省级	2023年11月	广东省文化馆联盟
	2023"广东首届最美非遗人物"（董帅）	省级	2023年12月	广东省非物质文化遗产工作站（振兴传统工艺工作站）

（续上表）

获奖单位	奖项名称	获奖级别	获奖时间	颁奖单位
越秀区文化馆	2023年中国文化馆年会征文活动二等奖（张蓉《从"云游庙会"到"广府庙会元宇宙"——公共文化数字化服务创新性发展策略探究》）	全国性/国家级	2023年9月	中国文化馆协会
	第七届厦门中国非遗服饰文化艺术大赛最佳非遗风采奖	全国性/国家级	2023年10月	全球旗袍春晚组委会
	2023数字赋能中华文化国际传播创新应用案例征集活动"创新引领奖"（越秀区文化馆《〈广府庙会〉元宇宙》）	全国性/国家级	2023年11月	2023数字赋能中华文化国际传播创新应用案例征集活动组委会
	2023数字赋能中华文化国际传播创新应用案例征集活动"最佳元宇宙应用场景奖"（越秀区文化馆《〈广州非遗街区〉元宇宙》）	全国性/国家级	2023年11月	2023数字赋能中华文化国际传播创新应用案例征集活动组委会
	2023年广东省首届"华之术"杯柔力球大赛优秀奖	省级	2023年6月	广东省老年文化协会柔力球专项委员会
	广东第八届京剧大赛优秀奖	省级	2023年11月	广东京剧艺术促进会
海珠区文化馆	广东省第八届岭南舞蹈大赛组织奖	省级	2023年10月	广东省文联、广东省舞蹈家协会
白云区文化馆	"中国体育彩票微光行动"第一届广东省青少年龙狮锦标赛第四名	省级	2023年2月	广东省龙狮运动协会
	"中国体育彩票微光行动"第一届广东省青少年龙狮锦标赛优胜奖	省级	2023年2月	广东省龙狮运动协会
	2023年首届广东省"奥体杯"武术精英大赛暨传统狮王争霸赛一等奖	省级	2023年4月	2023年首届广东省"奥体杯"武术精英大赛暨传统狮王争霸赛组委会
	2023年首届广东省"奥体杯"武术精英大赛暨传统狮王争霸赛一等奖	省级	2023年4月	2023年首届广东省"奥体杯"武术精英大赛暨传统狮王争霸赛组委会
	2023年广东省龙狮锦标赛一等奖	省级	2023年7月	广东省龙狮运动协会
	第二届广东省青少年龙狮锦标赛第二名	省级	2023年8月	广东省体育局
黄埔区文化馆	2022年度广东省公共文化服务优秀短视频奖	省级	2023年4月	广东省文化和旅游厅
	第七届广东省中老年舞蹈展演金奖	省级	2023年4月	广东省文联、深圳市文联、广东省舞蹈家协会
	广东省第七届少儿舞蹈大赛银奖	省级	2023年5月	广东省舞蹈家协会
	2023年广东省首届"华之术"杯柔力球大赛优秀奖（大沙柔力球队团队展演）	省级	2023年6月	广东省老年文化协会柔力球专项委员会
	2023年广东省首届"华之术"杯柔力球大赛优秀奖（大沙街泰景健身柔力球队团队展演）	省级	2023年6月	广东省老年文化协会柔力球专项委员会

（续上表）

获奖单位	奖项名称	获奖级别	获奖时间	颁奖单位
黄埔区文化馆	2023年广东省首届"华之术"杯柔力球大赛优秀奖（横沙东苑柔力球队团队展演）	省级	2023年6月	广东省老年文化协会柔力球专项委员会
	第二届广东省青少年龙狮锦标赛女子青年甲组创意南狮第二名	省级	2023年8月	广东省体育局
	2023年广东省广场舞大会十佳团队	省级	2023年8月	广东省文化和旅游厅
	2023年度广东省"南粤家政"基层服务站绩效评估A级（优秀）站点（红山街"南粤家政"基层服务示范站）	省级	2023年11月	广东省人力资源和社会保障厅
花都区文化馆	"第三只眼看中国·粤港澳大湾区"国际全媒体大赛二等奖（《广州花都非遗VR案例》）	全国性/国家级	2023年6月	中国外文发行出版事业局

四、案例选编

（一）广州市文化馆："非遗在社区"——在社区，发现非遗之美

简介：近年来，广州市文化馆（广州市非物质文化遗产保护中心）通过调研和孵化，最终完成共计十余万字的《广州市"非遗在社区"研究》报告，并开展了5场孵化活动，组织了79场广州非遗开放日活动，基本形成了"社区内发、政府指导；学术引领、长效孵化；共建共享、社会善治"的"非遗在社区"广州工作模式。本案例不仅在各区文化馆、社区、学术界、传承群体之间引起了热烈反响，还被人民网、新华网、文旅中国、广东新闻联播等上百家媒体广泛报道，有效地增强了非遗的普及和传统文化的传播。本案例入选了2023年中国文化馆年会和第五届全国文化馆理论体系构建学术研讨会征文活动的"创新实践案例"名单，同时还入选了由新华网主办的"2023文化和旅游高质量发展典型案例"名单。

亮点：本案例按照"学术调研→广泛发动→典型孵化"的路径，深入社区，通过调研、孵化、研讨等系列工作的开展，深度探索"非遗在社区"的广州模式，着重梳理清楚"在"的机制，即"非遗在社区"有着怎样的"内发式"运作模式，又是如何为社区提供认同感和持续感，从而有针对性地开展相关孵化、研讨和宣传等工作。

（二）越秀区文化馆："广府味·幸福年"广府文化系列活动

简介：2023年越秀区策划举办"广府味·幸福年"广府文化系列活动，开展文艺展演、艺术展览、非遗展示、美食展销等惠民活动。"广府味·幸福年"活动是广州市每年举办的一项重要文化活动，旨在传承和弘扬广府文化，促进传统文化的传承和发展，增进市民的幸福感和归属感。广州作为岭南文化的重要发源地之一，拥有悠久的历史和丰富多彩的文化底蕴。"广府味·幸福年"活动可唤起市民对传统文化的热爱，弘扬广府文化，促进文化与旅游、经济等方面的融合发展，推动广州文化产业的繁荣和社会和谐稳定。

亮点："广府味·幸福年"广府文化系列活动是越秀区为进一步传承和弘扬广府文化，增强广府文化凝聚力、影响力，丰富市民群众精神文化生活而打造的民俗文化品牌。本次"广府味·幸福年"广府文化系列活动为大众呈现可观、可赏、可游、可玩、可品的活动逾两百场，内容涵盖文化、科技、艺术、生态等领域，市民游客可以在传统文化与现代时空交融的场景中，

游庙会、逛集市、赏花灯、看展演、品非遗、享美食等，让街坊群众沉浸式体验地地道道、原汁原味的广府民俗，感受欢乐喜庆、幸福温暖的春节年味。

（三）海珠区文化馆："南华春早·风铃花开"南华西文化艺术季

简介：2023年2月26日，广州市海珠区南华西街道办事处和广州市海珠区文广旅体局联合主办的首届"南华春早·风铃花开"南华西文化艺术季开幕式在滨江西路海天四望小游园隆重举行。海珠区文化馆文艺团队组织了47个精彩节目参加社区音乐会演出，节目形式多样，涵盖舞蹈、模特秀、管乐、戏曲、乐队solo等，为市民游客带来了一场文化盛宴。首届"南华春早·风铃花开"南华西文化艺术季展演精彩纷呈，不仅展现了广东非遗、岭南人文和地域的特色，更体现了广东省群文工作者在事业上孜孜不倦的努力、探索和创新。

亮点：南华西文化艺术季凭借其独特的优势和亮点吸引了大量的群众市民。活动内容多样化，包括社区音乐会、非遗集市、书画挥毫、汉服快闪等，为人们提供了丰富多样的文化体验。尤其值得一提的是，文化艺术季注重传承和推广传统文化，通过宫廷舞、红歌、京剧音乐等形式，使参与者更深入地了解和感受到优秀传统文化的魅力。此外，海天四望小游园作为主会场，提供了优越的场地资源，并且通过互动式的活动设置和社区融合，吸引了众多游客和观众。文化艺术季不仅加强了社区凝聚力，还为人们提供了难得的互动机会。

（四）荔湾区文化馆："百场美育 向美出发"公益培训活动

简介：2023年，荔湾区文化馆联动各街道文化分馆以"直接配送""自助点单"等多种形式，全年完成"百场美育 向美出发"公益培训约200场。该活动旨在响应国家和地方政府的号召，推动青少年艺术素养的提升，促进社区公共文化服务的均衡发展。美育活动作为文化教育的重要组成部分，在塑造青少年人格、培养审美情趣和丰富课外生活方面发挥着重要作用。通过举办百场美育培训活动，为青少年提供更广泛、更丰富的艺术教育资源，激发其艺术潜能，培养其审美能力和创造力，为青少年的全面发展和社区文化事业的繁荣作出贡献。

亮点："百场美育 向美出发"公益培训活动涵盖了绘画、音乐、舞蹈、戏剧等多种艺术形式，为青少年提供了全方位、多样化的艺术教育资源，满足了不同兴趣爱好的学生的需求。培训活动邀请了一批具有丰富教学经验和专业水平的艺术教师担任培训讲师，保证了培训质量和效果，并且培训过程注重实践教学，通过课堂教学和现场实践相结合的方式，让学生在实践中掌握技能，感悟艺术，提高艺术修养。"百场美育 向美出发"公益培训活动以公益性质开展，为青少年提供了免费或低收费的艺术培训机会，确保了更多孩子能够享受到艺术教育的福利。

（五）天河区文化馆：2023年天河迎春花市非遗宣传展示系列活动

简介：2023年春节期间，由天河区新时代文明实践中心指导、天河区迎春花市工作指挥部主办、天河区文化广电旅游体育局承办、天河区文化馆执行的"2023年天河迎春花市非遗宣传展示系列活动"在天河区内隆重举行。天河区一直致力于传承和弘扬优秀传统文化，推动非物质文化遗产的保护和传承工作。每年春节期间，天河区都会举办迎春花市等各类文化活动，为市民营造喜庆祥和的节日氛围。2023年，天河区结合迎春花市活动，推出"天河迎春花市非遗宣传展示系列活动"，旨在进一步弘扬传统文化，展示非遗项目的魅力，丰富市民的节日文化生活。

亮点："2023年天河迎春花市非遗宣传展示系列活动"集中展示了天河区的非遗项目，还承办了一系列非遗嘉年华演出，包括鼓乐表演、粤剧表演、广绣服饰秀和龙狮表演等。除了一系列展演之外，活动还鼓励社区居民积极参与，设置了多种文化体验活动，如非遗手工制作体验、传统技艺DIY等，让市民充分参与其中，切身感受传统文化的魅力。"2023年天河迎春花市非遗宣传展示系列活动"弘扬了岭南传统文化、寄托着新春祝福、突出了花城特色，为市民提供了互动交流的平台，促进非遗项目与社区生活融合，进一步增强了社区凝聚力和文化自信心，为广大市民营造了一个平安、和谐、喜庆、繁荣的节日气氛。

（六）白云区文化馆：2023岭南粤剧墟（白云北村）系列活动

简介：为进一步推进广州市"非遗在社区"工作，弘扬粤剧文化，展示粤剧在社区的传承与发展，创新党建文化活动形式，夯实基层党建引领文化振兴，丰富广大人民群众精神文化生活，适逢粤剧华光祖师诞次日和粤剧先贤兰桂诞辰210周年，2023年11月12日，由广州市文化广电旅游局、中共广州市白云区委宣传部指导，广州市文化馆（广州市非物质文化遗产保护中心）、白云区文化广电旅游体育局、广州市白云区文学艺术界联合会、中共广州市白云区龙归街工作委员会、龙归街道办事处、广东八和会馆共同主办的"兰桂腾芳 粤韵流长"——2023岭南粤剧墟（白云北村）系列活动在广州市白云区北村村正式举办。

亮点：本次活动集结了岭南粤剧行业的中坚力量，不仅邀请了本土曲艺家、粤剧学生、幼儿园学童等参与，更组织了一场精彩纷呈的化妆巡游。从威猛醒狮到柔美花旦，再到飒爽武生和花面萌童，共计12个方阵齐聚一堂，以独特的艺术魅力吸引了过千名观众到场参与。而线上直播观看总量更是突破了6万人次，让更多人能够近距离感受到这场粤剧文化盛宴的魅力。此次活动不仅为擦亮白云区北村村传统粤剧村文化名片作出了重要贡献，也为打造广州市粤剧文化阵地奠定了坚实的基础。

（七）黄埔区文化馆：黄埔区"2023年文艺演出进企业"

简介：为进一步发挥文化引领作用，持续深化"大文化"理念，推动湾区工业的传承和发展，2023年11月26日，由黄埔区文化馆主办的"熠熠黄埔逢盛世 奋楫扬帆正当时——2023年文艺演出走进企业"系列活动顺利举行。这次活动以文艺演出的形式深入企业发展的前沿，用艺术作品激励人心，为辖内企业赋能，助推高质量发展。丰富多彩的文艺表演不仅展示了文化的独特魅力，还增强了企业员工的凝聚力和向心力，为企业的创新和发展注入新的活力。

亮点：本次活动以第一代黄埔建设者与今天的黄埔人"对话"为线索，以"人物"为表达载体，通过"戏剧+科技"的表达方式，用对话和情节串联故事，采用散点叙事的方式将整台晚会生动演绎出来。活动展现了不同领域、不同人物在黄埔奋斗的岁月，让观众在精彩的演绎和情节中，真切感受黄埔发展历程的时代璀璨，见证黄埔的斐然成绩。这不仅是对黄埔历史的深情回顾，更是对当今黄埔人积攒力量、不断前行的激励，鼓舞他们向着高质量发展的目标不断迈进。

（八）花都区文化馆：2023年花都狮岭"盘古王"民俗文化节

简介：盘古王诞是广州市花都区特有的传统民间文化活动，至今已有一千五百年历史，最早由南迁至此的瑶族人引入，在漫长的历史过程中发展成客家人、广府人等族群以及海外华侨共同参与的活动。2023年9月24日，由花都区文化广电旅游体育局、狮岭镇人民政府主办，花都区文化馆（区非物质遗产保护中心）承办的2023年花都狮岭盘古王民俗文化节在狮岭镇盘古王公园盛大开幕。此次活动将非遗、旅游元素与盘古王诞有机融合，进一步提升了盘古王民俗文化节作为花都特色文旅品牌的影响力和辐射力，推动花都文旅事业高质量发展。

亮点：花都狮岭盘古王民俗文化节举办的"拜盘古·祈永昌"大型祈福活动暨民俗文化展演，不再局限于往年单一节目的祭拜仪式，而是以实景短剧为主要表现形式，融合了戏剧、歌舞、朗诵、合唱、传统南狮表演等多种艺术形式，形成了一场多彩的艺术盛宴。这次活动将祭拜仪式与文化展演相结合，打造成一台融合了文化、旅游特色的民俗演出。在展演结束后，表演人员身着特色服装，漫步于盘古王公园的各个场地，与现场观众互动，为他们带来更多欢乐与祝福。这样的举动不仅丰富了活动内容，也使得参与者能够更深入地感受到传统文化的魅力，同时也促进了地方旅游文化的发展。

（九）番禺区文化馆：2023华音粤章·精品音乐会——又是一年荔枝红

简介：为进一步传承和发扬广东音乐、粤曲两项国家级非遗项目，推进文化事业高质量发展，助力乡村文化振兴，2023年2月17日晚，由中共广州市委宣传部、广州市文化广电旅游局指导，番禺区文化广电旅游体育局主办，番禺区文化馆、沙湾街文化体育旅游服务中心承办的"2023华音粤章·精品音乐会——又是一年荔枝红"在番禺区沙湾街文体服务中心举办。

亮点：本次演出阵容强大，由中国著名指挥家、作曲家李复斌教授和国家一级演员梁玉嵘领衔，广东音乐曲艺团·民族管弦乐团演绎。他们的精湛演出为市民带来了一场音乐盛宴，将音乐之美传递到每个观众的心中。此次演出选择沙湾街作为番禺区2023年度"广东音乐"六进活动的首演场地，这并非偶然。沙湾不仅是广东音乐的发源地之一，更是历史上广东音乐最活跃、历史遗迹最多的地区之一，享有"中国民间文化艺术之乡"的美誉。这一举措吸引了近千名市民前来观赏，充分展示了当地文化的魅力。

（十）南沙区文化馆：南沙区第二届文创大赛

简介：2023年3月3日晚，2022广州市南沙区第二届文创大赛颁奖盛典在南沙花园酒店圆满举行。本次大赛的参赛作品依托独具特色的南沙传统文化，围绕"这礼最南沙"主题开展设计，主办方共收到作品554件，其中港澳参赛作品占作品总数的25%。经评审专家进行初评、终评以及大众网络投票综合评分后，产生出相对应奖项。大赛吸引了粤港澳地区行业大咖、青年设计师人才积极参与，对打造响亮的文化品牌IP、推动南沙文化产业高质量发展多有助益。

亮点：本次活动参赛作品提取了南沙较为鲜明的地域文化、建筑地标作为素材，再与IP形象、文创产品设计相结合，形成各类创新文化作品，这些作品不仅体现了参赛者的创造力，还展示了南沙区文化创意产业的潜力。本次大赛激发了大众特别是青年群体对文化创意产业的热情和参与感，鼓励更多人投身于文创事业，推动区域内的创新氛围，同时提升了南沙区在文创领域的影响力和知名度，为南沙区文创产业的未来发展奠定了良好的基础。

（十一）从化区文化馆：从化区"街坊周周乐"文艺展演活动

简介：为进一步丰富群众的业余文化生活，搭建文化互动交流平台，营造热烈、和谐、喜庆的文化氛围，推进业余群众文艺团队的建设，为业余群众文艺团队提供展示展演的舞台，打造具有特色的文艺活动，从化区文化馆推出系列"街坊周周乐"文艺展演活动。展演活动演出团队以从化区文化馆登记在册的群众文艺团队为主,演出内容包括舞蹈、音乐、戏剧、曲艺、杂技、魔术、醒狮等文化艺术节目。

亮点: 从化区文化馆推出系列"街坊周周乐"文艺展演活动,有利于规范管理区内144支登记在册的业余群众文艺团队,发动、指导团队有序开展文艺活动创作、排练,并通过"街坊周周乐"展演平台,提高团队间的凝聚力和积极性,保持了团队的创作、排练热情,同时也充实和保障了从化区的文艺节目库。

从化区文化馆将"街坊周周乐"作为品牌活动进行打造,规范化管理群众文艺团队,充分保障品牌活动项目的人员投入和资金投入。此外,"街坊周周乐"依托广州公共文化云平台进行广泛传播,平台点击率不断攀升,目前点击率突破70万人次,广受社会各界的好评。

(十二)增城区文化馆:红色文艺轻骑兵 走基层 送文化 传党情

简介: 没有共产党就没有新中国,红色文化和爱国精神浸润在每个中国人民的灵魂里。根据习近平总书记"用好红色文化,发展社会主义先进文化,丰富人民精神文化生活"的指示,2023年4月,广州市增城区文化馆以"红色文艺轻骑兵 走基层 送文化 传党情"为主题,组织红色文艺演出小分队,分别前往增江街大埔围爱国主义教育基地、正果镇白面石村中共增龙博中心县委机关驻地旧址、荔城街城丰村、中新镇永兴村开展四场文艺演出活动,让基层群众在家门口就能乐享红色文化大餐。

亮点: 四场文艺演出分别从不同主题传播红色文化:在大埔围村爱国主义教育基地,以"铭记光辉历史 厚植爱国情怀"为主题,歌颂党的丰功伟绩;在正果镇白面石中共增龙博中心县委旧址,以"赓续红色血脉 传承党建精神"为主题,传达红色基因;在荔城街城丰村,则以"党建引领城中村综合治理"为主题,结合反诈宣传,送上高质量文艺演出;在中新镇永兴村花山社,则通过爱国舞蹈和歌曲,传达深厚的爱国主义情怀。这些活动形式新颖,增强了居民群众的幸福感与归属感,营造了浓厚的爱党爱国氛围,让历史文化根基得以厚植,红色血脉得以赓续。

附录1　广州全市文化馆基本情况

单位名称	场馆地址	官方网址	评估定级情况（第五次评估定级结果）	开放时间	开放时长（小时/周）	场馆二维码
广州市文化馆	海珠区新滘中路288号	https://gz-arts.com/portal/	国家一级馆	9:00—21:00（周二至周日，逢周一闭馆，节假日正常开放）参观时间：9:00至17:30，16:30停止入场；活动时间：9:00至21:00	72	
越秀区文化馆	越秀区白云街道东湖路39号	https://iwhyun.com/whg-portal/index	国家一级馆	8:30—21:30（周二至周日）	78	
海珠区文化馆	海珠区龙凤街道宝岗路37号	https://gz-arts.com/portal/?app Id=1442320923230212097	国家一级馆	9:00—21:00	84	
荔湾区文化馆	荔湾区芳村大道西芳雅苑15号	https://gz-arts.com/portal/?app Id=1442321535372103682	国家一级馆	8:00—22:00	96	

（续上表）

单位名称	场馆地址	官方网址	评估定级情况（第五次评估定级结果）	开放时间	开放时长（小时/周）	场馆二维码
天河区文化馆	天河区中山大道汇彩路8号文化艺术中心	https://gz-arts.com/portal/?appId=16739412522979920513	国家一级馆	9:00—21:30（周一至周五）；8:30—22:00（周六、日）（法定节假日除外）	89.5	
白云区文化馆	白云区机场路1035号	https://gz-arts.com/portal/?appId=14423205706444434945	国家一级馆	9:00—21:00（周二至周日）	72	
黄埔区文化馆	黄埔区科学大道166号	https://gz-arts.com/portal/?appId=14423202909430078401	国家一级馆	9:00—21:00	84	
花都区文化馆	花都区新华街道公园前路8号	https://gz-arts.com/portal/?appId=14423199089636181817	国家一级馆	文化馆办公区9:00—12:00；14:00—18:00（周一至周五）；美术馆9:00—18:00（周一至周日）；小剧场9:00—12:00；14:00—22:00（周一至周日，预约开放）；群众文化活动中心9:00—12:00；14:00—18:00；晚上预约开放（周一至周五）	美术馆：63 群众文化活动中心：35	

（续上表）

单位名称	场馆地址	官方网址	评估定级情况（第五次评估定级结果）	开放时间	开放时长（小时/周）	场馆二维码
番禺区文化馆	番禺区市桥街光明南路水边屋下街7号	https://gz-arts.com/portal/?app Id=13844767478111713025	国家一级馆	业务场室9:00—17:00 露天舞台及活动广场24小时开放（法定节假日除外）	56	
南沙区文化馆	南沙区南沙街道丰泽东路	https://gz-arts.com/portal/?app Id=14423184664707891 3	国家一级馆	9:00—21:00	84	
从化区文化馆	从化区街口街道东成路30号	https://gz-arts.com/portal/?app Id=13520896454703776 2	国家一级馆	8：30—12：00；14：00—18:30；18:30—21:00（晚上按需开放）	56	
增城区文化馆	增城区荔城街道府佑路100号图书馆三楼	https://gz-arts.com/portal/?app Id=14423207387563335 69	国家一级馆	9:00—12:00；14:00—18:00（周一至周日）	49	

附录2　广州全市文化站基本情况

序号	名称	区县	文化站类型	等级（2024年评估结果）
1	梅花村街道文化站	越秀区	街道	特级
2	农林街文化站	越秀区	街道	特级
3	大塘街文化站	越秀区	街道	特级
4	矿泉街文化站	越秀区	街道	特级
5	珠光街文化站	越秀区	街道	特级
6	大东街文化站	越秀区	街道	特级
7	黄花岗街文化站	越秀区	街道	特级
8	建设街文化站	越秀区	街道	特级
9	六榕街文化站	越秀区	街道	特级
10	华乐街文化站	越秀区	街道	特级
11	登峰街文化站	越秀区	街道	特级
12	东山街文化站	越秀区	街道	特级
13	洪桥街文化站	越秀区	街道	特级
14	白云街文化站	越秀区	街道	特级
15	光塔街文化站	越秀区	街道	特级
16	人民街文化站	越秀区	街道	特级
17	流花街文化站	越秀区	街道	特级
18	北京街文化站	越秀区	街道	特级
19	琶洲街文化站	海珠区	街道	特级
20	龙凤街文化站	海珠区	街道	特级
21	滨江街文化站	海珠区	街道	特级
22	江海街文化站	海珠区	街道	特级
23	新港街文化站	海珠区	街道	特级
24	素社街文化站	海珠区	街道	特级
25	凤阳街文化站	海珠区	街道	特级
26	官洲街文化站	海珠区	街道	特级
27	沙园街文化站	海珠区	街道	特级
28	江南中街文化站	海珠区	街道	特级
29	南华西街文化站	海珠区	街道	特级
30	瑞宝街文化站	海珠区	街道	特级
31	昌岗街文化站	海珠区	街道	特级
32	赤岗街文化站	海珠区	街道	特级
33	海幢街文化站	海珠区	街道	特级
34	华洲街文化站	海珠区	街道	特级

（续上表）

序号	名称	区县	文化站类型	等级（2024年评估结果）
35	南洲街文化站	海珠区	街道	特级
36	南石头街文化站	海珠区	街道	特级
37	东漖街文化站	荔湾区	街道	特级
38	东沙街文化站	荔湾区	街道	特级
39	彩虹街文化站	荔湾区	街道	特级
40	昌华街文化站	荔湾区	街道	特级
41	中南街文化站	荔湾区	街道	特级
42	金花街文化站	荔湾区	街道	特级
43	岭南街文化站	荔湾区	街道	特级
44	沙面街文化站	荔湾区	街道	特级
45	西村街文化站	荔湾区	街道	特级
46	站前街文化站	荔湾区	街道	特级
47	多宝街文化站	荔湾区	街道	特级
48	海龙街文化站	荔湾区	街道	特级
49	华林街文化站	荔湾区	街道	特级
50	桥中街文化站	荔湾区	街道	特级
51	南源街文化站	荔湾区	街道	特级
52	茶滘街文化站	荔湾区	街道	特级
53	石围塘街文化站	荔湾区	街道	特级
54	白鹤洞街文化站	荔湾区	街道	特级
55	龙津街文化站	荔湾区	街道	特级
56	冲口街文化站	荔湾区	街道	特级
57	花地街文化站	荔湾区	街道	特级
58	逢源街文化站	荔湾区	街道	特级
59	龙洞街文化站	天河区	街道	特级
60	珠吉街文化站	天河区	街道	特级
61	沙东街文化站	天河区	街道	特级
62	凤凰街文化站	天河区	街道	特级
63	棠下街文化站	天河区	街道	特级
64	天河南街文化站	天河区	街道	特级
65	石牌街文化站	天河区	街道	特级
66	兴华街文化站	天河区	街道	特级
67	元岗街文化站	天河区	街道	特级
68	长兴街文化站	天河区	街道	特级
69	沙河街文化站	天河区	街道	特级
70	员村街文化站	天河区	街道	特级

（续上表）

序号	名称	区县	文化站类型	等级（2024年评估结果）
71	前进街文化站	天河区	街道	特级
72	黄村街文化站	天河区	街道	特级
73	冼村街文化站	天河区	街道	特级
74	林和街文化站	天河区	街道	特级
75	猎德街文化站	天河区	街道	特级
76	新塘街文化站	天河区	街道	特级
77	天园街文化站	天河区	街道	特级
78	车陂街文化站	天河区	街道	特级
79	五山街文化站	天河区	街道	特级
80	三元里街文化站	白云区	街道	特级
81	松洲街文化站	白云区	街道	一级
82	景泰街文化站	白云区	街道	特级
83	新市街文化站	白云区	街道	特级
84	鹤龙街文化站	白云区	街道	特级
85	京溪街文化站	白云区	街道	特级
86	大源街文化站	白云区	街道	一级
87	龙归街文化站	白云区	街道	特级
88	黄石街文化站	白云区	街道	特级
89	同和街文化站	白云区	街道	特级
90	云城街文化站	白云区	街道	特级
91	永平街文化站	白云区	街道	特级
92	石门街文化站	白云区	街道	特级
93	同德街文化站	白云区	街道	特级
94	人和镇文化站	白云区	街道	特级
95	棠景街文化站	白云区	街道	特级
96	嘉禾街文化站	白云区	街道	特级
97	白云湖街文化站	白云区	街道	特级
98	均禾街文化站	白云区	街道	特级
99	石井街文化站	白云区	街道	特级
100	金沙街文化站	白云区	街道	特级
101	太和镇文化站	白云区	乡镇	特级
102	钟落潭镇文化站	白云区	乡镇	特级
103	江高镇文化站	白云区	乡镇	特级
104	永和街文化站	黄埔区	街道	特级
105	龙湖街道党群服务中心（文化服务中心）	黄埔区	街道	特级
106	文冲街文化站	黄埔区	街道	特级

（续上表）

序号	名称	区县	文化站类型	等级（2024年评估结果）
107	夏港街文化站	黄埔区	街道	特级
108	云埔街道党群服务中心（文化服务中心）	黄埔区	街道	特级
109	萝岗街道文化站	黄埔区	街道	特级
110	穗东街文化站	黄埔区	街道	特级
111	南岗街文化站	黄埔区	街道	特级
112	长洲街文化站	黄埔区	街道	特级
113	红山街文化站	黄埔区	街道	特级
114	九佛街道党群服务中心（文化服务中心）	黄埔区	街道	特级
115	鱼珠街文化站	黄埔区	街道	特级
116	联和街文化站	黄埔区	街道	特级
117	黄埔街文化站	黄埔区	街道	特级
118	长岭街道党群服务中心（文化服务中心）	黄埔区	街道	特级
119	大沙街文化站	黄埔区	乡镇	特级
120	新龙镇党群服务中心（文化服务中心）	黄埔区	乡镇	特级
121	秀全街文化站	花都区	街道	特级
122	新华街文化站	花都区	街道	特级
123	新雅街文化站	花都区	街道	特级
124	花城街文化站	花都区	街道	特级
125	炭步镇文化站	花都区	乡镇	特级
126	狮岭镇文化站	花都区	乡镇	特级
127	花山镇文化站	花都区	乡镇	特级
128	赤坭镇文化站	花都区	乡镇	特级
129	花东镇文化站	花都区	乡镇	特级
130	梯面镇文化站	花都区	乡镇	特级
131	市桥街党群服务中心	番禺区	街道	特级
132	石壁街党群服务中心	番禺区	街道	特级
133	桥南街党群服务中心	番禺区	街道	特级
134	小谷围街党群服务中心	番禺区	街道	特级
135	钟村街党群服务中心	番禺区	街道	特级
136	大石街党群服务中心	番禺区	街道	特级
137	大龙街党群服务中心	番禺区	街道	特级
138	沙头街党群服务中心	番禺区	街道	特级
139	洛浦街党群服务中心	番禺区	街道	特级

（续上表）

序号	名称	区县	文化站类型	等级（2024年评估结果）
140	东环街党群服务中心	番禺区	街道	特级
141	新造镇党群服务中心	番禺区	乡镇	特级
142	化龙镇党群服务中心	番禺区	乡镇	特级
143	石碁镇党群服务中心	番禺区	乡镇	特级
144	沙湾镇党群服务中心	番禺区	乡镇	特级
145	石楼镇党群服务中心	番禺区	乡镇	特级
146	南村镇党群服务中心	番禺区	乡镇	特级
147	龙穴街文化站	南沙区	街道	特级
148	南沙街文化站	南沙区	街道	特级
149	珠江街文化站	南沙区	街道	特级
150	横沥镇文化站	南沙区	乡镇	特级
151	万顷沙镇文化站	南沙区	乡镇	一级
152	黄阁镇文化站	南沙区	乡镇	特级
153	大岗镇文化站	南沙区	乡镇	特级
154	东涌镇文化站	南沙区	乡镇	特级
155	榄核镇文化站	南沙区	乡镇	特级
156	街口街文化站	从化区	街道	特级
157	江埔街文化站	从化区	街道	特级
158	城郊街文化站	从化区	街道	特级
159	鳌头镇文化站	从化区	乡镇	特级
160	温泉镇文化站	从化区	乡镇	特级
161	太平镇文化站	从化区	乡镇	特级
162	良口镇文化站	从化区	乡镇	特级
163	吕田镇文化站	从化区	乡镇	特级
164	永宁街文化站	增城区	街道	特级
165	宁西街文化站	增城区	街道	特级
166	荔湖街文化馆	增城区	街道	特级
167	荔城街文化站	增城区	街道	特级
168	增江街文化站	增城区	街道	特级
169	朱村街文化站	增城区	街道	特级
170	新塘镇文化站	增城区	乡镇	特级
171	派潭镇文化站	增城区	乡镇	特级
172	石滩镇文化站	增城区	乡镇	特级
173	中新镇文化站	增城区	乡镇	特级
174	小楼镇文化站	增城区	乡镇	特级
175	仙村镇文化站	增城区	乡镇	特级
176	正果镇文化站	增城区	乡镇	特级